全国中等职业技术学校汽车类专业教材

汽车新技术

人力资源社会保障部教材办公室　组织编写

中国劳动社会保障出版社

简介

本书主要内容包括汽车发动机新技术、汽车底盘新技术、汽车电子与电气新技术、汽车安全新技术、新能源汽车、汽车辅助系统新技术等。

本书由徐斌任主编，高枫、张海松、田燕、颜宇、曲金烨、朱敏参与编写，陈社会任主审。

图书在版编目（CIP）数据

汽车新技术 / 人力资源社会保障部教材办公室组织编写 . -- 北京：中国劳动社会保障出版社，2020

全国中等职业技术学校汽车类专业教材

ISBN 978-7-5167-4658-5

Ⅰ. ①汽… Ⅱ. ①人… Ⅲ. ①汽车工程 - 新技术应用 - 中等专业学校 - 教材 Ⅳ. ①U46-39

中国版本图书馆 CIP 数据核字（2020）第 181114 号

中国劳动社会保障出版社出版发行

（北京市惠新东街 1 号　邮政编码：100029）

*

北京宏伟双华印刷有限公司印刷装订　　新华书店经销

787 毫米 ×1092 毫米　16 开本　12.25 印张　253 千字

2020 年 11 月第 1 版　　2024 年 1 月第 5 次印刷

定价：24.00 元

营销中心电话：400-606-6496

出版社网址：http://www.class.com.cn

http://jg.class.com.cn

前 言

为了更好地适应中等职业技术学校汽车类专业教学要求，全面提升教学质量，人力资源社会保障部教材办公室组织有关学校的骨干教师和行业、企业专家，在充分调研企业生产和学校教学情况、广泛听取教材用户反馈意见的基础上，对全国中等职业技术学校汽车类专业教材进行了修订和补充开发。

本次教材修订和补充开发工作的重点主要体现在以下几个方面：

第一，完善教材体系，更好地满足教学需求。

结合职业院校汽车类专业设置和办学特点，调整并完善了教材体系，与专业通用基础教材相衔接，开发了汽车维修、汽车电器维修、汽车钣金与美容、汽车检测、汽车营销等专业方向教材，构建了“通用基础平台 + 不同专业方向平台”的教材体系。此外，还针对学校对电控技术、车载网络技术、新能源汽车等高新技术的教学需求，开发了相应的教材。

第二，反映技术发展，适应岗位职业能力需求变化。

随着汽车制造水平的不断提高，汽车维修的内容和工艺发生了相应变化；伴随着私家车保有量的不断增长，汽车营销、汽车美容等相关从业人员的职业能力要求也在发生相应变化。因此，本次修订工作注重在教材中增加新知识、新技术、新材料、新工艺等方面的内容，体现教材的先进性。同时，根据中级工从事相关岗位工作的实际需要，合理确定学习目标，对教材内容的深度、难度做了适当调整，并注重综合职业能力的培养。

第三，融入先进的教学理念，创新教材的表现形式。

专业通用基础教材的编写以汽车及其零部件为载体，充分体现专业特色；专业方向教材的编写根据学校教学实际，充分体现一体化教学思路，增加了实训内容在教材中的比重。为了增强教材的表现效果，提高学生的学习兴趣，教材中使用了大量高质量的实物图片，部分教材采用双色或彩色印刷。

第四，开发辅助产品，提供教学服务。

为了方便教学，配套开发了习题册、教学参考书和电子课件。电子课件可通过技工教育网（http://jg.class.com.cn）下载。

本次教材修订工作得到了河北、江苏、浙江、山东、山西、广东、广西、陕西等省、自治区人力资源社会保障厅及有关学校的大力支持，在此表示诚挚的谢意。

人力资源社会保障部教材办公室

2019年7月

目　录

第一章　汽车发动机新技术

§1-1　缸内直喷技术与汽油机分层燃烧

学习目标

1. 掌握汽油机缸内直喷技术的工作原理。
2. 掌握汽油机分层燃烧技术的工作原理。

学习导入

汽油发动机混合气的形成技术在经历了化油器、单点电喷、多点电喷技术阶段之后，已经逐步进入直喷的时代。一般的电喷发动机都是将喷油嘴安置在进气歧管内，混合气在气缸外部形成，其缺点是空燃比难以得到精确的控制。而缸内直喷技术则将喷油嘴安置在气缸内部，使燃油喷射和油气的混合过程均在气缸内进行，这样就可以使油量与油气混合的控制更为精准，克服了缸外喷射的缺点。同时，气缸内的混合气浓度也可以得到精确控制，而高压燃油在缸内湍流的作用下也能得到更充分的混合，因此燃烧效率大大提高，同时动力表现更加出色。

相关知识

一、缸内直喷技术的工作原理

缸内直喷技术是指直接将燃油喷入气缸内与新鲜空气在燃烧室内混合的技术，如图 1–1–1 所示。该技术可以有效控制燃油消耗量，提高发动机的升功率，并且使发动机的压缩比提高至 12 甚至更高，与同排量的普通发动机相比功率和扭矩都提高了 10% 左右。

缸内直喷发动机的核心是高压喷油系统。高压喷油系统是直喷发动机最关键的部分，由发动机控制模块（ECM）、高压油泵、高压油轨和喷油嘴四部分组成。

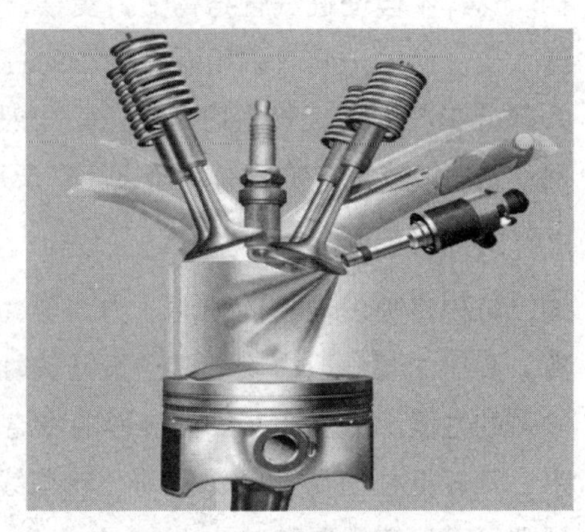

图 1–1–1　缸内直喷技术

发动机控制模块（ECM）是发动机的“大脑”，主要负责采集发动机相关数据，按照预定程序控制喷油时机和喷油量，从而实现最高的燃烧效率；高压油泵依靠进气凸轮轴驱动，主要负责给燃油加压；高压油轨主要起均衡各喷油嘴喷射压力的作用；喷油嘴耐高温高压，负责向缸内喷射燃油。

目前，已经有多家汽车厂商生产的发动机运用了缸内直喷技术，包括宝马汽车公司（简称宝马）、大众汽车公司（简称大众）以及通用汽车公司（简称通用）等。而它们的直喷技术原理基本相同，只是在配件应用上有所区别。以大众主流的1.4TSI（机械增压 + 涡轮增压 + 分层直喷）发动机为例，其高压燃油泵可同时配备高压燃油系统和低压燃油系统，低压为400 kPa，在低压油泵将燃油送到高压油泵之后，高压油泵可以将燃油加压至10 MPa（这是普通汽油泵压力的数十倍），并将其送入高压油轨，从而更易于燃烧，使发动机工作效率更高。

缸内直喷发动机喷射压力提高了很多，使燃油雾化更加细致，真正实现了按比例精准地控制燃油喷射。同时，因为喷嘴位置、喷雾形态、进气气流控制，以及活塞顶形状等特别设计，使油气能够在整个气缸内充分、均匀地混合，从而使燃油充分燃烧，能量转化效率更高。因此，有人认为缸内直喷式汽油发动机是将柴油机的燃油供给形式移植到汽油机上的一种革新。

二、缸内直喷发动机各部件

1. 气缸盖

气缸盖是缸内直喷发动机的关键部件，尤其是气缸盖中燃烧室部分及气道结构对气流运动、混合气形成、火焰传播等起着至关重要的作用。

2. 进气管

对于采用分层燃烧模式的缸内直喷发动机，为了增加进气充量及增强进气滚流，不但对进气管的管径、管长、谐振腔的容积有特殊的要求，而且往往增加可变滚流和可变管长等结构。这样不但使进气管结构变得复杂，制造成本较高，而且对性能开发和匹配标定的难度也增大了。而对于同时采用涡轮增压的缸内直喷发动机来说，由于进气增压的作用，在发动机大部分工况下进气管内均为正压，一般可达200 kPa左右，对进气管的强度要求较高，同时发动机本体或整车需要另外增设真空泵来满足系统对真空度的要求。

3. 高压油泵

缸内直喷发动机的喷油压力一般为10 ~ 15 MPa，以保证燃油雾化质量及合适的贯穿距离。高压油泵一般由安装在进气凸轮轴上的凸轮来驱动，升程为2.5 ~ 4.0 mm。升程对高压油泵的性能十分重要，其直接影响冷启动时直喷系统的建压时间。升程需根据发动机性能需求、滚轮挺柱使用寿命、驱动凸轮型线及制造工艺等因素综合设计，一般3.5 mm左右的升程即可满足使用需求。

4. 喷油器

喷油器是直喷系统的核心部件。喷油器在燃烧室内的布置方式、喷嘴结构形式、油束的喷雾形状等都直接影响燃油的雾化、油气混合及燃烧过程，最终影响发动机的性能。另外，喷油器喷嘴置于燃烧室内，受燃油品质影响较大。如果燃油品质差，燃烧不充分，极易生成积碳并堵塞喷嘴，影响喷雾质量及喷油器的使用寿命。因此，缸内直喷发动机对汽油牌号的要求比普通发动机要高，加上较高的压缩比，缸内直喷发动机一般要求使用 95 号以上汽油。

5. 活塞

缸内直喷发动机的活塞顶面形状对燃烧室内气流的运动及混合气的形成有很大的影响，因此研究人员将缸内直喷发动机活塞作为关键部件进行重点设计和开发。无论是壁面引导、气流引导还是喷射引导，都需要特殊的活塞顶面凹坑相适应，从而达到较为理想的油气混合效果，形成油气浓度的均质分布或梯度分布，保证燃烧的顺利进行。

6. 燃烧系统

燃烧系统的开发是缸内直喷发动机开发的核心部分，如何提高容积效率，增强系统的抗爆性，并能够实现高效、快速的燃烧，同时兼顾在分层燃烧模式和均质燃烧模式下的燃烧稳定性，对缸内直喷发动机的燃烧室形状、喷雾形态及气流组织等方面提出了更高的要求。

7. 燃油系统

缸内直喷发动机的燃油喷射压力一般为 10 ~ 15 MPa，最大可达 20 MPa，远高于进气道喷射（PFI）发动机 0.3 ~ 0.4 MPa 的燃油喷射压力，对高压油轨的材料和可靠性要求较高。另外，喷油器直接伸入燃烧室内，工作温度为 500 ~ 1 100 ℃，而喷嘴的孔隙为微米级，汽油中硫燃烧形成的硫酸盐类化合物及芳香烃燃烧不完全形成的黑色碳烟易堵塞喷嘴，影响雾化效果，加大喷油噪声。同时，燃油系统压力高，各部件的磨损增加，易导致润滑效果下降。

8. 排放及后处理系统

缸内直喷发动机采用分层燃烧模式时，由于在压缩行程后期喷入燃油，燃油和空气没有足够的时间进行混合，使燃油蒸发慢，同时形成的可燃混合气在燃烧室内分布不均匀，存在部分区域的油气浓度偏大，进而在这些区域产生的 NO_x 增加。另外，缸内直喷发动机的大部分运行工况都处于部分负荷，燃烧经常在过量空气系数较大的条件下进行，导致排气中含氧量较多且排气温度较低，在中、小负荷时碳氢化合物（HC）、颗粒排放物增加，三元催化转化器达不到最佳的转化温度，对氮氧化物的转化效率低，难以符合严格的排放法规。

9. 电控系统及标定

缸内直喷发动机对电控系统要求较高，为了达到均质燃烧或分层稀薄燃烧所要求的喷雾质量、灵活的喷油定时和点火正时，实现不同燃烧模式下转矩的平顺过渡，需采用精度高、响应快的柔性控制策略，开发和标定难度大，标定周期长，一般需要 8 ~ 10 个月。

10. 增压系统

对于匹配有涡轮增压器的缸内直喷发动机，进气经废气涡轮强制增压后，在压缩过程和燃烧时，燃烧室的温度和压力都会大幅增加，爆燃倾向增大，而降低压缩比又会造成燃烧不充分，燃烧性能指标下降；另外，由于发动机转速高，空气流量变化较大，易造成涡轮增压器反应迟滞，致使低转速工况动力性不足，同时涡轮易积碳、增加噪声及影响可靠性。

11. 不规则燃烧现象

采用增压直喷技术后，发动机的热负荷和爆发压力相比 PFI 自然吸气式发动机有大幅提高，爆震倾向加大。同时也存在扩散燃烧现象和早燃现象，扩散燃烧会引起碳烟排放，而早燃则会引起破坏性更强的超级爆震，这些都需要在开发中引起重视。

三、分层燃烧技术的工作原理

燃油分层喷射（Fuel Stratified Injection，FSI）技术是指将燃油由喷嘴分层次喷入缸内的技术，是直喷式汽油发动机领域的一项创新技术。

如果在火花塞附近的区域内，供给适宜点火的浓混合气（过量空气系数 α=0.8～0.9），而在其他区域供给稀混合气，就可以实现稀薄燃烧。在这种情况下，即使采用普通点火系统，也能很快点燃很稀的混合气。由于混合气有浓、稀层次之分，燃烧的进展也由浓到稀，因此，把按这种方式工作的汽油机称为分层燃烧汽油机。

FSI 发动机技术是基于缸内直喷式发动机的一种技术。与常规的进气道喷射式发动机相比，FSI 发动机将燃油直接喷入燃烧室，由于喷雾的汽化冷却作用，优化了充气效率，实现了汽油机的质调节，不再需要节气门，大大降低了进气损失。分层燃烧减少了发动机的传热损失，从而增大了满负荷的输出功率，并降低了部分负荷的燃油消耗。FSI 发动机能够降低泵吸损失，在低负荷时确保低油耗，但需要增加特殊催化转化器以便有效净化处理排放气体。

FSI 技术采用了两种不同的燃烧模式，即均质燃烧模式和分层燃烧模式。均质燃烧模式是指在进气行程后期向燃烧室内喷入燃油，在进气行程与压缩行程中完成与空气的充分混合，并在点火时刻使缸内形成较为均匀的混合气，确保稳定点火。分层燃烧模式是指在压缩行程喷入燃油，随着压缩行程的进行，燃油与空气混合，直至点火时刻，从火花塞处至缸壁，燃油浓度由浓到稀，保证有效点火，火焰传播也正常，从而提高燃油经济性。

直喷式发动机燃油与空气混合主要有三种方式，即喷射引导、壁面引导和气流引导，如图 1-1-2 所示。

发动机喷油器设计在缸盖顶部，火花塞设计在发动机的侧面，此种方式称为喷射引导方式，在火花塞周围易形成较浓的混合气，这种布置方式比较适合于分层稀薄燃烧，具有较好的燃油经济性。

壁面引导方式是喷油器侧置，火花塞顶置，通过活塞顶部的特殊形状引导油束运动并与空气混合，此种方式可以在火花塞周围形成较大面积的可燃区域。

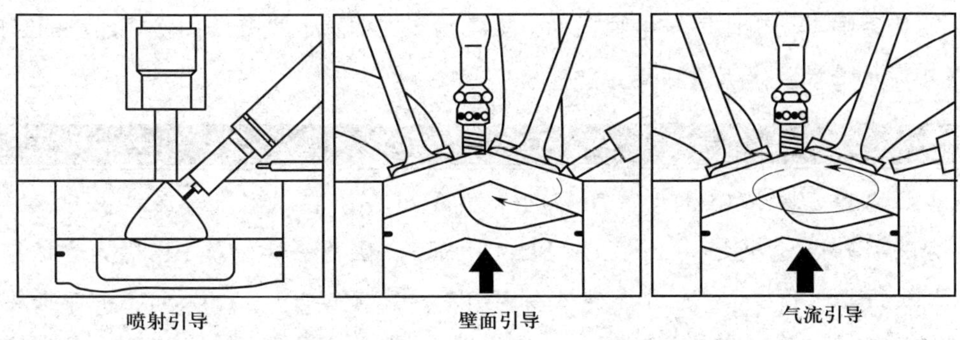

图 1-1-2　直喷式发动机燃油与空气的混合方式

气流引导方式同样采用喷油器侧置、火花塞顶置的方式，利用进气时形成的滚流强化油气混合。壁面引导方式和气流引导方式结构形式相似，多用于均质燃烧模式，可以由传统的 PFI 发动机转化而来，可以实现与 PFI 发动机共用燃烧室及缸盖毛坯，进而实现发动机的平台化和模块化。

四、缸内直喷发动机的优缺点

1. 优点

（1）缸内直喷式汽油机油耗低，升功率大。

（2）空燃比可达到 40∶1（一般汽油机的空燃比是 14.7∶1），有效控制了燃烧排放。

（3）缸内的活塞顶部一半是球形，另一半是壁面，空气从气门冲进来后在活塞的压缩下形成一股涡流运动。当压缩行程即将结束时，在燃烧室顶部的喷油嘴开始喷油，汽油与空气在涡流运动的作用下形成混合气，这种急速旋转的混合气是分层次的，越接近火花塞越浓，易于点火做功。

（4）压缩比高达 12 甚至更高，提高了发动机的抗爆性，与同排量的普通发动机相比功率和扭矩都提高了 10% 左右。

（5）缸内直喷发动机在中、小负荷工况时采用分层燃烧模式，燃油浓度呈梯度分布，即在缸壁附近分布的大部分是空气，有效防止将热量传递给缸体水套，提高了燃烧的热效率。

（6）缸内直喷发动机可以精确控制每个循环的空气与燃油比例，结合分层燃烧直接启动技术，可以降低冷启动时的 HC 排放，瞬态响应好。

（7）缸内直喷发动机采用质调节，根据各缸的实际需求进行燃油喷射，可减少各缸之间的差异，提高各缸均匀性。与进气道喷射（PFI）汽油机相比，缸内直喷发动机的各缸均匀性可以控制在 3% 以内。

2. 缺点

（1）采用缸内直喷的供油系统除了在研发过程中必须花费更多成本外，与传统电喷发动机相比还需要更加频繁地更换火花塞等零部件。

（2）对燃油质量要求比较高，需要使用较高牌号的燃油，无形中增加了用车成本。

（3）缸内直喷发动机比传统电喷发动机更容易产生积碳，需要使用价格昂贵的缸内直喷发动机专用添加剂来解决积碳问题。

小阅读

汽车缸内直喷技术（Gasoline Direct Injection，GDI）在不同汽车品牌中有不同的名称，如奔驰将缸内直喷技术叫作 CGI/ BlueDIRECT、宝马将其叫作 HPI、奥迪将其叫作 TFSI、大众将其叫作 TSI、通用将其叫作 SIDI、福特将其叫作 EcoBoost、丰田将其叫作 D4、本田将其叫作 Earth Dreams Technology（地球梦）、尼桑将其叫作 DIG、马自达将其叫作 SKYACTIV（创驰蓝天）、现代将其叫作 GDI 等。

拓展学习

大众缸内直喷发动机在拆装高压系统前的泄压方法

1. 连接好仪器，进入发动机系统。

2. 选择数据流功能，输入通道 140，注意观察显示区 3 中的内容。启动发动机，怠速运转，发动机怠速时显示区 3 中的显示数值约为 5 000 kPa（50 bar），此显示数值为高压燃油泵所产生的压力。

3. 取下燃油泵的控制器 J538 的 1 号熔丝并继续跟踪显示区的内容，发动机必须在怠速运转 1 ~ 2 min 后显示区 3 中的显示数值快速下降。

4. 当显示值为 800 kPa（8 bar）时关闭点火开关，供油架内部仍然充满燃油，不过燃油不再处于高压状态，这时可以根据传统方法进行拆卸。

§1–2 汽油机双独立可变气门正时技术

学习目标

1. 熟悉汽油机双独立可变气门正时技术的作用及工作原理。

2. 掌握汽油机双独立可变气门正时技术的类型。

学习导入

汽油机的配气相位对其动力性、经济性及排污性都有着重要的影响。最佳的配气相位应使发动机在很短的换气时间内充入最多的可燃混合气，并使排气阻力最小，废气残留量最少。发动机转速变化时，由于气流速度和进排气门早开迟闭的绝对时间都发生了变化，因此其最佳的配气相位角也应随之改变。发动机的气门开闭由凸轮驱动，进排气门的早开角、迟闭角固定不变，这实际上只能使发动机在某一转速范围下处于最佳的配气相位，而在发动机转速很低或很高时，其配气相位会处于不理想的状态。汽油机双独立可变气门正时技术可以使发动机在不同转速下得到最佳的配气相位。

相关知识

一、汽油机双独立可变气门正时技术的作用及工作原理

汽油机双独立可变气门正时系统由电磁阀（OCV）和可变凸轮轴相位调节器（VCT）组成，通过调节发动机凸轮相位，使进气量和排气量都可随发动机转速的变化而改变，从而达到最佳燃烧效率，提高燃油经济性。

传统发动机的气门正时系统是一种配气相位（即气门开启/关闭）一成不变的机械系统，这种配气系统很难满足发动机在多种工况下对配气的需要，不能满足发动机在各种转速工况下均能输出强劲的动力要求。在发动机低转速时，会因为气门叠开角比理想值大，使部分新鲜混合气被废气带走而造成油耗和排污增加；在发动机高转速时，由于气门叠开角比理想值小，进气量不足，因此限制了发动机所能达到的最大功率。

汽油机双独立可变气门正时技术可以根据发动机的运行状况，调整进气（排气）量和气门开闭时间、角度，使进气量达到最佳，提高燃烧效率，增大功升比。曲轴经由齿状的传动装置带动凸轮轴转动，使气门在做开启与关闭的动作时会与曲轴的转动角度形成一定的对应关系。

可变气门正时技术是国内目前最为普通的发动机节油技术。常见的可变气门正时技术原理是根据不同的发动机负荷，通过控制进气门开启时间（其原理为链条带动的齿盘与凸轮轴的接合，中间存在一定的自由量，通过伺服电动机可以对凸轮与齿盘的角度差做出调节，使气门提前或者延迟关闭，从而实现可变气门正时），从而改善发动机的效率和性能。无奈的是，目前市场上很多带有可变正时气门机构的发动机仅仅是进气门正时可变，由于其只控制进气门正时，节油效果并不十分明显，如果同时排气门也采用可变气门正时技术，发动机的效率和性能将会得到更大的提高。使用进排气可变正时技术的发动机数量很少，其中较为知名的为丰田汽车公司（简称丰田）的双 VVT-i 发动机。而福特汽车公司（简称福特）的 EcoBoost GTDi 正时采用了进、排气都可控的可变正时技术。福特 EcoBoost GTDi 2.0 L 发动机的进、排气凸轮轴都配备了独立的可变气门正时系统，它能在不同转速下优化缸内气流，特别是可在部分负荷下改善发动机效率和性能。

VVT-i 系统是丰田公司的智能可变气门正时系统的英文缩写，最新款的丰田客车的发动机已普遍安装了 VVT-i 系统。丰田 VVT-i 系统可连续调节气门正时，但不能调节气门升程。VVT-i 系统由传感器、电子控制单元（ECU）和凸轮轴液压控制阀、控制器等组成。ECU

储存了最佳气门正时参数值，曲轴位置传感器、进气歧管空气压力传感器、节气门位置传感器、冷却液温度传感器和凸轮轴位置传感器等将反馈信息汇集到 ECU 并与预定参数值进行对比计算，计算出修正参数并发出指令到凸轮轴正时液压控制阀，控制阀根据 ECU 指令控制机油槽阀的位置，即改变液压流量，把提前、滞后、保持不变等信号指令选择输送至 VVT–i 控制器的不同油道上。

二、汽油机双独立可变气门正时技术的发展

20 世纪 50 年代末，意大利菲亚特汽车公司最早获得汽车使用的可变气门正时与升程专利，并在 1980 年推出最早使用可变气门技术发动机的汽车 Alfa Romeo Spider 2.0 L。1975 年，通用汽车公司为了减少汽车废气污染，发明了可变气门扬程专利技术，但并未实际应用。1991 年，美国克莱姆森大学发明了更先进的进排气门连续可变气门正时并获得专利，之后宝马汽车公司与该校机械系成为密切的合作伙伴。1995 年，英国 Rover 汽车集团领先合作伙伴 Honda 汽车，发明了另一种连续可变气门正时技术 VVC。

国外研究机构对可变气门正时早就进行了大量的研究，美国自 1980 年就已经出现了关于可变气门的专利，至 1987 年约有近 800 件，近年来仍在持续不断地发展。但是出现在 20 世纪 80 年代以前的很多可变正时技术存在问题较多，如造价昂贵、机构复杂、可调自由度有限以及冲击载荷较高等。近 20 年来，电子技术的发展促进了可变配气相位机构产品化，有些技术已在汽车上成功应用，取得了较好的效果。

本田公司在 1989 年推出了自行研制的“可变气门正时和气门升程电子控制（VTEC）系统”是世界上第一个能同时控制气门开闭时间及升程的气门控制系统。本田的 VTEC 发动机一直享有“可变气门发动机的代名词”之称，它不仅输出功率超强，还具有低转速时尾气排放环保、低油耗的特点，而这样完全不同的特点在同一台发动机上出现，就因为它在一个凸轮轴上有多种不同角度的凸轮。

严格的环境保护法规使汽车制造商越来越重视可变气门正时技术。到目前为止，已出现了多种配气相位可变的发动机配气装置，使这些发动机的动力性、经济性及排污性等都得到了改善。

三、汽油机双独立可变气门正时技术的类型

1. 改变凸轮轴相位角机构

这种设计是将进气门开启持续角保持不变，即凸轮型线是固定的，仅利用整个凸轮轴相对于正时齿形传动带轮旋转一个角度，从而改变凸轮轴相对于曲轴的转角来改变配气相位。当电控系统发出控制信号时，步进电动机带动谐波齿轮传动机构像差动齿轮箱一样工作，引起凸轮轴相对于正时传动带轮转动，产生角位移，实现发动机配气相位的变化。

在凸轮轴的末端装配了一个斜线齿轮。在斜线齿轮外套有一个壳体，在壳体内侧也有相同的斜线花键与之相配合。如果将壳体向靠近凸轮轴方向或远离凸轮轴方向移动，凸轮轴的

转角就被改变了。因为在斜线齿轮的作用下，壳体不能与凸轮轴平行移动。如果壳体向凸轮轴方向运动，凸轮轴的转角将会提前；如果壳体向远离凸轮轴的方向运动，那么凸轮轴的转角将会推迟。

2. 变换凸轮机构

为了进一步解决高速动力性与低速比油耗之间的矛盾，全面提高发动机的性能，可变配气相位和气门升程的机构应运而生。这种设计提供两种以上有不同凸轮型线的凸轮及与之相配合的摇臂，在不同转速和负荷下，靠液压控制摇臂机构驱动气门，如本田公司研制的可变配气相位机构（VTEC），该机构由具有高、低速两个凸轮的凸轮轴，以及含有液压柱塞的主摇臂和副摇臂。低速时摇臂各自独立工作，主摇臂与低速凸轮配合，保证气门正常工作；高速时由来自电子控制装置的信号开启液压通道，将主摇臂中柱塞的一部分压入副摇臂中，于是两个摇臂变成一个整体与高速凸轮配合，驱动气门工作。采用可变凸轮机构的发动机与传统配气机构发动机相比，其低速扭矩和高速动力性都得到了明显改善。

3. 无凸轮轴可变配气相位机构

有些发动机的气门机构采用了气门电控液压机构，取消凸轮轴而直接对气门进行控制。通过这种传动机构可实现对气门正时和气门升程的综合控制，最终取代节气门控制负荷，如福特公司的无凸轮电控液压可变配气相位机构（ECV）。

小阅读

韩国的VVT是根据日本丰田的VVT–i和本田的VTEC技术模仿而来，相比丰田的VVT–i可变正时气门技术，VVT仅仅是可变气门技术，缺少正时技术，因此VVT发动机比一般的发动机油耗低，但是仍不如日系的丰田和本田节省油料。

宝马（BMW）在前一代发动机中早已采用该技术，目前如本田的VTEC、i–VTEC，丰田的VVT–i，日产的CVVT，三菱的MIVEC，铃木的VVT，现代的VVT，起亚的CVVT等也逐渐开始使用。总的来说是同一种技术，只是名称不同。

拓展学习

可变气门正时技术在各品牌中的名称如下：

VTEC、i–VTEC、VTEC–E：本田技研工业的名称。

MIVEC：三菱汽车的名称。

AVCS：富士重工业的名称，为Active Valve Control System的简称。

NVCS、CVTC、eVTC、NEO VVL、VVEL、VEL：日产汽车的名称。

VVT–i、VVTL–i、VVT–iE、VALVEMATIC：丰田汽车的名称。

VVT、VC：铃木公司的名称。前者用于汽车，后者用于摩托车。

DVVT：大发汽车的名称。

S-VT：马自达汽车的名称。

VarioCam、VarioCam Plus：保时捷汽车的名称。

VANOS、Valvetronic：宝马汽车的名称。

CVVT、D-CVVT：吉利汽车的名称。

TiVCT：福特汽车的名称。

§1-3 柴汽混燃发动机技术

学习目标

1. 了解柴油机与汽油机的特点。
2. 掌握柴汽混燃发动机的分类及工作原理。

学习导入

未来汽车动力总成的发展方向到底是坚持原来的传统燃油发动机还是“油电”混合？不同的企业有不同的看法。例如，多数欧洲企业给出的方案是“柴油电动”混合动力，而以丰田为代表的日本厂商依旧坚持“汽油电动”混合动力。此外，也有企业独辟蹊径，推出了集中柴油机、汽油机优势的全新技术——柴汽混燃发动机技术。采用这种技术的发动机既可以采用柴油做燃料也可以采用汽油做燃料，从而获得汽油机的大功率以及柴油机的大扭矩等优点。

相关知识

一、柴油机与汽油机的特点

1. 柴油机的特点

（1）柴油机的优点

1）热效率高。

2）单位功率的质量低。

3）广泛采用废气涡轮增压并提高增压度。

4）没有点火系统，故障较少，易保养，工作可靠。

（2）柴油机的缺点

转速较汽油机低，质量大，制造和维修费用高，噪声大，启动困难等。而且柴油机车辆经常在公路上行驶，车辆长时间运行，发动机温度和压力都较高，气缸内产生较多的烟灰和积碳，发动机油也容易氧化产生胶质，因此要求柴油机机油具有良好的高温清净性。

柴油机的缺点正在得到克服，随着柴油机的转速指标、质量指标、噪声指标等方面的改进，加之柴油机排出的有害气体比汽油机少得多（尤其是CO少），因而在中小型汽车上采用柴油机的趋势越来越明显。

2. 汽油机的特点

（1）汽油机的优点

汽油机转速高，适应性好，工作平稳、柔和，操作方便、省力，质量轻，噪声小，造价低，容易启动，故在客车和中小型货车及军用越野车上得到广泛的应用。

（2）汽油机的缺点

燃料消耗率较高，经济性较差，排气净化指标低。由于客车经常在市内行驶，因道路拥堵常处于走走停停的状态，发动机经常怠速运转，温度较低，即使在正常运转条件下汽油机的温度和压力也比柴油机低，因此在汽油机的工作条件下，发动机机油容易产生低温油泥（在低温或者短途运行时，曲轴箱中的水分和燃油没有完全蒸发，就会在发动机中乳化，导致油泥产生），所以要求汽油机机油具有良好的低温油泥分散性。

二、柴汽混燃发动机的分类及工作原理

柴汽混燃发动机将柴油机与汽油机的优点合二为一，这种发动机与传统柴油机相比热效率提高9%，NO_x 排放降低90%，PM排放降低90%，CO_2 排放降低15%；与传统汽油机相比，热效率提高19%，NO_x 排放降低80%，CO_2 排放降低30%。

在发动机启动和全速运转时采用传统火花塞点火方式，保证启动的顺畅和高速行驶时的高功率储备；在中低速运转状态下，提高燃烧效率，降低氮氧化物的排放，在带来高扭矩的同时大幅提高了燃油经济性。此种技术对燃油品质的要求较低，普通的汽油、柴油都可以使用。

1. 奔驰混燃式发动机

奔驰F700混合概念车（图1-3-1）采用均质混合气压燃技术（HCCI）发动机，该发动机结合了汽油动力的力量和柴油动力的效率，从而使行驶里程更长，污染物排放更少。

图1-3-1 奔驰F700混合概念车

奔驰 F700 Diesotto 四缸发动机排量仅为 1.8 L，经过两级涡轮增压，动力堪比奔驰 S350 的 V6 发动机，而百公里油耗仅为 5.3 L。在燃油较好的情况下，其 CO_2 排放量仅为 127 g/km。

这样一项极具革命性的技术，无论是单独使用还是与电动系统联合使用，都将带来目前最为高效和节能的动力总成。由于此种发动机对燃油品质要求较低，如能得到大规模推广，对高牌号汽油的需求会大幅下降，可以间接降低在石油冶炼过程中产生的污染。

奔驰 F700 在启动和加速阶段的工作情况与汽油机相同：通过火花塞将燃料和空气的混合物点燃。当进入高速行驶时，发动机切换到 HCCI 模式，通过气缸内的高压和高温使燃料燃烧，此时的工作情况与柴油机相同，都是通过高压从燃料中获取更多的能量。HCCI 发动机能适用汽油、天然气、丙烷、乙醇、柴油和生物燃料等多种燃料。

目前，世界各著名汽车厂商都在研究 HCCI 技术，其中奔驰汽车厂商将该技术称为 Diesotto 驱动系统（柴油、汽油混合动力发动机）。它出色地结合了汽油发动机的低排放和柴油发动机的节油性。

奔驰 Diesotto 的工作情况如下：

（1）在汽车加速时，Diesotto 靠火花塞点燃可燃混合气，高温高压的火焰传播到整个燃烧室，并推动活塞向下止点运动。为了最大化获取能量，采用进气涡轮增压和缸内燃油喷射技术。

（2）Diesotto 驱动系统适用于不需要完全输出动力的场合，如在高速公路巡航时。此时节气门开度大，可以使发动机利用更少的燃料和更多的空气进行工作。发动机通过调节阀门的开度增大燃烧室的压力，并通过一个附在曲轴上的链传动装置将活塞推得更高。

（3）在工作过程中，高压使燃烧室内多处混合气自燃，因此燃烧室温度更低且燃烧更均匀。低温相对于高温能减少能量流失，并降低污染物排放。

2. 大众混燃式发动机

大众汽车公司利用先进的发动机技术——柴汽混燃系统（CCS），把柴油机和汽油机的优点融合在一起，并把柴汽混燃发动机安装到途安试验车上。

汽油机的工作原理是将已经汽化的燃料与燃烧室内的空气进行均匀混合，再通过火花塞点火。而柴油机是通过压缩混合气到高温高压的条件，致燃料自燃而对外做功。这一过程相对来说比汽油机慢一些，但却能产生更大的压力，而强大的压力正是柴油机实现驱动的关键。

柴汽混燃系统将均匀的混合过程与无火花自燃两者合一，其原理是：在活塞压缩行程，柴油机采用共轨喷射技术精确地将燃料喷入燃烧室，从而使形成混合气的时间变长，混合质量更好，能更快地使压力和温度上升，最终实现自燃。之后的独立燃烧过程比目前的 TDI 涡轮增压直喷式发动机减少 10% 的放射物质和损耗。为了降低燃烧室温度，使污染物排放降低，燃烧后的废气一部分再被引入到燃烧室。

为了保证燃烧过程在不同的条件下能够顺利进行，需要特殊的高效燃料，以便精确计算燃点和燃烧延迟的时机。一般是通过化学方法添加碳氢化合物人工合成燃料，使燃料不再依靠原油。在实验装置中，天然气和生物能量分别被加工成天然气合成燃料和太阳合成燃料，这两种燃料都不含硫化物和芳香烃，大大降低了有害气体排放。

小阅读

2018 年 3 月 5 日，全国“两会”召开，大家所关心的新能源汽车依然是“两会”的热门话题。新能源汽车是我国汽车工业由大变强的一条必经之路！可见，国家将继续对新能源汽车和纯电动汽车给予政策上的扶持，且这已成为国家的大政方针。据相关协会统计，2017 年我国新能源汽车产量为 79.4 万辆，年销量为 77.7 万辆。且国家已建成超过十万个公用充电桩。发展新能源汽车已成为汽车的发展趋势。

拓展学习

油电混合动力汽车即燃料（汽油、柴油）和电能的混合，是由电动机作为发动机的辅助动力驱动汽车，该技术属于一种优势互补的技术，也可以归结为集成创新。就主流的混合动力技术而言，动力源主要是发动机，其次配备了第二个动力源电池，两者结合起来进行节能，辅助发动机的电动机可以在正常行驶中产生强大而平稳的动力。在起步、加速时，由于有电动机的辅助，可以降低油耗，与同样功率的汽车相比，耗油率更低。因此，可以享受更强劲的起步、加速，同时还能实现较高水平的燃油经济性。

§1–4　汽油机自动启停技术

学习目标

1. 熟悉汽油机自动启停技术的工作原理。
2. 掌握汽油机自动启停技术的类型及优缺点。

学习导入

汽油机自动启停是指在车辆行驶过程中临时停车（如等红灯）时，自动熄火。当需要继续前进时，系统自动重启发动机系统。自动启停的英文名称为 STOP&START，简称为 STT。STT 智能节油系统是一套控制发动机启动和停止的系统。

相关知识

一、汽油机自动启停技术概述及工作原理

1. 汽油机自动启停技术概述

德国博世公司做过试验，装备汽油机自动启停系统的汽车平均节油率为 8% ~ 15%，路况越拥堵、发动机排量越大，效果越明显。中国汽车技术研究中心也测试过，节油率甚至能达到 27%。装备汽油机自动启停系统的汽车在一般路况条件下节油率可达 10% 左右，百公里还可减少 15.1 g 的二氧化碳排放量。一般路况下汽车每行驶 1 万公里大概可节省 1 000 元人民币。

鉴于以上优势，汽油机自动启停技术得到了广泛应用。装备汽油机自动启停技术的汽车一般会有如图 1–4–1 所示的自动启停按键，当需要关闭此功能时可以按下按键解除自动启停功能。

图 1–4–1　自动启停按键

2. 汽油机自动启停技术的工作原理

汽油机自动启停技术的工作原理是，当汽车行驶中因为拥堵或者红灯停止行进，驾驶员踩下制动踏板或停车摘挡时，STT 系统自动检测：发动机空转且没有挂挡；防锁定系统的车轮转速传感器显示为零；电子与电池传感器显示有足够的能量进行下一次启动。满足上述三个条件后，发动机自动停止转动。

当道路通畅或信号灯变绿后，驾驶员抬起制动踏板，随即就可以启动“启动停止器”，并快速地启动发动机，车辆快速起步。在高效蓄电池技术和相应的发动机管理程序的支持下，启停系统在较低的温度下也能正常工作，只需短暂的预热过程便可激活。

该系统是通过在传统发动机上植入具有怠速启停功能的加强电动机，使汽车在满足怠速停车条件时，发动机完全熄火停止工作。当汽车需要启动前进时，怠速启停电动机系统迅速响应启动命令，快速启动发动机，瞬时衔接，从而大大减少油耗和污染物排放。该系统通过 ECU 判断车辆的状态，如车辆在红灯、堵塞等停滞状态，ECU 可以控制发动机自动停止运行，并且在停止运行后，不影响车内空调、音响等设备的使用。

对于装备自动变速器或双离合变速器的车型，自动启停系统的工作方式如下：

行驶中只要直接踩下制动踏板，车辆完全停止约 2 s 后发动机就会自动熄火，一直踩着制动踏板，发动机就会保持关闭。只要松开制动踏板，或者转动转向盘，发动机会自动启动，踩下油门起步，整个过程都处于 D 挡状态。

为了解决长时间踩住制动踏板容易疲劳的问题，只要把 AUTO HOLD（图 1–4–2）电子驻车制动系统也一并开启，那么发动机只有在轻踩加速踏板之后才会启动，从而节省了脚力。

图 1–4–2　AUTO HOLD

二、汽油机自动启停技术的类型

1. 分离式起动机 / 发电机启停系统

采用分离式起动机 / 发电机的启停系统较为常见。该系统的起动机和发电机是独立设计的，发动机启动所需的功率由起动机提供，而发电机则为起动机提供电能。博世公司是这种启停系统的主流供应商。该系统主要包括高增强型起动机、增强型蓄电池（隔板采用超细玻璃棉材料的蓄电池）、可控发电机、集成 Start/Stop 协调程序的发动机 ECU 和传感器等。

博世的起动机能快速、安静地自动恢复发动机运转，可降低启动时的油耗。该启停系统零部件少，安装方便，可应用于各种不同混合动力（传动带驱动、直齿驱动和电力轴驱动）汽车。而且系统部件与传统部件尺寸保持一致，因此可直接装配至各种车辆上。

2. 集成起动机 / 发电机启停系统

集成起动机 / 发电机是一个通过永磁体内转子和单齿定子来激励的同步电动机，能将驱动单元集成到混合动力传动系统中。

法雷奥的 i–Start 系统首先应用于 PSA（标致 – 雪铁龙集团）的 e–HDi 车型上。i–Start 系统的电控装置集成在发电机内部，在遇红灯停车时发动机停转，只要挂挡或松开制动踏板发动机就立即自动启动，其原理如图 1–4–3 和图 1–4–4 所示。

图 1–4–3　汽车停止时关闭发动机

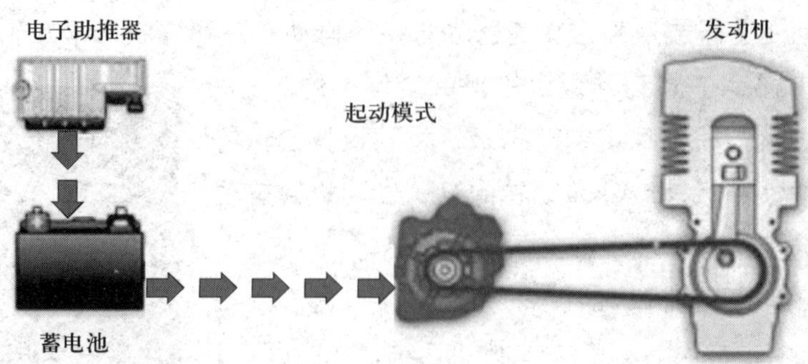

图 1-4-4 踩下加速踏板时，蓄电池供电，发电机带动发动机启动

3. 马自达 SISS 智能启停系统

马自达 SISS（现称为 i-Stop 技术）智能启停系统主要是通过在气缸内进行燃油直喷，以燃油燃烧产生的膨胀力来重启发动机，发动机上的传统起动机在发动机启动时起到辅助作用。据官方数据，使用 SISS 技术，发动机在最短 0.35 s 的时间内就能启动，比单纯使用起动机或电动机的系统启动速度快 1 倍。

三、汽油机自动启停技术的发展史

汽油机自动启停技术的历史，最早可以追溯到 20 世纪 70 年代。当时丰田在皇冠轿车上对这一技术进行过实用性测试，只要车辆停稳后 1.5 s，自动启停系统就会自动控制发动机熄火，这也成为日后自动启停技术发展的理论和设计雏形。而经过丰田对该车的长时间测试之后，发现这一技术能带来 10% 左右的节油效果。

在丰田之后，大众、菲亚特、马自达等众多汽车生产厂商开始了对自动启停技术的研究。尽管早就开始了研究，但这项非常实用的技术直到 2006 年才开始普及。大概是因为从 2006 年开始欧盟率先制定了日益严苛的排放法规，让汽车生产厂商不得不想尽一切办法来满足排放要求。

2006 年后，各汽车生产厂商纷纷加大了对各项节能技术的研发投入，包括涡轮增压、缸内直喷、混合动力在内的多项技术被逐步应用推广。在这些技术之中，自动启停技术作为一项专为发动机怠速时设计的节能减排技术，开始大规模普及并搭载到新产品上。而因为曾经是“豪车”上的配置，各大汽车生产厂商在发布新产品时都会把自动启停技术当作一大宣传亮点。

目前，市场上已经有许多车型搭载发动机自动启停系统，欧洲各国装备自动启停技术的车型较多，包括奥迪、奔驰、宝马、沃尔沃、保时捷等；大众旗下各品牌的蓝驱系列也都装备了该系统。另外，马自达 CX-5、荣威 550、帝豪 EC7、长城 C30、铃木锋驭等也装备了类似系统。

经过一段时间的发展，目前越来越多的汽车生产厂商开始推广自动启停技术。2013 年欧盟地区已有超过半数的上市新车配备此功能，而福特汽车在 2017 年实现了旗下 70% 的车型配备自动启停系统。随着自动启停系统本身技术的逐步完善，人们保护环境和珍惜能源的意识不断加强，自动启停技术必将为我国的节能减排乃至环境优化做出更大的贡献。

四、汽油机自动启停技术的优缺点

1. 优点

汽油机自动启停技术能减少不必要的燃油消耗，降低废气排放，提高燃油经济性。在城市交通中等待信号灯或是堵车时，能够尽量降低发动机怠速空转时间，并且在发动机熄火后其电源能取代传动带轮对发动机冷却风扇及车内空调提供运转动力。

2. 缺点

（1）再次启动等待时间长

虽然自动启停技术确实能够通过在车辆制动时停止发动机的工作来降低油耗，但系统的响应迟滞，且发动机再次启动必然会造成一定时间的等待。

（2）费用高

频繁地启停发动机还会对相关部件如起动机和蓄电池造成一定程度的损害。因此，搭载了自动启停系统的车型一般都会采用增强型起动机和蓄电池。不过在实际使用中，增强型起动机和蓄电池虽然强于普通型，但由于自动启停带来的发动机启停次数增多，它们的故障率依然很高。而且，增强型起动机和蓄电池的维修费用也较高。

（3）噪声大

自动启停系统最为人所诟病的，也最与用户体验直接相关的一点，就是启动时的振动和噪声。最初人们觉得“豪车”上的自动启停技术“高大上”，是因为在“豪车”上不会明显感受到发动机启停带来的振动和噪声，这完全得益于豪华品牌汽车在 NVH（噪声、振动与声振粗糙度）以及发动机技术上的领先。而当这项技术开始普及时，低端车型的振动和噪声就会比较大，影响用户体验。

（4）舒适性差

发动机熄火后，空调送风比较干燥，制冷效果差，影响乘坐舒适性。

（5）涉水危险大

如果车辆涉水，发动机熄火后排气管压力变小，水会顺着排气管进入发动机，这时发动机如果自动启动就可能造成很大的危险。

小阅读

在日常使用过程中，许多人对发动机启停产生了一些困惑，比如频繁熄火、点火会不会对发动机造成磨损，频繁点火会不会缩短蓄电池的使用寿命等。

1. 会对发动机造成磨损吗?

其实频繁启动并不会对发动机造成多大磨损，发动机内部主要靠油膜润滑，鉴于自动启停的时间都很短，被机油泵甩上去的机油不会都流回去，零件上还是保留了很多机油，在启动而且是热启动的转速和时间内对发动机没什么影响。对发动机磨损影响大的是冷启动和高温启动，冷启动以目前的机油技术，只要能用好一些的机油，其对发动机磨损的影响应该低于高温带来的使用寿命损失。

2. 会影响蓄电池的使用寿命吗?

对于会不会缩短蓄电池的使用寿命这一点来说，答案应该是肯定的，但是一般的启停系统都不会在蓄电池亏电和车辆刚启动的时候就立即启动，而会在车辆行驶一段距离，保证蓄电池有充足电量的时候启动。所以对于蓄电池的使用寿命虽然会有影响，但也是微乎其微的。

一项技术被用在量产车上肯定会经过很严苛的测试，如天津一汽搭载的ISS智能节油系统，同样经过了严苛的测试和路试。自动启停技术在欧洲已经很普及，车辆耐久性不会有什么问题。采用该项技术的车辆，对发电机和起动机等相关元件都已进行了优化，使用强度更大，因而在正常驾驶情况下，将大大提高整套动力系统的可靠性，所以无须对此担忧。

拓展学习

自动启停技术的局限性

1. 发动机自动启停增加了用车成本。为了实现快速、大电流充放电，自动启停系统需要采用特制的AGM或EFB汽车蓄电池（启停电池）；为了应对发动机的频繁启动，需要使用增强型起动机；为了检查当前汽车状态还要增加一系列的传感器。

2. 自动启停的控制逻辑有待优化。一般的自动启停控制逻辑是汽车在静止状态D挡时，深踩制动踏板发动机熄火，且在发动机熄火状态时，制动不能松。“深踩”有时候会因为力度控制的原因，导致发动机不该熄火时熄火，不该启动时启动。

3. 自动启停的用户体验不好。发动机在启动瞬间，动平衡没有建立时，振动比较大，这个突兀的振动给人一种不舒服的感觉。

4. 自动启停技术还有局限性。在汽车涉水时，需要关闭自动启停系统，否则在水中熄火时再次启动，发动机就会严重受损（即使为爱车上了涉水险，保险公司也不会进行赔偿）。

§1–5 柴油机共轨直喷技术

学习目标

1. 掌握柴油机共轨直喷技术的工作原理。
2. 掌握柴油机共轨直喷系统各部件的结构和组成。
3. 了解柴油机共轨直喷技术的分类和特点。

学习导入

随着发动机排量的不断升级，高压共轨技术已在各国柴油机车辆上得到了广泛推广和应用，尤其是欧洲的商用车普及率已达 90% 以上。近年来，高压共轨技术在中国重型货车及大型客车上也得到了较快推广，未来几年有望在中型货车上得到应用。

相关知识

一、柴油机共轨直喷技术的工作原理

柴油机共轨直喷技术是指在高压油泵、压力传感器和电子控制单元（ECU）组成的闭环系统中，将喷射压力的产生和喷射过程彼此完全分开的一种供油方式。它是由高压油泵将高压燃油输送到公共供油管，通过公共供油管内的油压实现精确控制，使高压油管的压力与发动机的转速无关，可以大幅降低柴油机供油压力随发动机转速变化的程度。

二、柴油机共轨直喷系统各部件的结构和组成

柴油机共轨直喷系统主要由高压油泵、高压油轨及高压油管、喷油器、电子控制单元（ECU）、各类传感器和执行器等部件组成，如图 1-5-1 所示。

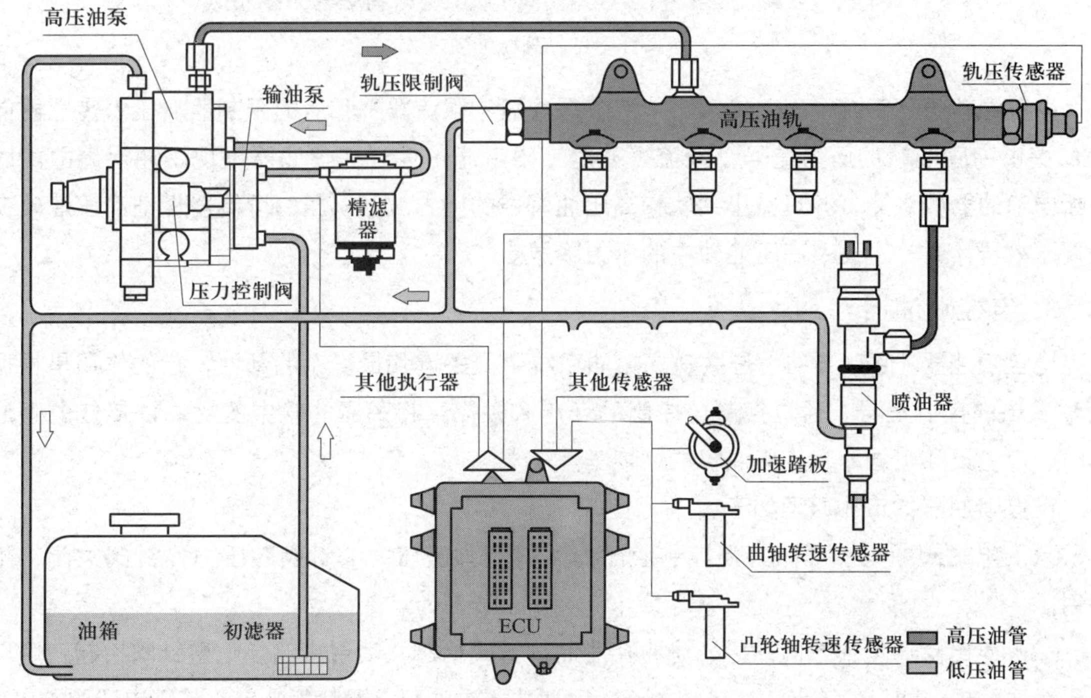

图 1-5-1　柴油机共轨直喷系统的结构

输油泵从油箱将燃油泵入高压油泵的进油口，由发动机驱动的高压油泵将燃油增压后送入共轨腔内，再由电磁阀控制各缸喷油器在相应时刻喷油。

1. 高压油泵

高压油泵（图 1–5–2）供油量的设计准则是必须保证在任何情况下满足柴油机的喷油量与控制油量之和的需求以及启动和加速时的油量变化的需求。由于共轨系统中喷油压力的产生与燃油喷射过程无关，且喷油正时也无须高压油泵的凸轮来保障，因此高压油泵的压油凸轮可以按照峰值扭矩最低、接触应力最小和最耐磨的原则来设计。

图 1–5–2 高压油泵

2. 高压油轨（共轨管）

高压油轨（图 1–5–3）将高压油泵提供的高压燃油分配到各喷油器中，起蓄压器的作用。它的容积应削减高压油泵的供油压力波动和每个喷油器由喷油过程引起的压力振荡，使高压油轨中的压力波动控制在 5 MPa 之内。但其容积又不能过大，以保证有足够的压力响应速度以快速跟踪柴油机工况的变化。

图 1–5–3 高压油轨

高压油轨上还安装了压力传感器、液流缓冲器（限流器）和压力限制器。压力传感器向 ECU 提供高压油轨的压力信号；液流缓冲器（限流器）保证在喷油器出现燃油泄漏故障时切断向喷油器的供油，并可减小共轨和高压油管中的压力波动；压力限制器保证高压油轨在出现压力异常时，迅速将高压油轨中的压力释放。

3. 电控喷油器

电控喷油器（图 1–5–4）是共轨式燃油系统中最关键和最复杂的部件，它的作用是根据 ECU 发出的控制信号，通过控制电磁阀的开启和关闭，将高压油轨中的燃油以最佳的喷油定时、喷油量和喷油率喷入柴油机的燃烧室。

电控喷油器的工作原理如下：

（1）电磁阀断电：球阀关闭控制腔压力 + 针阀弹簧压力 > 针阀腔压力，针阀关闭，不喷射。

（2）电磁阀通电：球阀开启，泄油孔泄油，针阀抬起，喷射燃油。喷射针阀抬起速度取决于泄油孔与进油孔的流量差；针阀关闭速度取决于进油孔流量喷射响应（等于电磁阀响应 + 液力系统响应），一般为 0.1 ~ 0.3 ms。

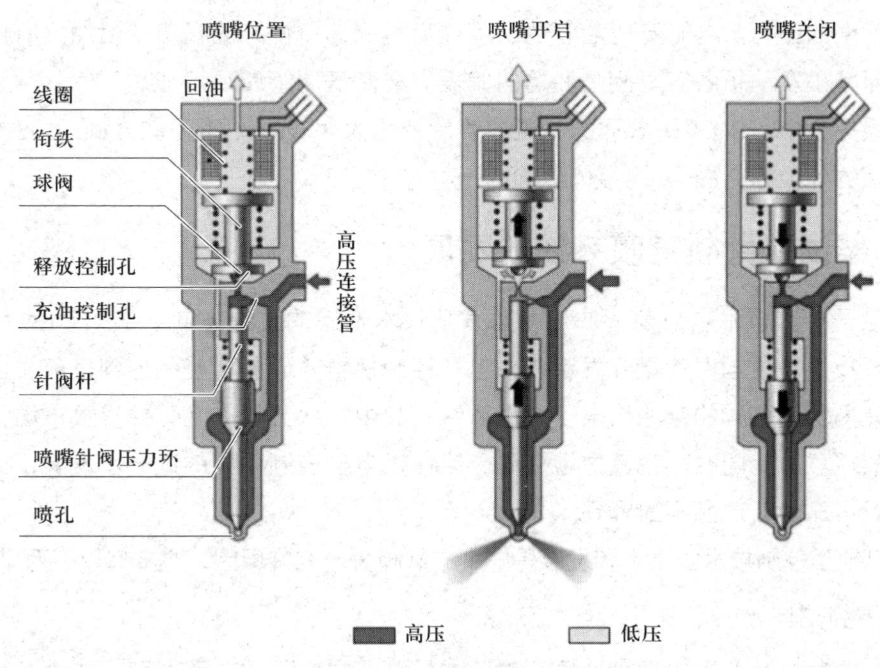

图 1-5-4　电控喷油器

为了实现预定的喷油形态，需对喷油器进行合理的优化设计。控制室的容积决定了针阀开启时的灵敏度：控制室的容积过大，针阀在喷油结束时不能实现快速断油，使后期的燃油雾化不良；控制室容积过小，不能给针阀提供足够的有效行程，使喷射过程的流动阻力加大。因此，控制室容积也应根据机型的最大喷油量合理选择。

此外，喷油嘴的最小喷油压力取决于回油量孔和进油量孔的流量率及控制活塞的端面面积。这样在确定了进油量孔、回油量孔和控制室的结构尺寸后，就确定了喷油嘴针阀完全开启的稳定、最短喷油过程，同时也确定了喷油嘴的稳定最小喷油量。控制室容积的减小可以使针阀的响应速度更快，使燃油温度对喷嘴喷油量的影响更小。

但控制室容积不可能无限制地减少，它应能保证喷油嘴针阀的升程以使针阀完全开启。两个控制量孔决定了控制室中的动态压力，从而决定了针阀的运动规律，通过仔细调节这两个量孔的流量系数，可以实现理想的喷油规律。

因为高压共轨喷射系统的喷射压力非常高，所以其喷油嘴的喷孔截面积很小，如博世（BOSCH）公司的喷油嘴的喷孔直径为 0.169 mm，在如此小的喷孔直径和如此高的喷射压力下，燃油流动处于极端不稳定状态，油束的喷雾锥角变大，燃油雾化更好，但贯穿距离变小，因此应改变原柴油机进气的涡流强度、燃烧室结构，以确保最佳的燃烧过程。

对于喷油器电磁阀，由于共轨系统要求它有足够的开启速度，考虑到预喷射是改善柴油机性能的重要喷射方式，控制电磁阀的响应时间应缩短。

4. 高压油管

高压油管是连接共轨管与电控喷油器的通道，它应有足够的燃油流量以减小燃油流动时的压降，并使高压管路系统中的压力波动较小，能承受高压燃油的冲击作用，且启动时能很快建立共轨中的压力。各缸高压油管的长度应尽量相等，使柴油机每个喷油器有相同的喷油压力，从而减小发动机各缸之间喷油量的偏差。各高压油管应尽可能短，使从共轨管到喷油嘴的压力损失最小。BOSCH 公司的高压油管的外径为 6 mm，内径为 2.4 mm；日本电装公司的高压油管的外径为 8 mm，内径为 3 mm。

三、柴油机共轨直喷系统的发展

采用电子控制技术是当前柴油机共轨直喷技术发展的重要方向。早在 20 世纪 70 年代，世界上许多技术发达国家就已开发柴油机电子控制技术并研制新产品。到目前为止，已研制并生产出许多功能各异的柴油机电子控制系统，其中大部分已产品化并投放市场，取得了显著的经济效益。与此同时，也有力地推动了柴油机电子控制系统的进一步发展，控制功能更全、工作更可靠的新产品不断涌现。

柴油机电子控制技术的出现和发展是一个必然趋势。究其原因，主要有以下两个方面。

1. 节能减排

石油能源危机及严重的雾霾环境，对柴油机这一主要移动式动力装置的燃油经济性和污染物排放指标提出了十分苛刻的要求。很久以来，为了降低柴油机的油耗和减少排放，除了对柴油机本身的各个系统进行研究和改进外，先后出现了各种各样的机械式控制机构。这些控制机构如机械式调速器、喷油提前装置等，实现了对影响发动机经济性和排放的主要参数的控制，但由于它们不可能实现更为复杂的调控并存在一些先天缺陷，其控制结果并不令人满意。

无论是柴油机的循环供油量（齿杆位移量的控制）还是喷油提前角（喷油始点的控制），实际上均受很多因素的制约，其每一瞬时的最佳值均不同。要想实现发动机的最优运行，必须实现多参量的实时检测与控制。显然，这又是机械式控制所无能为力的。因此，当人们对柴油机的经济性和排放提出更高的要求时，传统的机械式控制系统就有可能被更好的控制系统所取代。

柴油机采用电子控制技术后，由于其控制精度高、控制自由度大、控制功能齐全，因此能实现整个运行范围内的参数优化。它不仅能降低排放和提高经济性，还能有效地改善低速性能、低温启动和怠速性能，以及操作性能，从而也改善了汽车的舒适性。柴油机电子控制技术的发展，明显提高了其使用性能，降低了排放。

2. 电子技术不断发展

单片机的出现大大促进了柴油机控制系统的更新换代，使柴油机电子控制技术的出现与发展成为必然。随着大规模集成电路的出现，微电子产品的成本大幅度下降，在功能强化、功耗降低的情况下，可靠性逐步提高，且性能日臻完善，使柴油机这一特殊设备采用微型计算机控制技术成为可能。特别是当单片机以崭新的面貌出现以后，采用单片机的柴油机数字控制系统异军突起，发展十分迅速。可以说电子模拟控制已比传统的机械控制大大前进了一步。但由于各种内在原因，此种控制仍不能满足更高的要求，而数字控制系统的情形就截然不同了。与模拟控制系统相比，数字控制系统具有许多优点，如它的线路简单、所需硬件少、功耗低、抗干扰能力强、可靠性高、控制精度高，能实现多功能控制且调试方便等。因此，以单片机为中心配备适当的硬件和软件，足以形成一个功能十分齐全、体积很小的监测、控制、诊断及支撑系统，以完成柴油机所需要的高精度实时控制。微型计算机控制系统的两大显著特点是控制精度高和处理信息能力强。这两点正是机械式控制系统所不及的，也是微型计算机控制系统之所以能够理所当然地取代柴油机机械控制系统的主要原因。

四、柴油机共轨直喷系统的分类

1. 按照共轨压力大小分类

按照共轨压力大小不同，柴油机共轨直喷系统可分为高压共轨直喷系统和中压共轨直喷系统两类。高压共轨直喷系统的特点是高压输油泵直接输出高压燃油到共轨容器，压力可达 120 MPa，因此整个系统从高压输油泵到喷油器均处于高压状态。在中压共轨直喷系统中，输油泵输出的燃油是中、低压油，压力为 10～30 MPa，此压力燃油进入共轨，然后进入喷油器。喷油器中有液压放大结构（即增压器），燃油被加压到 120 MPa 以上，然后再喷入气缸。因此，在中压共轨直喷系统中，高压区域仅局限在喷油器中。目前，已投入使用的共轨直喷系统大多为高压共轨直喷系统。

2. 按照发展阶段分类

按照柴油机共轨直喷系统的发展阶段可将其分为位置控制式、时间控制式和时间压力控制式三类。

（1）位置控制式

位置控制式系统的特点是不仅保留了传统的喷油泵—高压油管—喷油器系统，而且还保留了喷油泵中齿条、齿圈、滑套和柱塞上控油螺旋槽等控制油量的机械传动机构，只是对齿条或滑套的运动位置控制由原来的机械调速器控制改为电子控制，使控制精度和响应速度得以提高。柴油机的结构几乎无须改动，故生产继承性好，便于对现有机器进行升级改造。其缺点是控制自由度小，控制精度差，喷油率和喷射压力难以控制，而且不能改变传统喷射系统固有的喷射特性，也很难大幅提高喷射压力。位置控制式喷油系统主要是在直列泵和分配泵上进行改进。在直列泵上，通过控制喷油泵齿杆位移来控制喷油量，通过控制液压提前器来实现喷油正时控制；在分配泵上，通过控制滑套位移来控制喷油量，通过控制 VE 泵上的提前器或改变凸轮相位来实现喷油正时控制。

（2）时间控制式

时间控制式系统是指用高速电磁阀直接控制高压燃油的适时喷射。此种系统可以保留原来的喷油泵—高压油管—喷油器系统，也可以采用新型的高压燃油系统。用高速电磁阀直接控制高压燃油的喷射。一般情况下，电磁阀关闭，执行喷油；电磁阀打开，喷油结束。喷油始点取决于电磁阀关闭时刻，喷油量则取决于电磁阀关闭时间的长短。因此，它既可实现喷油量控制，又可实现喷油定时控制。时间控制式系统的控制自由度更大。在时间控制式电控喷油系统中，喷油泵仍采取传统直列泵、单体泵、分配泵柱塞供油的原理，即通过由柴油机曲轴驱动的喷油泵凸轮轴使柱塞压缩燃油，从而产生高压脉冲，这一脉冲以压力波的形式传至喷油器，并顶开针阀。但在传统的喷油泵中，柱塞同时起到建立供油压力与调节供油量的作用。时间控制式喷油系统采用高速电磁阀泄油调节原理，柱塞只承担供油加压的功能，供油量、供油时刻控制则由高速电磁阀单独完成。因此，供油加压与供油调节在结构上就互相独立。这样，传统的喷油泵结构得以简化，强度得以提高，而且传统喷油泵的齿圈、滑套、柱塞上的斜槽、提前器和齿杆等可全部取消，喷油泵的设计自由度提高，高压喷油能力大大加强。但是，此种喷油系统喷油压力依旧利用脉动柱塞供油，因此对转速的依赖性很大。在低速、低负荷时，其喷油压力不高，而且难以实现多次喷射，不利于降低发动机的噪声和振动。

（3）时间压力控制式（即电控共轨式直喷系统）

时间压力控制式直喷技术是国外于20世纪90年代中期开始推向市场的一种新型柴油机电控喷油技术。它摒弃了以往传统使用的泵—管—嘴脉动供油的形式，代之为一个高压油泵，在柴油机的驱动下以一定的速比连续将高压燃油输送到共轨管（即公共容器）内，高压燃油再由共轨管送入各缸喷油器。高压油泵并不直接控制喷油，仅是向共轨供油以维持所需的共轨压力，并通过连续调节共轨压力来控制喷射压力，采用压力－时间式燃油计量原理，用高速电磁阀控制喷射过程。喷油压力、喷油量及喷油正时由电子控制单元（ECU）灵活控制。

五、柴油机共轨直喷系统的特点

相对于其他燃油喷射系统，柴油机共轨直喷系统有以下特点。

1. 在燃油定量和喷油定时方面实行全电子和柔性控制，响应快，控制精确。
2. 具有高度的紧凑性和较低的高压油泵驱动转矩。
3. 可实现高压喷射，喷射压力比一般直列泵系统高出1倍，最高可达200 MPa。
4. 喷射压力独立于发动机转速，可以改善发动机低速、低负荷时的性能。
5. 可以实现预喷射，调节喷油速率，实现理想喷油规律。
6. 喷油正时和喷油量可自由选定。
7. 具有良好的喷射特性，可优化燃烧过程，使发动机油耗、烟度、噪声及排放等性能指标得到明显改善，并有利于改进发动机的转矩特性。
8. 结构简单、可靠性好、适应性强，可在所有新老发动机上应用。

数据表明，采用高压共轨技术的柴油机，燃烧效率可达45%，而汽油机的燃烧效率仅为35%左右。德国联邦汽车运输管理局（KBA）对大量柴油机的测试表明，同等排量共轨柴油机比汽油机节油30%～35%；而与传统柴油发动机相比，它又有着出色的舒适性和环保性；高压共轨柴油机排放可达欧Ⅵ水平。

小阅读

目前国外已开发出许多共轨喷油系统，其中比较典型的有：

（1）美国 BKM 公司的 Servojet 系统是一种典型的中压共轨式电控燃油喷射系统（共轨蓄压式电控喷油系统）。

（2）美国 Caterpillar 公司的 HEUI 系统，属于共轨液压式喷油系统，也属于中压共轨式电控燃油喷射系统。

（3）日本电装公司的 ECD-U2 高压共轨式喷油系统。

（4）德国博世公司的高压共轨式喷油系统。

拓展学习

高压共轨系统的维护保养要求如下：

高压共轨系统为保证高压喷射，精确控制流量，其各组成部分的精度都非常高，偶件间隙控制相当严格，部分直线度在 0.8 μm 以下，偶件间隙为 1.5 ~ 3.7 μm，所以对柴油清洁度提出了很高的要求。传统的柴油滤清器只能过滤 10 μm 以上的颗粒，对 3 μm 的颗粒过滤效率很差。高压共轨系统要求滤清器提供 95% 的水分离效率和 98.6% 的 3 ~ 5 μm 的颗粒过滤效率。

高压共轨系统部件成本昂贵，如果不按使用说明定期更换滤清器会造成喷油器、高压泵损坏，维修成本相当昂贵。以一台重型货车的喷油器为例，大概需要 1 500 元人民币以上的费用。

第二章　汽车底盘新技术

§2-1　AMT 变速器

学习目标

1. 熟悉 AMT 变速器的结构。
2. 掌握 AMT 变速器的分类。
3. 熟悉 AMT 变速器的工作原理。

学习导入

随着社会的发展和人民生活水平的提高，人们越来越追求驾驶的舒适性，因此配备自动变速器的车辆逐渐成为主流。目前常用的自动变速器主要有 AMT 电控机械式自动变速器、DSG 双离合变速器、CVT 机械式无级变速器和传统的 AT 电控液压自动变速器。

相关知识

一、AMT 电控机械式自动变速器

AMT 是电控机械式自动变速器（Automated Mechanical Transmission）的简称，如图 2-1-1 所示。AMT 是在传统的手动齿轮式变速器基础上改进而来的，是一种结合了传统

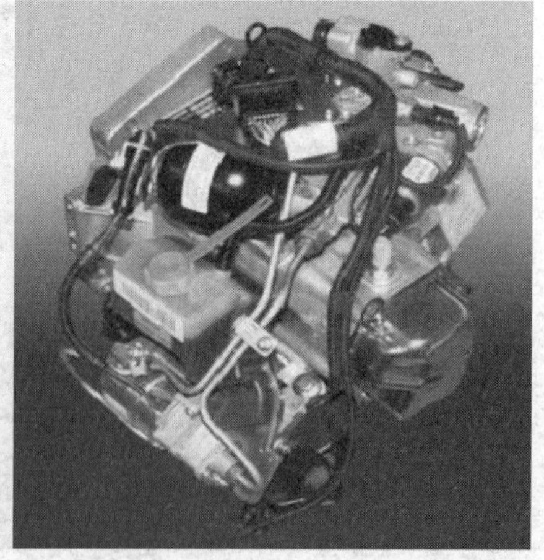

图 2-1-1　AMT 电控机械式自动变速器

自动变速器（AT）和手动变速器（MT）两者优点的自动变速器。AMT 是自动变速器的一个重要发展方向，现在多用于小型客车。

驾驶员通过加速踏板和操纵杆向电子控制单元（ECU）传递控制信号；电子控制单元采集发动机转速传感器、车速传感器等信号，时刻掌握车辆的行驶状态；电子控制单元（ECU）根据这些信号按存储于其中的最佳程序、最佳换挡规律、离合器模糊控制规律、发动机供油自适应调节规律等，对发动机供油、离合器的分离与接合、变速器换挡三者的动作与时序实现最佳匹配。从而获得优良的燃油经济性、动力性能以及平稳起步与迅速换挡的能力，以达到最佳的驾驶效果。

二、AMT 的结构

AMT 电控机械式自动变速器的结构如图 2–1–2 所示。

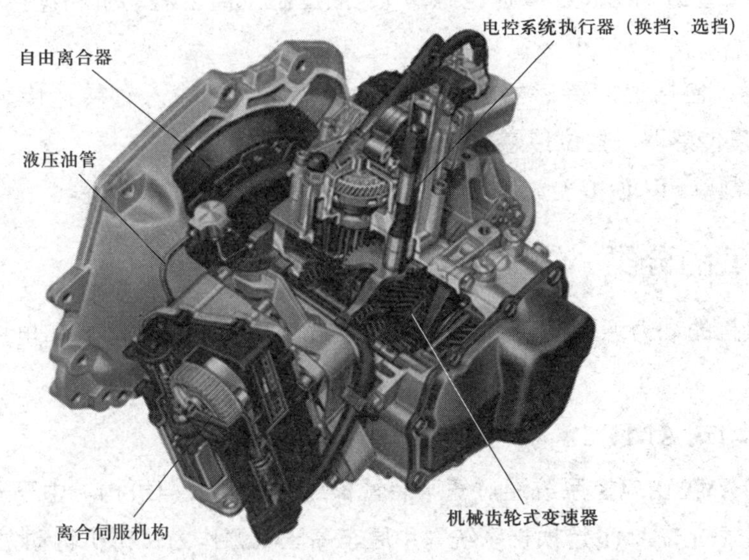

图 2–1–2　AMT 电控机械式自动变速器的结构

1. 自动离合器

自动离合器可以在变速器变换挡位时，自动切断和连接动力传递，保障换挡精确、平顺。自动离合器相对于驾驶员操作的普通离合器用时更短，目前已达到毫秒级。

自动离合器可分为干式离合器、湿式离合器和电磁离合器三类。出于成本考虑，目前采用干式离合器较多。

（1）干式离合器

干式离合器一般采用普通片式离合器，增加一套自动执行机构，可以在原有离合器、变速器的基础上进行改装，成本较低。

（2）湿式离合器

湿式离合器一般是重新设计制作而成，采用多片摩擦片浸泡在液压油中，有助于散热和减磨。

（3）电磁离合器

电磁离合器依靠电磁吸力连接离合器的主动部分和从动部分，响应性较好。但成本比较高，应用较少。

2. 机械齿轮式变速器

机械齿轮式变速器一般采用原有的手动变速器，操纵部分由 ECU 通过气压、液压或电动机进行动作。其换挡基本原理与手动变速器基本相同。

3. 电控系统

电控系统由执行机构、传感器和电子控制单元（ECU）三部分组成。

（1）执行机构：根据所采用的动力源不同，执行机构包括电动机（步进电动机和直流电动机）、电磁阀（普通电磁阀和高速电磁阀）、液压缸（离合器动缸和选换挡油缸）、气压缸等。

（2）传感器：包括速度传感器（发动机转速传感器、输入轴转速传感器、车速传感器）、节气门开度传感器、挡位传感器等。

（3）电子控制单元（ECU）：包括 CPU、ROM、RAM、I/O 接口等。

三、AMT 的分类

按照执行机构的动力源不同，AMT 分为电控气动式、电控液动式和电控电动式三种类型。

1. 电控气动式 AMT

电控气动式 AMT 由电控系统通过气压装置操纵变速器换挡机构。由于一般重型货车都自带气源，电控气动式 AMT 选换挡系统采用原车高压气源作为执行机构动力源。

2. 电控液动式 AMT

电控液动式 AMT 由电控系统通过液压装置操纵变速器换挡机构。

电控液动选换挡系统具有容量大、操作简便、易于实现安全保护、具有一定的吸振与吸收冲击的能力，以及便于空间布置等优点。缺点是液压系统动作一般都有滞后性，且对温度敏感，温度下降后液压油变黏稠，响应性变差。

3. 电控电动式 AMT

电控电动式 AMT 将自动变速控制系统中需要直接控制的对象——节气门、离合器以及选换挡装置的动作均采取电动机带动的方式。

相对于电控液动式 AMT 而言，电控电动式 AMT 在以下几个方面具有更大的优势：

（1）取消了液压系统，减少了机械故障，结构更加简单，质量更轻。

（2）直接采用电动机取代液压执行元件，响应更快，控制精度更高，动作更准确。

（3）无须其他动力源，变速器改装更加简单。

四、AMT 的工作原理

电子控制单元（ECU）根据车辆行驶工况（车速、加速度、挡位）和驾驶员的驾驶意图（加速踏板、换挡控制杆），按照设定的换挡规律，选择合适的挡位和换挡时机，控制换挡执行机构模拟驾驶员的换挡动作（包括对离合器、变速器和发动机的联合控制），进行选挡和换挡。

小阅读

比亚迪 F0 轿车用 AMT

比亚迪 F0 轿车用 AMT 使用马瑞利公司的 Free-Choice 换挡控制系统。该系统在普通的手动变速器上加载了一套液压控制系统，由五个不同的电磁阀控制车辆起步以及换挡。同时出于对乘客安全的考虑，该系统能自行判断整车的工作状态，并强行限制一些可能对乘客人身安全造成风险的操作请求。该控制系统主要组成部件如下：

（1）变速器控制单元：控制整套液压控制系统的电控单元，英文缩写为 TCU。

（2）发动机控制单元：控制发动机的电控单元，英文缩写为 ECU，需要与变速器控制单元分区。

（3）液压系统执行器：指加载在手动变速器上的整套液压控制系统总成，包括变速器上部的阀体总成、下部的离合器执行器总成、液压油箱以及所有油管。

（4）离合器电磁阀：在变速器上部安装有阀体总成，其中有 5 个电磁阀，标记为 EV0 的即为离合器电磁阀。

（5）低挡电磁阀：在变速器上部安装有阀体总成，标记为 EV1 的即为低挡电磁阀。

（6）高挡电磁阀：在变速器上部安装有阀体总成，标记为 EV2 的即为高挡电磁阀。

（7）偶数挡电磁阀：在变速器上部安装有阀体总成，标记为 EV3 的即为偶数挡电磁阀。

（8）奇数挡电磁阀：在变速器上部安装有阀体总成，标记为 EV4 的即为奇数挡电磁阀。

（9）放气螺栓：离合器执行器总成上的黄色小螺栓，拧开该螺栓可以使系统内部的多余空气自由排出。

（10）换挡手柄：位于驾驶室中，与普通手动车型的换挡手柄位置一致，但其为电子式换挡手柄，该手柄有 4 路信号输出，分别为 Gsl0、Gsl1、Gsl2、Gsl3。

①N 挡：空挡，与自动变速器提示相同。

②R 挡：倒挡，与自动变速器提示相同。

§2–2 CVT 变速器

学习目标

1. 熟悉 CVT 变速器的定义及种类。
2. 理解 CVT 变速器的结构及工作原理。

学习导入

目前的自动挡汽车一般有 4 个、6 个、7 个或 8 个前进挡，控制单元根据车速及其他参数自动进行挡位变化。有一种特殊的变速器，它没有明确的挡位数量，工作期间传动比一直在变化，这就是 CVT 变速器。

相关知识

一、无级变速器的种类

无级变速是指系统的输出转速可在两个极限转速范围内连续变化的传动。目前汽车上广泛应用的无级变速器有以下三种。

1. 液力变矩器

液力变矩器能够在一定范围内实现无级变速，但传动比调节范围较窄，一般配合自动变速器（AT）使用，两者配合能够近似实现汽车的无级变速。

2. 机械式无级变速器（CVT）

CVT 意为连续可调变速器，指变速比在动力传输过程中是无级可调的变速器，实现了传动比的连续改变。

机械式无级变速器简称 CVT（Continuously Variable Transmission），是当代最先进的汽车变速器之一。由于它可以使发动机在能耗最低、最节能的环境下工作，与自动变速器（AT）相比节能环保效果更好，成为取代 AT 的理想传动形式。

3. 电动式无级变速器

电动式无级变速器一般应用于电动机驱动的车辆，由电动机控制器实现调速。随着混合动力电动汽车和纯电动汽车的普及，电动式无级变速器的应用越来越多。

目前应用最为广泛的是液力变矩器 +AT 组合。CVT 由于其传递扭矩受限，一般用于中小型客车。

二、CVT 变速器的结构

CVT 一般由行星齿轮机构、无级变速机构、控制系统和差速器机构组成。

1. 行星齿轮机构

CVT 的行星齿轮机构用于实现前进挡与倒挡之间的切换操作，采用双行星齿轮机构，行星架上固定有内、外行星齿轮，其中外行星齿轮与齿圈啮合，内行星齿轮与太阳轮啮合。在前进挡时，行星架与太阳轮锁死，太阳轮主动旋转，行星架随太阳轮同速旋转，即整体同步旋转；在倒挡时，齿圈固定在机箱上不动，太阳轮主动旋转，通过双行星齿轮后，实现行星架与太阳轮反向旋转。

2. 无级变速机构

无级变速机构由金属传动带、主动轮组、从动轮组组成，如图 2–2–1 所示。其中，主动轮组和从动轮组都由可动锥盘和固定锥盘组成。

图 2–2–1　机械式无级变速器的无级变速机构

3. 控制系统

控制系统用来实现 CVT 传动比无级自动变化，多采用机 – 液控制系统或电 – 液控制系统，如图 2–2–2 所示。

三、CVT 变速器的工作原理

主动带轮、从动带轮分别由一轴向固定的锥盘和可轴向移动的锥盘组成。置于固定和移动两锥盘构成的 V 形槽内的金属带，是一个组合元件，由数百片厚约 2 mm 的 V 形摩擦片和嵌在摩擦片鞍座面内的两组金属钢带环组组成。每组钢带环组由若干层厚度为 0.18 mm 的钢带环套合而成，带环宽度和层数可根据传递转矩的不同而增减。钢带环的作用一是引导摩擦片的运动方向，二是承担金属带的张力。摩擦片的作用是传递力和转矩。在金属带式无极变速器的工作过程中，主动带轮和从动带轮的中心距是固定的，根据传动比要求，主、从动轴上

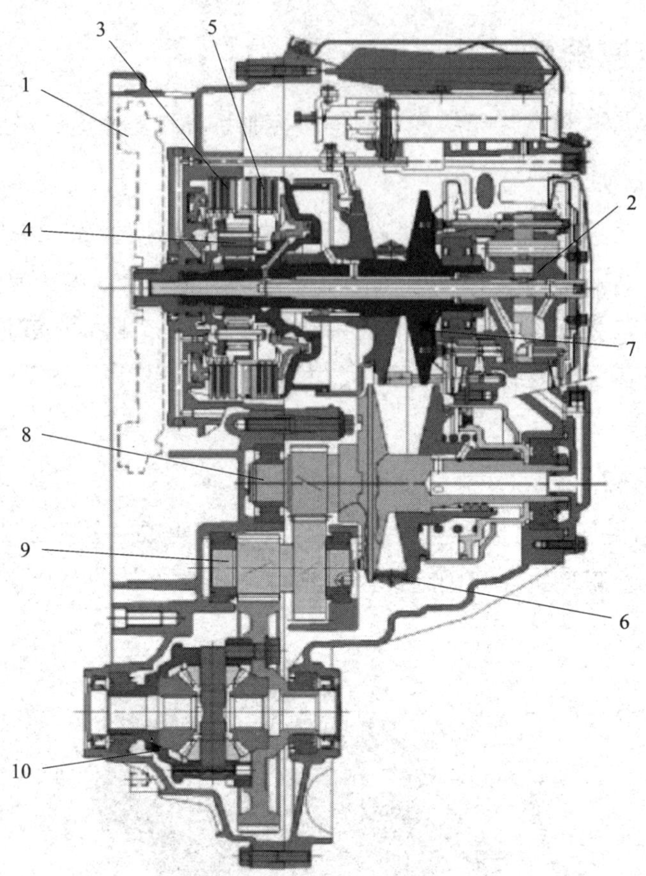

图 2–2–2 汽车用金属带式无级变速器的基本组成

1—发动机飞轮 / 扭转减振器 2—油泵 3—后退离合器 4—行星齿轮机构 5—前进离合器
6—钢带 7—主动锥轮 8—从动锥轮 9—中间轴 10—差速器

的移动锥盘做轴向移动，进而影响从动带轮的可移动锥盘做轴向移动，从而改变带轮的工作半径。而带轮的工作半径可以连续变化，所以可实现无级变速，如图 2–2–3 所示。

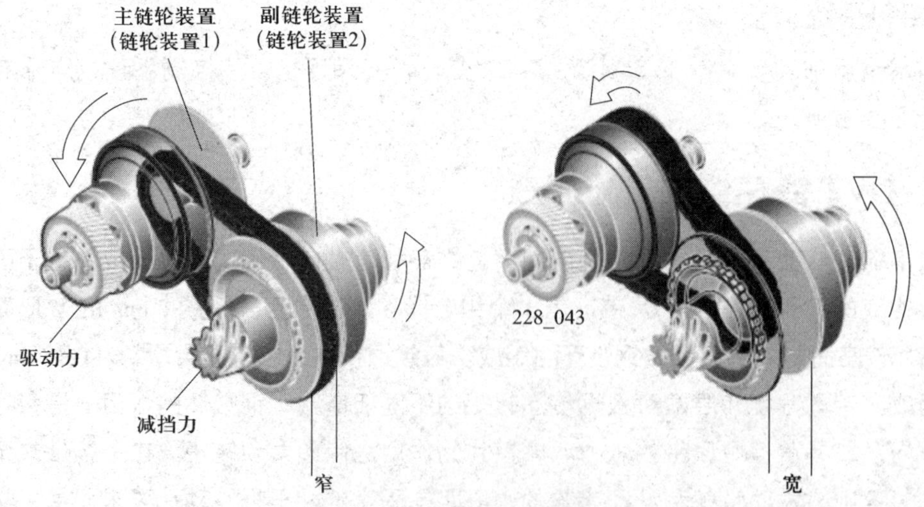

图 2–2–3 CVT 变速器的工作原理

§2–3　双离合变速器

学习目标

1. 熟悉双离合变速器的结构。
2. 理解双离合变速器的工作原理。

学习导入

在现有自动变速器中，电控液压自动变速器（AT）传动效率低，油耗大；CVT无级变速器无法传递较大扭矩；AMT变速器换挡冲击大，舒适性差。有没有一种变速器能够弥补以上不足呢？

相关知识

一、双离合变速器

1940年，双离合变速器的专利已被申请。该变速器曾经在货车上进行过试验，但是由于当时科学技术条件的局限，没有得到很好的利用。1983年，保时捷汽车股份有限公司也发明了专用于赛车的双离合变速器（PDK）。然而，在那个时代应用于赛车上的零部件都集成了高端的技术和大量的资金投入。在当时，双离合变速器可以说是技术的革命，不过使用成本很高，当时也只有在赛车上才有安装它的必要，未能成功将PDK技术投入批量生产。20世纪90年代末期，大众汽车公司和博格华纳（美国）携手合作生产了第一个适用于大批量生产和应用于主流车型的双离合变速器。

双离合变速器（Dual Clutch Transmission）简称DCT或DSG，是基于双轴式常啮合齿轮、手动变速器MT演变而成的，保留了结构简单、传动效率高的优点，并升华为电控液动换挡控制，改善了换挡品质，降低了油耗及故障率和制造成本，前景十分可观。目前大众、宝马、福特以及比亚迪等汽车公司都在大力推广双离合变速器。

大众汽车公司使用的DSG变速器有两种，一种是6速02E，另一种是7速0AM（在大众内部代号分别为DQ250和DQ200）。代号为DQ250的DSG变速器有6个前进挡位，采用湿式双离合器，能承受最大扭矩为350 N·m，主要用于高排量或主打操控性的车型，如途观和迈腾，其配备的发动机是1.8或2.0TSI，发动机的功率比较高。而DQ200则是7速双离合变速器，采用干式双离合器，能承受最大扭矩为250 N·m，主要搭载于中、低排量的车型，如6代高尔夫、朗逸，配备的发动机是1.4TSI。

二、大众 6 速 DSG 变速器 02E 的结构

大众 6 速 DSG 变速器 02E 的结构如图 2–3–1 所示。

（1）两个油浴湿式摩擦式离合器 K1 和 K2，通过扭转减振盘连接飞轮，其输出端分别驱动齿轮组的奇数挡和偶数挡。用 K1 和 K2 的分离与接合，交替转换传力挡位，满足自动换挡的需求。即：

第一离合器 K1——控制 1、3、5、R 挡位。

第二离合器 K2——控制 2、4、6 挡位。

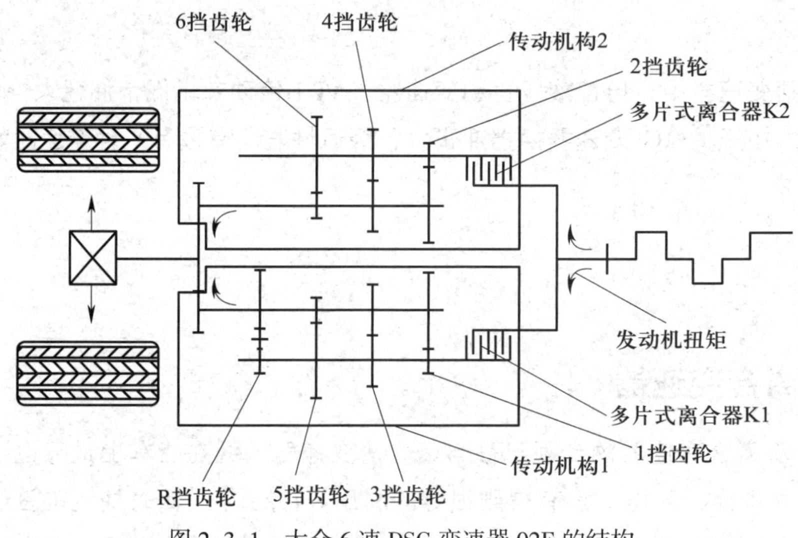

图 2–3–1　大众 6 速 DSG 变速器 02E 的结构

（2）与手动式变速器（MT）一样，用锁环式惯性同步器控制各挡位常啮合齿轮的连接，组成 6 个前进挡和 1 个 R 挡。

（3）离合器 K1 与 K2 的离合控制和同步器与常啮合齿轮的连接控制，采用电控液动方式，通过液压缸充油或泄油进行快速继动换挡控制。

（4）多片湿式双离合器的滑磨热利用自动变速器的 ATF（自动变速器油）来吸收，使摩擦片得到良好的冷却，接合柔和，磨损均匀，使用寿命长，扭矩传递性能好。

三、大众 7 速 DSG 变速器的结构

1. 双片式离合器

大众 7 速 DSG 变速器的双片式离合器与手动挡变速器基本相似，但仍有一些不同。如图 2–3–2 所示，DSG 双离合器由驱动盘，两个带扭转减振器的摩擦从动盘，两个推力轴承，两个操纵杆 K1、K2，塑料固定架等构成。扭矩通过发动机曲轴、双质量飞轮、双离合器进行传递。双质量飞轮装配有内齿，与双离合器外壳上装配的外齿相啮合，如此扭矩就被传递到双离合器。两个从动摩擦片分别与输入轴 1 和轴 2 相连。输入轴 1（较细）与靠近发动机

的摩擦盘相连，输入轴 2 与远离发动机的从动盘相连。大、小操纵杆 K1、K2 通过推力轴承与一大一小、一深一浅的两个膜片弹簧相结合。

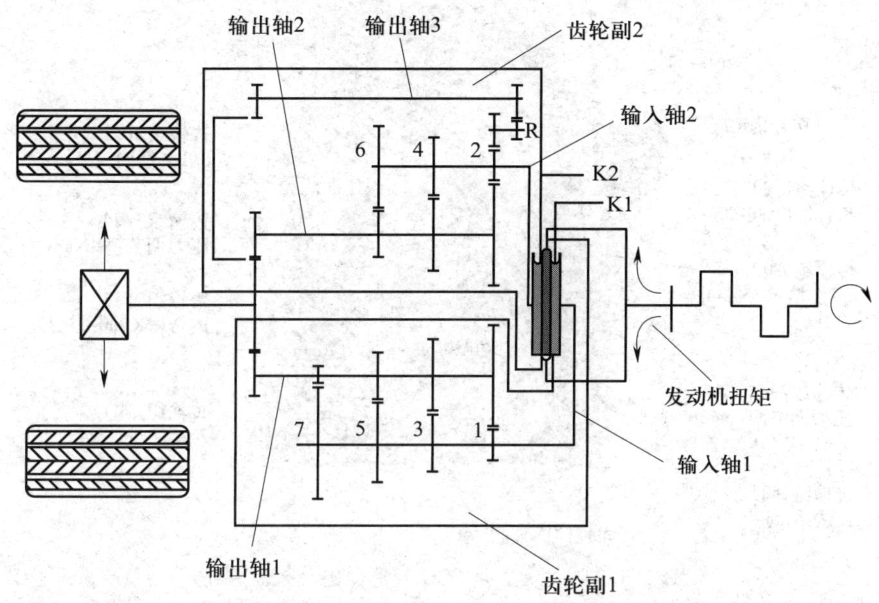

图 2-3-2　大众 7 速 DSG 变速器的结构

2. 齿轮传动机构

大众 7 速 DSG 变速器由输入轴、输出轴差速器、同步器等组成，有 7 个前进挡和 1 个倒挡。输入轴 1 与输出轴 1、输出轴 2 的一部分常啮合齿轮构成了 1、3、5、7 挡。输入轴 2 与输出轴 1、输出轴 2 的另一部分及输出轴 3 全部啮合，构成了 2、4、6 挡和倒挡。输出轴 1、2、3 与差速器相啮合输出动力。

输入轴 1 通过花键与 K1 相连，用于驱动 1、3、5、7 挡。为了监测变速器输入转速，输入轴 1 有变速器输入转速传感器的脉冲靶轮。输入轴 2 被设计成空心轴，安装在输入轴 1 的外侧，通过花键与 K2 相连，用于驱动 2、4、6、R 挡。为了检测变速器输入转速，输入轴 2 上有变速器输入转速传感器的靶轮。

3. 电液控制系统

电液控制系统由电液控制阀板、液压泵单元、离合器操纵机构、换挡控制阀、换挡选择机构等构成，如图 2-3-3 所示。

四、福特 6DCT450 自动变速器的结构

福特 6DCT450 双离合变速器运用在蒙迪欧 - 致胜上，克服了手动变速器的最大缺点——牵引力输出的中断。即使与最先进的自动变速器相比，其高效率也是非常明显的。该变速器上使用的是电子控制液压执行的湿式离合器片，并且由于节省空间，因此变速器结构更加紧凑，如图 2-3-4 所示。其结构特点主要表现为以下几点：

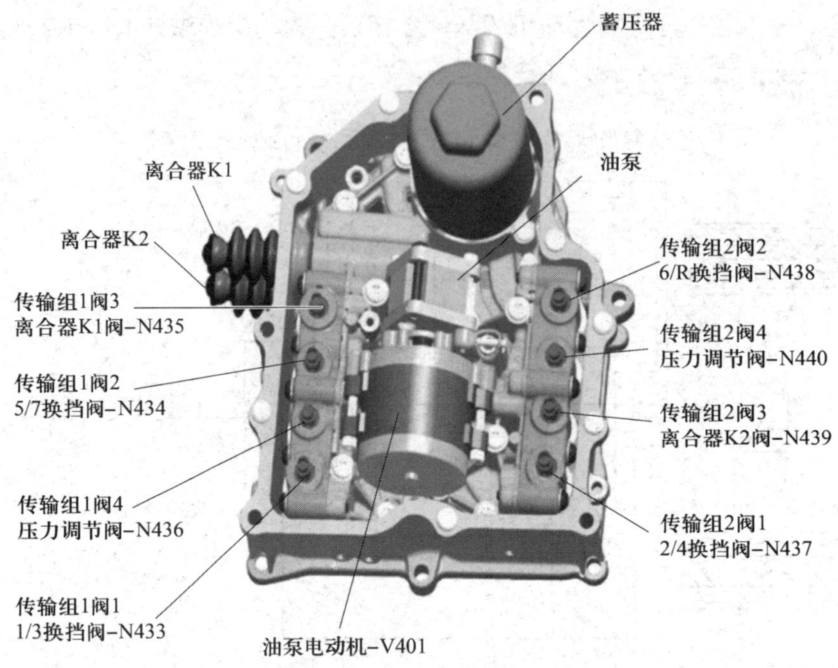

图 2-3-3　大众 7 速 DSG 变速器电液控制系统

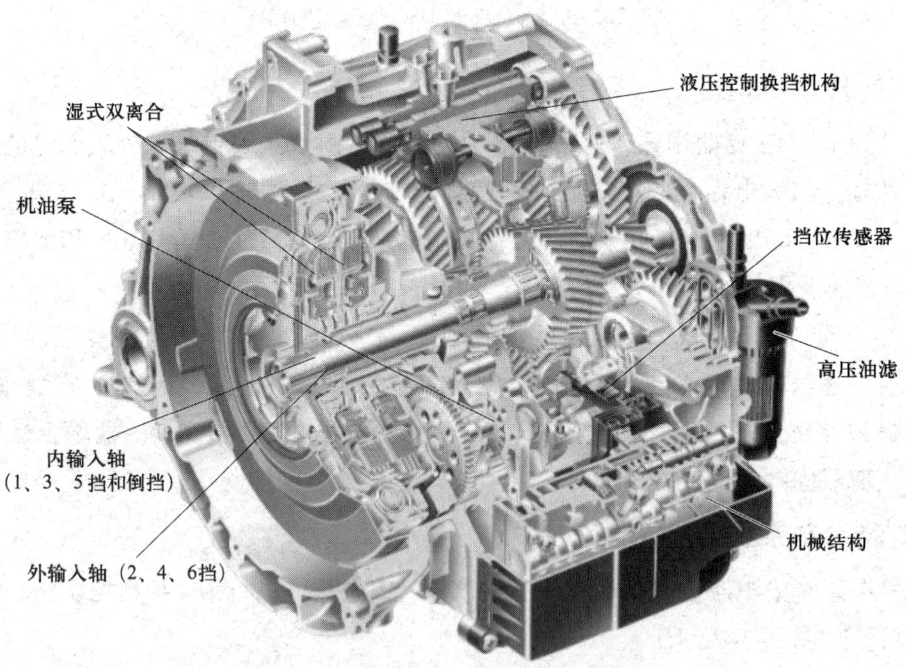

图 2-3-4　福特 6DCT450 双离合变速器

（1）6 前进挡加倒挡。

（2）前横置安装。

（3）可用于全时四驱（AWD）。

（4）可用于双动力车辆。

（5）并列的湿式离合器。

（6）内部电子控制换挡机构。

（7）智能换挡控制。

福特 6DCT450 双离合变速器依据控制功能可分为电子控制系统和液压控制系统两部分，如图 2-3-5 所示。TCM 与阀体组成一个整体，TCM 集成有传感器，阀体内包含阀块。

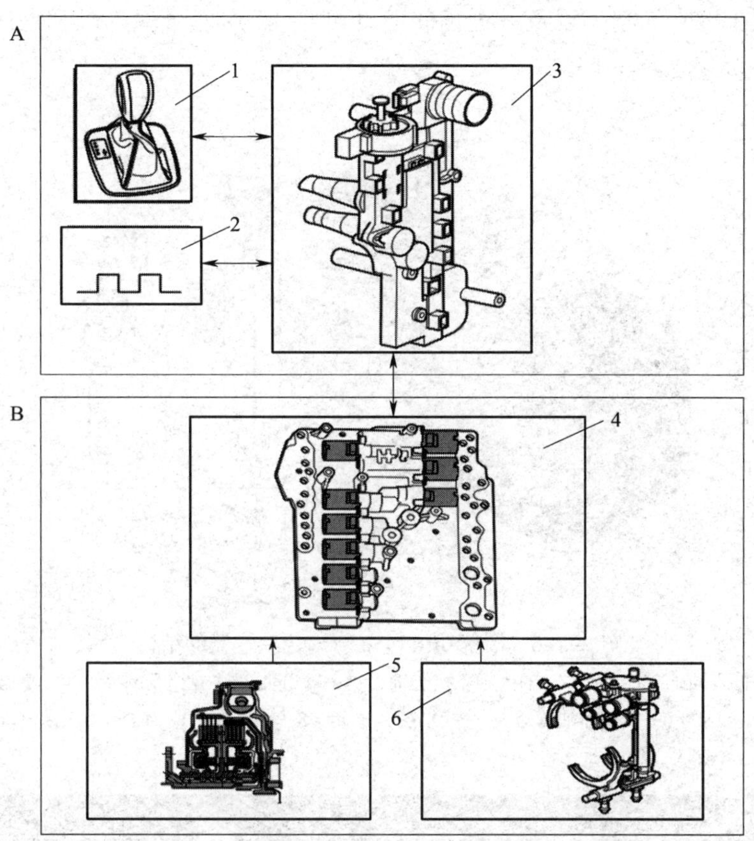

图 2-3-5　福特 6DCT450 双离合变速器的组成

A—电子控制系统　B—液压控制系统

1—换挡开关　2—CAN 线　3—带传感器的 TCM　4—带阀块的阀体　5—双离合器　6—换挡拨叉

1. 电子控制系统

（1）变速器中的 TCM 控制阀体上的各个电磁阀作为输入信号，TCM 计算并存储各种自适应数据、故障码以及诊断参数。

（2）TR（变速器挡位）传感器位于 TCM 及阀体上。

2. 液压控制系统

（1）发动机运转时，集成在变速器壳体上的油泵产生变速器控制所需的液压。

（2）双离合以及换挡拨叉单元的供油是通过电磁阀使油流经过油道来形成的。电磁阀根据电子 PWM（脉宽调制）信号的占空比来调节油压。调节后的油压可以使相应的离合器进行平顺换挡。

（3）电磁阀的状态不是开就是关。

3. 机械控制

福特 6DCT450 双离合变速器的机械核心部分是被分为两部分的输入轴。输入轴包含一个外轴（空心轴）和一个内轴（实心轴）。空心轴用于驱动偶数挡（2、4、6 挡），实心轴用于驱动奇数挡（1、3、5 挡，以及通过惰轮驱动倒挡）。这两个输入轴都是通过外齿与多片式离合器相连，如图 2-3-6 所示。

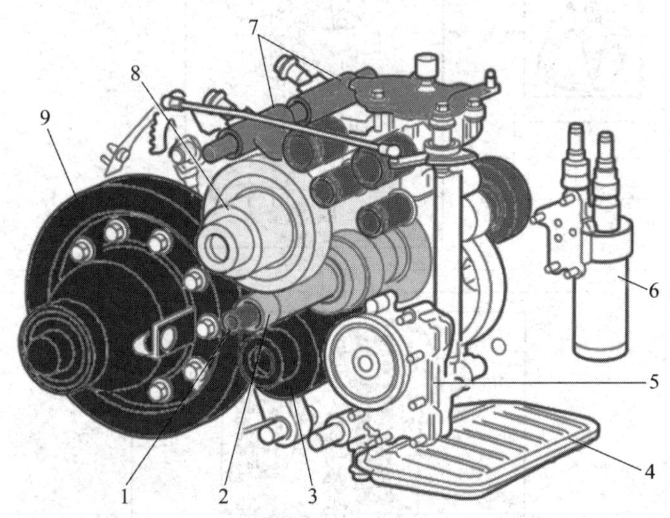

图 2-3-6 福特 6DCT450 双离合变速器的结构

1—输入轴（空心轴） 2—输入轴（实心轴） 3—输出轴（5、6 挡及倒挡） 4—集滤器 5—油泵 6—变速器油滤器 7—换挡拨叉单元 8—输出轴（1～4 挡） 9—差速器

小阅读

7 速 DSG 变速器在颠簸路段行车异响

装备 DSG 变速器的车辆具备非常好的燃油经济性，DSG 省油的特点是基于它与普通自动变速器相似的构造和工作特性，发动机的扭矩传输是通过固定在输入、输出轴上的空转齿轮完成的。这种齿轮之所以叫作空转齿轮，是因为只有在挂入此挡位时它才会被固定在传动轴上以传动扭矩，其他时间该带有固定间隙的齿轮会进行空转，在升挡和降挡的过程中不承受外力负荷，以达到快速换挡的目的，从而保证换挡平顺。当在颠簸路面或换挡产生振动时，此振动会激发空转齿轮产生颤动，这种颤动会导致空转齿轮之间发生轻微的接触，随之产生类似于金属摩擦声。但对变速器质量和功能没有任何影响。配备 DSG 变速器的车辆行驶在颠簸路面时，有此声音是正常的，DSG 变速器均有此特点。

拓展学习

DQ380 变速器

目前，大众在高端车型中开始使用 7 速湿式双离合器 DQ380 变速器，其参数见表 2–3–1。变速器的结构如图 2–3–7 所示，它既克服了 6 速湿式双离合变速器传动比小的缺点，也解决了 7 速干式双离合变速器磨损严重的问题。

表 2–3–1　　DQ380 变速器的参数

项目	参数
生产企业	天津自动变速器厂
挡位数	7 个前进挡，1 个倒挡
离合器形式	2 个湿式离合器
最大传递扭矩	420 N · m
换挡模式	手动 / 自动一体
油泵控制形式	机械
质量	约 87 kg
油量	约 7.2 L 变速器油
是否支持四驱	是（将来可能会用到）

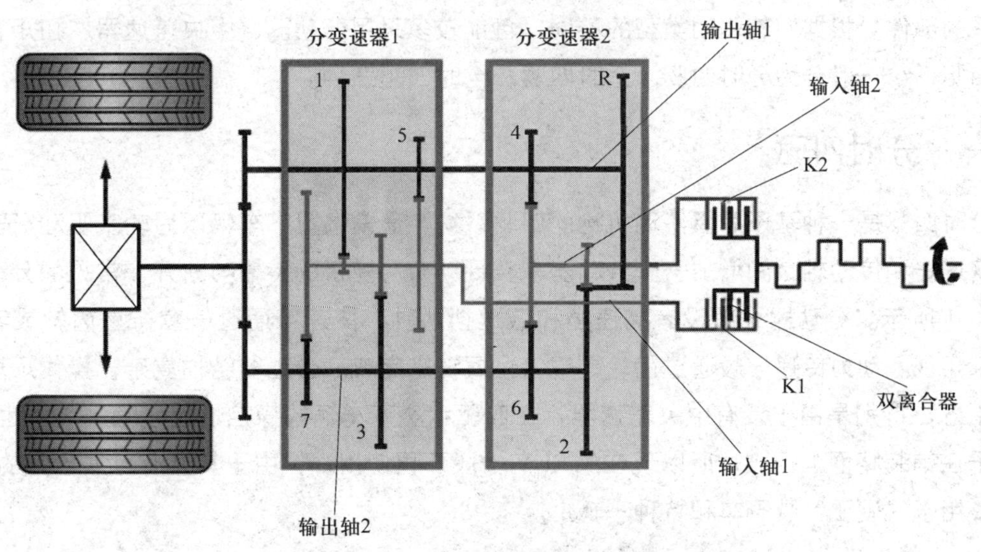

图 2–3–7　DQ380 变速器的结构

§2–4 四驱技术

学习目标

1. 了解四驱系统的类型。
2. 理解适时四驱和全时四驱的工作过程。

学习导入

近几年，运动型多功能汽车（SUV）快速发展，但是，多数 SUV 车型只是外观上像越野车，实际上采用的还是单纯的前轮驱动或后轮驱动，真正有越野能力的车辆一般都采用四驱技术。你知道四驱系统有哪些类型吗？

相关知识

四驱系统是四轮驱动系统（4WD）的简称，四驱系统的优点是通过性强，加速性好，操控性好，可以轻松行驶于崎岖不平的山路上。同时由于四轮驱动的良好循迹性，车辆的操控性和高速过弯能力非常好，因此有些小型客车的性能版和越来越多的超级跑车、豪华汽车也在使用四驱系统，如奥迪的 Quattro、宝马的 xDrive、奔驰的 4MATIC 等。

要保证四个轮子都能获得驱动力且互不干涉，需要在传动系统中增加一个协调前后轴转动关系的部件。根据四轮驱动类型的不同，目前较多采用分动器、中央差速器、扭矩管理器等。四驱系统一般分为分时四驱、适时四驱和全时四驱三种。

一、分时四驱

分时四驱是一种基于后驱传动机构的四驱系统，通常情况下车辆以后轮来驱动行驶。通过在变速器和传动轴之间增加一个分动器来实现动力向前桥的传输与断开，常见的分动器如图 2–4–1 所示。分动器一般设有高速挡和低速挡两种，变速可通过一套行星齿轮或者两组齿轮来实现。动力传递一般通过齿轮副或者金属链来完成。分动器结构复杂，操作烦琐，舒适性不好，特别是由于没有中央差速器，在四驱状态下车辆的操控性比较差，效率也很低，不适于在铺装路面上行驶，所以现在的 SUV 一般不再使用。但由于其具有可靠性高的优点，目前多用于“硬派”越野车和特种车辆上。

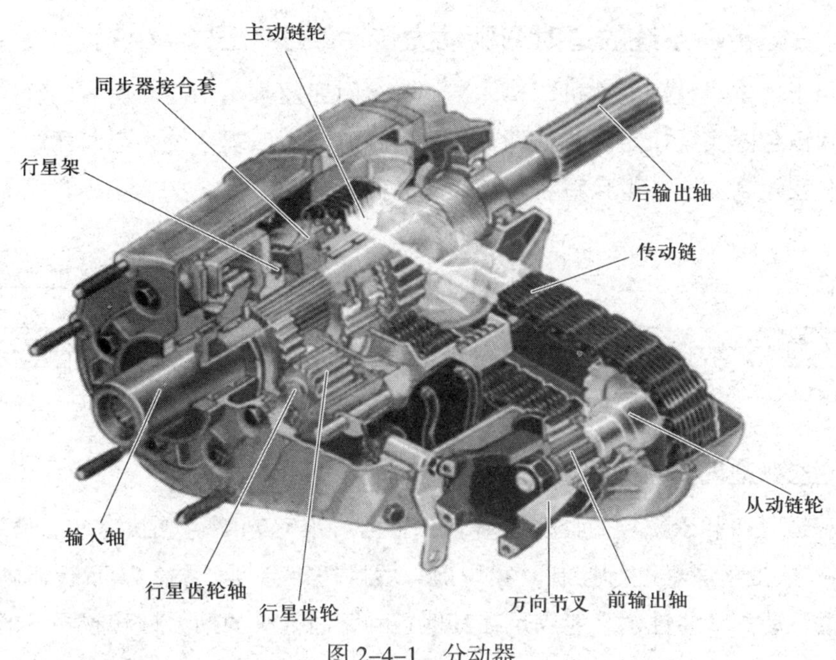

图 2–4–1　分动器

二、适时四驱

适时四驱是指只有在特定情况下车辆才是四轮驱动，而正常情况下则依靠前轮或者后轮驱动。其实现方式是在原本前驱或者后驱的传动系统中通过取力器（PTU）/ 智能分动器（TOD）向后桥 / 前桥传递一部分动力，传递扭矩的大小由扭矩管理器（ITM）/ 智能分动器（TOD）来控制。ITM/TOD 中的传力部件一般为多片离合器，通过电磁或者液压来控制离合器片的压紧程度，进而调节传递扭矩的大小。扭矩管理器也有极其简单的，如本田 CR–V 的黏性耦合。

1. 基于前驱传动系统的适时四驱动力传动路线（图 2–4–2）

一般适用于前横置发动机。由前桥主减速器引出动力，通过一对锥齿轮向后传递给传动轴，然后经过扭矩管理器传给后桥主减速器。核心部件是取力器（PTU）和扭矩管理器（ITM）。此类四驱系统在正常行驶时后轮只有极小的驱动力或者无驱动力，整车由前轮驱动，与前驱客车平台无异，只有在前轮附着力不足而出现滑转时，扭矩管理器才接合将动力传递给后轮以驱动车辆行驶。其越野性能有限，燃油经济性较佳，适用于中小型四驱客车和城市 SUV。

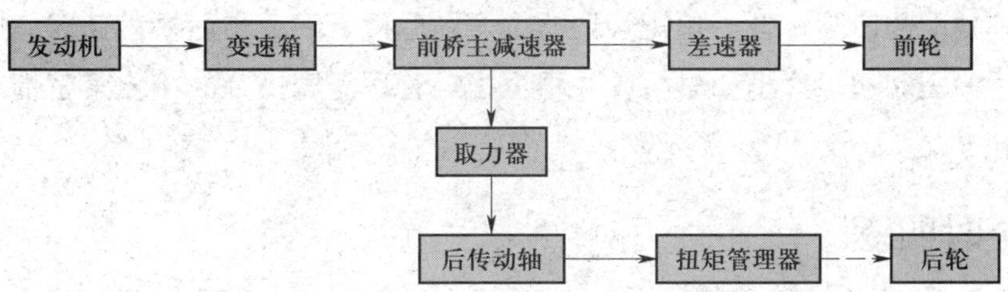

图 2–4–2　基于前驱传动系统的适时四驱动力传动路线

2. 基于后驱传动系统的适时四驱动力传动路线（图 2–4–3）

一般适用于大排量纵置发动机，整体结构与分时四驱基本相同。两者的区别在于，分动器中采用多片离合器实现扭矩的自动调节。虽然也称此类四驱系统为全时四驱，但理论上它只能分流部分扭矩到前桥，暂且将它归类为适时四驱。

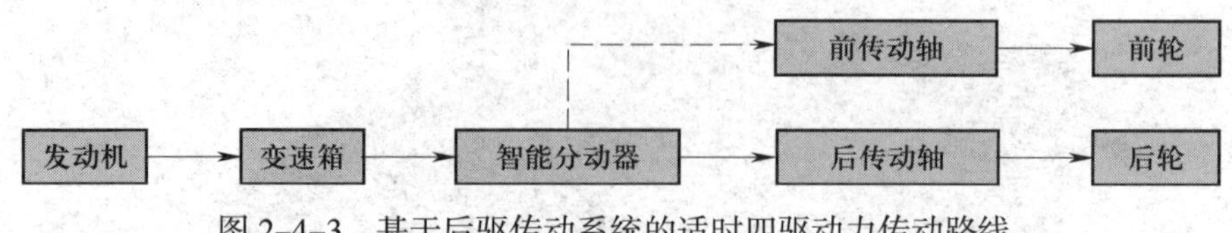

图 2–4–3　基于后驱传动系统的适时四驱动力传动路线

3. 大众途观适时四驱系统（图 2–4–4）

大众途观适时四驱系统实时监测各种输入信号，准确判断行驶状态和后桥所需的扭矩，迅速对 Haldex 扭矩管理器进行控制，实现前、后桥扭矩合理分配，从而既能满足在良好城市路面的前桥驱动的节油性，又能满足在其他各种路面行驶的动力性和越野性的要求。前后桥扭矩分配范围：理论上可以在 0% ~ 100% 任意分配。

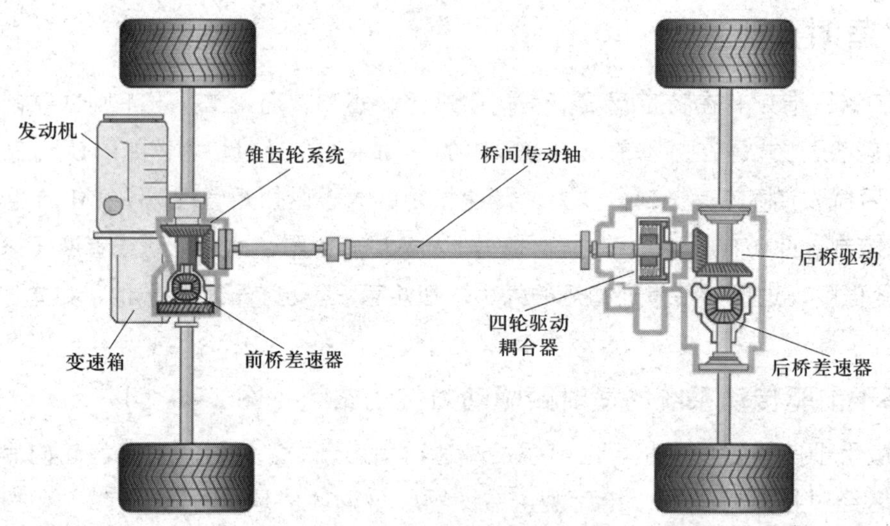

图 2–4–4　大众途观适时四驱系统

大众途观采用的 Haldex 扭矩管理器也称四轮驱动耦合器，是瑞典 Haldex 公司生产的液压式扭矩管理器，如图 2–4–5 所示。它的产品被广泛应用在大众、奥迪、凯迪拉克、绅宝、沃尔沃等汽车公司的四驱车型。扭矩管理器位于前后桥之间，与后桥差速器集成在一起，控制分配到后桥的驱动扭矩大小和时机，并根据扭矩管理器摩擦片的接合紧密情况，传递后桥所需的扭矩。

三、全时四驱

全时四驱系统可以实现车辆在行驶过程中四个车轮均有驱动力，其关键部件是中央差速器。全时四驱传动系统的中央差速器如图 2-4-6 所示，其动力传递方向从中央差速器向前、后传动轴传递动力是对等的。

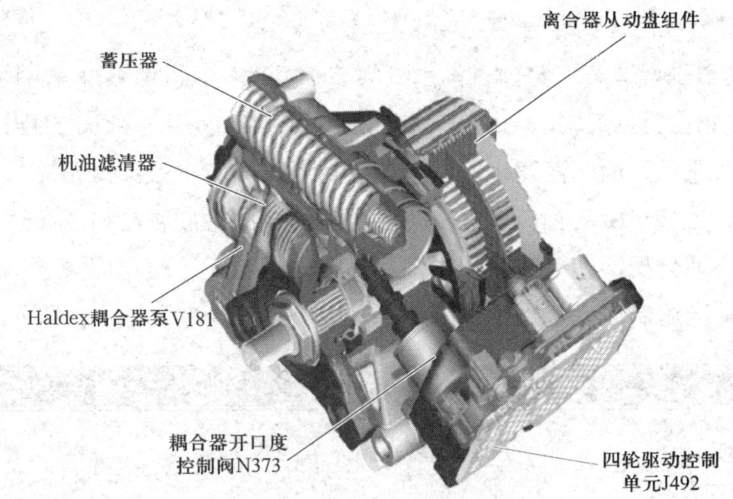

图 2-4-5　Haldex 液压式扭矩管理器

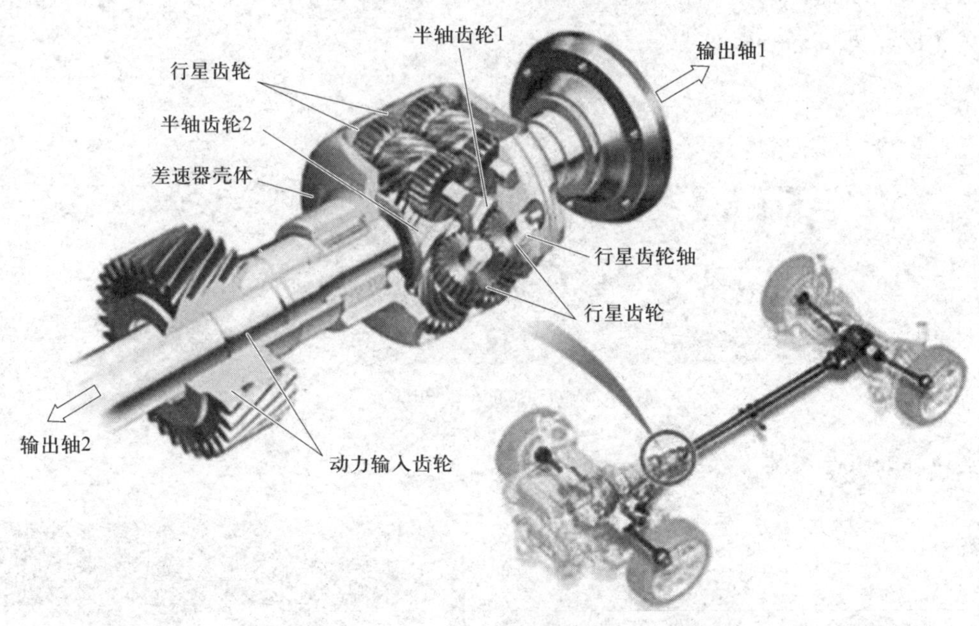

图 2-4-6　全时四驱传动系统的中央差速器

全时四驱系统需要有 3 个差速器来保证 4 个车轮均有驱动力并且能以不同的速度转动。前后桥差速器一般为行星齿轮差速器，中央差速器一般为行星齿轮差速器或者蜗轮蜗杆差速器，也有个别车型使用凸轮滑块差速器。

有些车辆为了增强其通过性，在差速器上附加限滑装置。由于全时四驱系统不仅具有优良的通过性，而且具有很好的加速性能和弯道操控性，所以全时四驱系统除了应用于高端 SUV 上，也用在部分豪华汽车上。

中央差速器的代表是奥迪公司的托森（Torsen）差速器。由于其表现优异，不仅应用于奥迪车系，在大众、丰田、路虎的部分车型上也有应用。

托森差速器已发展了 A、B、C 三个型号，其中 A、B 两个型号使用蜗轮蜗杆实现差速，C 型使用非对称式行星齿轮实现差速。

C 型托森差速器是奥迪第六代 Quattro 系统的核心，其差速机构不再使用蜗轮蜗杆式，而是改用行星轮系，动力由行星架输入，太阳轮和齿圈分别连接前后桥，扭矩分配比例为 40 : 60。

因为行星轮系属于开放式差速机构，无自锁功能，所以一般在太阳轮、齿圈、行星轮侧面设计有摩擦片。当某一传动轴转速过快时，通过齿轮的轴向移动挤压摩擦片来改变扭矩的分配，将扭矩更多地分配给转速低的传动轴。在极端情况下，还可以通过电子辅助制动系统对转速过快的车轮实施制动，起到限滑的作用。

小阅读

quattro® 简介

quattro® 是奥迪所采用的全时四轮驱动系统的商品名称，如图 2–4–7 所示。quattro® 能够根据路面状况，持续、精准地调节前、后驱动轴牵引力分配，保证行驶的稳定，增加车辆通过能力和主动安全性。

图 2–4–7 奥迪全时四驱系统

奥迪 quattro® 技术分类如图 2–4–8 所示。

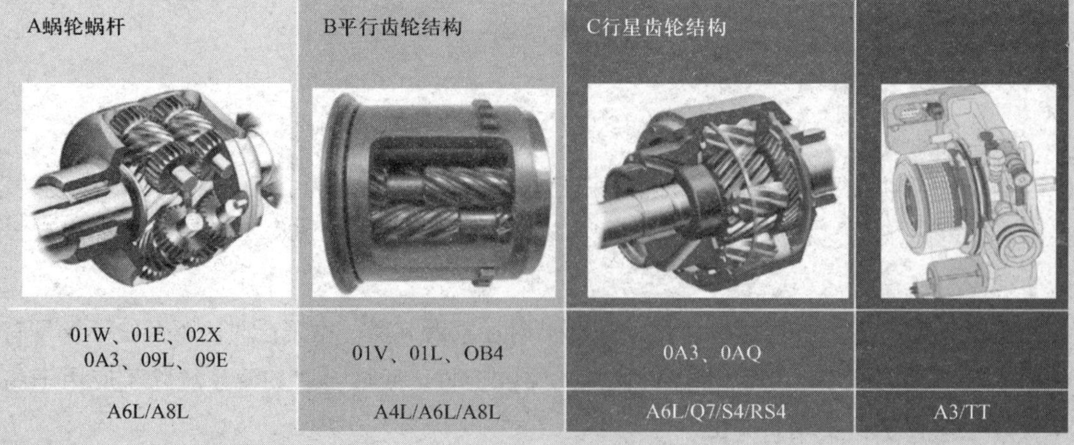

图 2–4–8 奥迪 quattro® 技术分类

拓展学习

quattro® 车型拖车时的应急操作

（1）必须四轮着地，不允许单独抬起两前轮或者两后轮拖动。

（2）变速箱置于 N 挡或空挡。

（3）车速小于 50 km/h。

（4）拖动距离小于 50 km。

（5）使用平板车（专用运输车）运输。

§ 2–5　电子驻车制动系统

学习目标

1. 了解电子驻车制动系统的功能。
2. 理解电子驻车制动系统的结构和工作过程。

学习导入

过去大部分车型都采用机械式驻车制动，不同的人对于驻车制动力把握不一样，容易发生溜车事故。如今我国生产销售的中高级乘用车越来越多地采用电子驻车制动系统。

相关知识

一、电子驻车制动系统（EPB）简介

EPB 通过内置在 ECU 中的纵向加速度传感器来测算坡度，从而可以算出车辆在斜坡上由于重力而产生的下滑力，ECU 通过电动机对后轮施加制动力来平衡下滑力，使车辆能停在斜坡上。当车辆起步时，ECU 通过离合器踏板上的位移传感器以及节气门的大小来测算需要施加的制动力，同时通过高速 CAN 线与发动机 ECU 通信来获知发动机牵引力的大小。ECU 自动计算发动机牵引力的增加，相应减少制动力。当牵引力足够克服下滑力时，ECU 驱动电动机解除制动，从而实现车辆顺畅起步。

该系统可以保证车辆在 30% 的坡度上稳定驻车。另外，该系统能自动实现热补偿，即如果车辆经过强制动后驻车，后制动盘会因为温度下降与摩擦片产生间隙，此时电动机会自动启动，驱动压紧螺母来补偿温度下降产生的间隙，保证可靠的驻车效果，并协调管理车上其他电气设备。

二、EPB 的功能

EPB 的主要功能是驻车制动，不同厂家的汽车电子制动系统的功能大同小异，一般包含以下功能。

1. 静态驻车制动

车辆停止时，打开 EPB 开关，EPB 系统制动锁止车辆。释放驻车制动时，点火开关处于 ON 位置（发动机工作或熄火均可），踩下制动踏板，关闭 EPB 开关，EPB 系统均会停止制动锁止。

2. 动态应急制动

车辆在行驶过程中，驾驶员打开 EPB 开关，EPB 控制单元收到开关信号后通过数据总线要求 ESP 系统控制行车制动，如果行车制动系统或电子稳定程序（ESP）系统故障，由 EPB 控制单元直接控制驻车制动系统工作（仅限于后轮）以应对这种紧急情况。EPB 系统的动态制动控制是持续进行的，直到关闭 EPB 开关为止。在动态制动工作期间，驻车制动警告灯会一直闪烁。

3. 自动车辆固定（AVH）功能

主要是为了应对车辆由于路面交通信号变化使车辆在 D 挡停止时对车轮进行液压制动的控制，同时也是为了保证在上坡起步时不会后移。

4. 制动间隙自动调整

对于以鼓式制动为主的电子驻车制动系统，当制动蹄因磨损而导致制动间隙过大时，EPB 控制单元在每次执行驻车制动操作时会通过执行电动机内的拉力传感器感知这一变化，然后执行电动机就会适时收紧制动拉线，从而自动调整间隙。以盘式制动为主的电子驻车制动系统则是通过每次执行驻车制动操作时执行电动机内的霍尔传感器测量到的执行电动机旋转的圈数来感知制动间隙的改变，然后利用电动机齿轮箱的工作推动螺杆来自动调整间隙。

5. 应急释放功能

当 EPB 系统出现机械故障或是因为电压不足导致系统不能释放制动器时，可以使用车辆上配备的专用工具，插入执行电动机上预留的应急释放孔内，通过放置或拉动的方式松开制动蹄片或制动卡钳，以解除后轮的驻车制动功能。

6. 系统自诊断

EPB 控制单元通过 C-CAN 数据总线与其他控制单元实现数据交换，可以使用诊断仪对系统进行自诊断、数据流的读取及系统的一些功能设置。

三、EPB 的结构

EPB 主要由电子稳定程序（ESP）控制器、EPB 控制器、带有执行电动机的后制动钳总成、EPB/自动停车开关、离合器传感器（仅用于手动挡）等组成。它们通过驱动总线与发动机控制器、变速器控制器、安全气囊控制器、组合仪表、网关、门传感器进行通信。奥迪电子驻车系统的结构如图 2–5–1 所示。

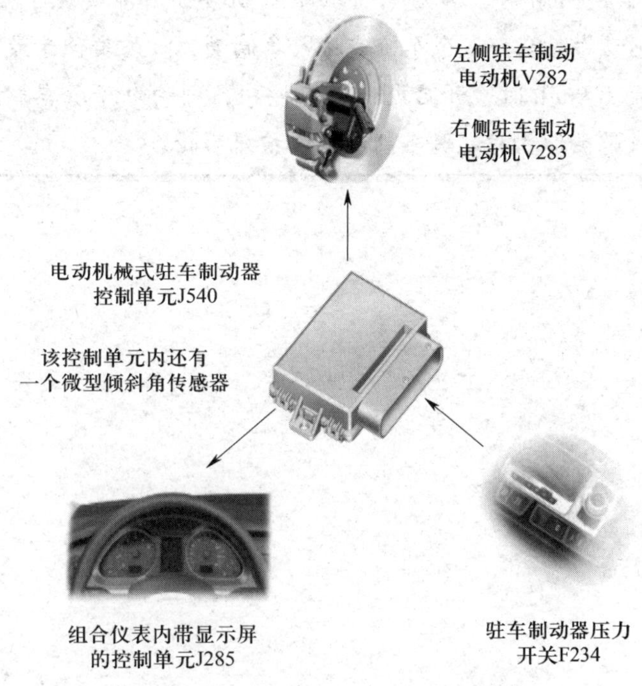

图 2–5–1　奥迪电子驻车系统的结构

四、EPB 系统的工作过程

按下驻车制动开关，直流电动机输出转矩，传动机构降速增矩，并将旋转运动转换为直线运动，制动块压紧制动盘制动。系统解除制动时，直流电动机反转，摩擦块松开。电子驻车执行机构如图 2–5–2 所示。

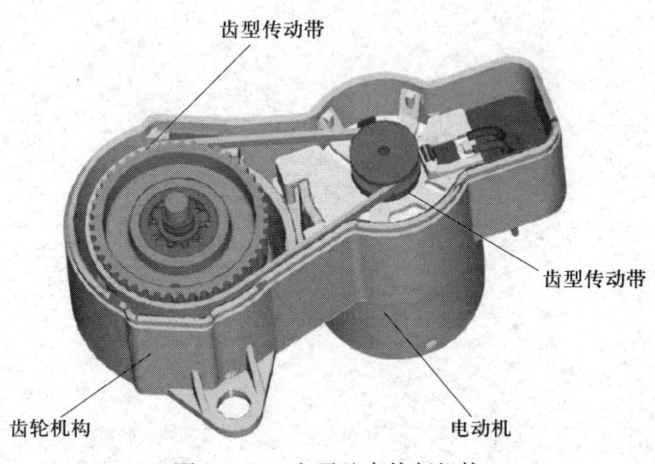

图 2–5–2　电子驻车执行机构

小阅读

奥迪 EPB 紧急制动功能

当车辆速度大于 8 km/h 时，开启电子驻车制动按钮，即实现了紧急制动功能。由 ESP 泵提供的液压制动力对全部 4 个车轮实施紧急制动，效果类似于最大制动。

当车辆速度低于 8 km/h 时，开启电子驻车按钮，则由电子驻车制动器提供制动力，对后轮进行制动，效果类似于拉起驻车制动器，抱死后轮。

第三章　汽车电子与电气新技术

§3-1　车灯新技术

学习目标

1. 熟悉汽车自适应前照明系统的基本功能。
2. 理解汽车自适应前照明系统、LED、OLED 前照灯的结构、原理。
3. 了解 LED 前照灯、OLED 前照灯、激光前照灯等车灯的特点及发展。

学习导入

前照灯作为汽车夜间行驶时主要的照明源，是驾驶员夜间获得前方道路信息的主要依靠。各国都以强制性标准规范汽车前照灯的照明要求，用以保障行车安全，减少交通事故的发生。

为了避免眩目作用，汽车前照灯一般都采用双丝灯泡，其中一根功率较大的灯丝为“远光”，另一根功率较小的灯丝为“近光”。传统行车灯的灯光只能在一种模式下工作，是固定不变的光学系统，而实际的道路状况、环境状况、车辆运行工况、车辆行驶状态等往往是变化的。比如连续多弯道，左右车轮所附着路面高低不平，车辆行李载荷及乘员数量的不同，汽车加减速行驶等，这些行车状况及复杂的道路条件使夜间行车存在巨大的安全隐患。伴随着电子技术的不断发展，车灯技术也不断改进，各种高性能的灯具相继出现，更为智能化、符合人们驾驶安全需求、满足人们对夜间行车安全需求的自适应照明系统应运而生。

相关知识

一、汽车自适应前照明系统

汽车自适应前照明系统（Adaptive Front-lighting Systems，AFS）是一种能适应各种不同环境条件的智能前照灯系统。与传统的单一模式照明系统不同，AFS 前照灯能根据汽车所处的不同状态和环境自动改变照明模式，获得更理想的照明效果，提高车辆夜间行驶的安全性。

《汽车用自适应前照明系统》（GB/T 30036—2013）规定了汽车用自适应前照明系统的技术要求、安装与试验方法和检验规则，适用于 M、N 类汽车的自适应前照明系统。

1. 基本组成与原理

汽车自适应前照明系统主要由输入单元、CAN 总线传输单元、控制单元和执行单元等组成，如图 3-1-1 所示。传感器单元采集车辆当前信息（如车速、车辆姿态、转向角度等）和外界环境（如弯道、坡度和天气等）的变化信息，通过 CAN 总线传输单元输送给控制单元；控制单元需要对车辆行驶状态做出综合判断，输出脉冲变量给执行单元，控制两个电动机调节前照灯的照射距离和角度。整个过程自动调节，无须人工介入。

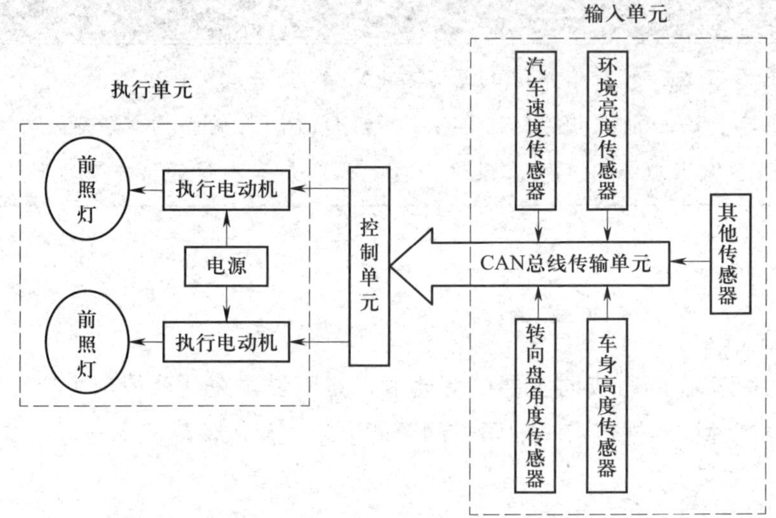

图 3-1-1　汽车自适应照明系统的组成

2. 奔驰 E 级车 LED 智能照明系统

奔驰汽车公司发明的智能照明系统早在 2006 年便已问世，是一种能提供 5 种不同发光模式的以双氙气灯泡为光源的照明系统。现今，历经 10 余年的进化，该系统已全面换装为 LED 光源，如图 3-1-2 所示。

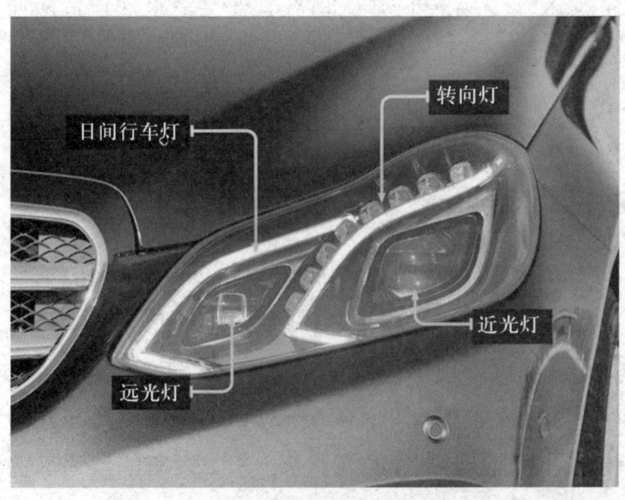

图 3-1-2　奔驰 E 级车 LED 智能照明系统

奔驰 E 级车 LED 智能照明系统具有 5 种发光模式，分别是乡村道路照明、高速公路照明、增强型雾灯照明、主动转弯照明和弯道辅助照明。

奔驰 E 级车 LED 智能照明系统的功能如下：

（1）乡村道路照明（图 3–1–3）：夜间在乡村道路行驶时能够更加宽阔地照亮驾驶员一侧的路面，从而使驾驶员在黑暗中更容易判断前方路况，并能在其他车辆或人员穿越其行车路径时，驾驶员更容易做出反应。

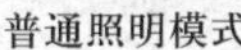

普通照明模式

乡村道路照明模式

图 3–1–3　普通照明模式与乡村道路照明模式对比

（2）高速公路照明（图 3–1–4）：夜间在高速公路上行驶时，车速达到预设的速度时，LED 前照灯的亮度会比传统模式增加 60% 的照明度。并且划分为两挡：在车速为 90 km/h 时，一挡自动激活，可有效改善夜间高速公路行车的远距离视野；当车速超过 110 km/h 时，二挡启用，照明范围进一步增强，识别距离再次加大，光锥中心的可见度比传统模式下的近光灯照射距离增加 50 m。

普通照明模式

高速公路照明模式

图 3–1–4　普通照明模式与高速公路照明模式对比

（3）增强型雾灯照明（图 3–1–5）：在浓雾、霾等天气下行驶时，该功能在 70 km/h 速度以内且后雾灯打开时被激活，驾驶员一侧的 LED 前照灯可向外转动约 8° 并降低照射高度，以便更好地照亮近侧路面，同时还可减轻在雾天的反射灯眩光；当车速超过 100 km/h 时，该模式会自动关闭。

普通照明模式

增强型雾灯照明模式

图 3-1-5 普通照明模式与增强型雾灯照明模式对比

（4）主动转弯照明（图 3-1-6）：根据不同的车速和转向角，主动转弯照明会自动开启。此时主动转变前照灯可迅速向转弯方向转动（最大可达 15°），增强转角方向的照明效果约 90%。

普通照明模式

主动转弯照明

图 3-1-6 普通照明模式与主动转弯照明对比

（5）弯道辅助照明（图 3-1-7）：当车速低于 40 km/h 行驶时，转动转向盘或使用转向信号灯时，弯道辅助照明功能会被自动激活。此时会照亮汽车前方侧面约 65° 角、30 m 远的照射区域，与传统车灯技术相比，能够更早地发现横穿道路的行人和其他交通工具。

除以上 5 种照明模式外，奔驰还为新 E 级车设计了增强型自适应远光灯（Adaptive Highbeam Assist Plus）的功能。该系统可实现远光灯在持久照明的同时，能有效避免对其他车辆或行人造成的眩光干扰。通过车前立体多功能摄像头探测，LED 灯组会在 ECU 的控制下自动把光线压低至前方同向或对向行驶车辆之下，使其他车辆不受远光灯影响。根据交通流量及道路照明条件的不同，远光灯照射距离可以从 65 m 一直延伸至 300 m。

普通照明模式

弯道辅助照明

图 3-1-7 普通照明模式与弯道辅助照明对比

二、LED 前照灯

目前大多数车型使用卤素前照灯，少数车辆使用氙气前照灯。2008 年，奥迪汽车公司首先在 A4 车型上使用了 LED 示廓灯，开启了汽车 LED 灯光时代。LED（Light Emitting Diode）发光二极管是一种能够将电能转化为可见光的固态半导体器件，它可以直接把电转化为光。LED 的心脏是一个半导体晶片，晶片的一端附在一个支架上，一端连接电源负极，另一端连接正极，整个晶片被环氧树脂封装起来。

LED 前照灯不仅使车辆的造型新颖，而且各方面特性都超越了传统的前照灯和氙气灯。之后很多汽车生产厂商都开始跟进采用 LED 灯。现在欧洲甚至开始立法规定，为了行驶安全，所有在售车型都必须装配 LED 灯。相信随着科学技术的进步，LED 灯不仅适用于示廓灯，今后 LED 前照灯很可能会全面取代传统前照灯，如图 3-1-8 所示。

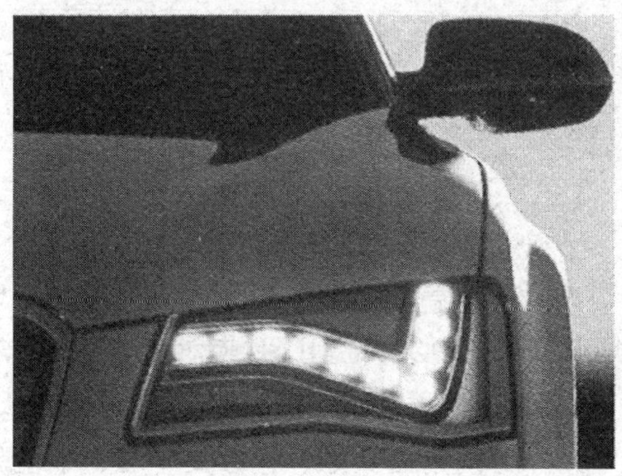

图 3-1-8 LED 前照灯

LED 前照灯的优点如下：

1. 节能、成本低

LED 灯的发光效率高，约为荧光灯的 2 倍。如果用日常的节能灯比较，节能灯比白炽灯节能 4/5，而 LED 灯比节能灯还节省 1/4 的电能。安装在汽车上的 LED 前照灯元件的能耗仅为卤素灯的 1/20。LED 元件的成本逐年大幅降低，目前成本和价格仍然在以每年 20% 的幅度下降。

2. 使用寿命超长

目前应用在汽车上的 LED 元件基本上都能达到 50 000 h 的使用寿命，性能更好的已经能够达到 100 000 h，相当于连续使用 11 年。按照灯光的实际使用时间，在整车的使用寿命周期内，LED 元件是不需要更换的。相比之下，氙气灯的使用寿命仅为 3 000 h 左右。

3. 性能可靠、耐用性好

LED 元件结构简单，抗冲击性、抗振性好，不易破碎，能够很好地适应各种环境。

4. 元件体积小、结构紧凑

LED 元件体积小、结构紧凑，便于布置和造型设计，这也是 LED 灯的一个巨大优势，能够满足汽车设计上的变化需求，打破过去灯光系统对造型创新的束缚，生产出更具创意的汽车产品。

5. 响应速度快

LED 灯的点亮仅需微秒级别，用于尾灯和转向灯，能够迅速点亮，达到更快地显示车辆信号的效果；用在前照灯上，相比氙气灯和卤素前照灯拥有更高的响应速度，能够更好地保证行车安全。

6. 亮度衰减低

LED 灯亮度高，光线亮度衰减远低于卤素灯，适合用作照明及制动灯、转向灯等警示灯。

7. 电路简单，通电性能好

LED 灯使用低压直流电即可驱动，负载小，对外干扰弱，对使用环境要求低，适应性好，不需要卤素灯那么高的电流，更不像氙气灯还需要升压装置（高压包）。

三、OLED 车灯技术

OLED（Organic Light-Emitting Diode）即有机发光二极管，又称有机电激发光显示。由美籍华裔教授邓青云（Ching W.Tang）于 1979 年在实验室中发现。OLED 显示技术具有自发光、广视角、几乎无穷高的对比度、较低电耗、极高反应速度等优点。

OLED 最大的优势是无须背光源，可以自发光，可视角度更大、色彩更丰富、节能显著、可柔性弯曲等，可广泛应用在各个领域。目前 OLED 更多使用 AMOLED 技术。

OLED 技术使用了有机分子或高分子材料，因此 OLED 其实就是新一代有机半导体照明技术。OLED 车灯具有轻薄、透明、响应速度快、高照明效率以及可塑性强等优点，加之其自发光、不发热、驱动电压低的特性可以简化车灯的结构设计及组装环节，因此，OLED 车灯可以在工艺方面实现更加灵活的车灯造型，尤其是柔性屏体的应用，能够呈现出3D效果。

在光源上，OLED不同于LED等传统的点光源，它是一种发光均匀、光照柔和的平面光源，可以有效避免眩光给人眼带来的刺激，应用在汽车尾灯领域有无可比拟的优势。与此同时，OLED光源的颜色和亮度还可以实现动态改变，使车灯呈现“流动”的魅力，满足客户定制的动态图案设计需求，能更好地体现品牌个性与魅力。

奥迪汽车公司也将目光瞄向了OLED技术，它将对现有的车灯效果进行优化或替代，最为明显的是位于车身两侧和车尾部分的灯光效果（图3–1–9）。在兼顾了LED功能特点的同时，在色彩渲染方面，它可依据结构材质的配方来得到红、绿、蓝3种色彩，这便构成了OLED屏幕的基本颜色，在该款概念车上所看到的绚丽的车灯效果就是源自OLED的结构优势。另外，OLED显示屏在可视角度方面更为出众，即使站在车身侧面，其所呈现的视觉效果也不会失真。

图3–1–9 奥迪OLED尾灯效果

宝马发布的限量版量产车M4 GTS，首次使用了OLED光源作为汽车尾灯，30片厚度仅为1.4 mm的OLED灯片发出动感酷炫的红光，如图3–1–10所示。

图3–1–10 宝马OLED汽车尾灯

小阅读

奥迪 A8 矩阵式 LED 智能照明系统

奥迪 A8 矩阵式 LED 前照灯就是按照矩阵的方式布置 LED 光源，并对其进行控制。在奥迪 A8 家族的每部矩阵式 LED 前照灯中，5 只反射单元排列成一个远光照明组件，在每一个反射单元的上面是 5 颗小 LED 光源，每颗小 LED 光源可以独立点亮、关闭或者变暗，5 组共 25 颗小 LED 光源配合在一起，就能实现对前方区域进行可变的、精确的照明。理论上，一对矩阵式 LED 远光灯能够实现超过 9.6 亿种照明形式组合，如图 3-1-11 所示。

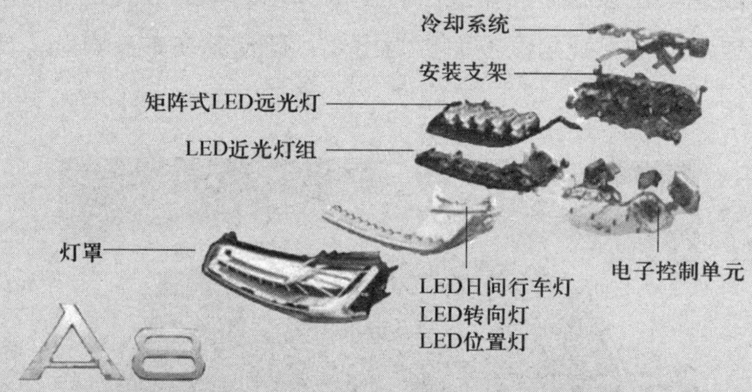

图 3-1-11 奥迪 A8 矩阵式 LED 智能照明系统

当前照灯开关处于“自动”状态，并同时开启了远光灯，且车辆速度达到或超过 60 km/h 时，矩阵式 LED 前照灯将会被激活。在激活状态下，一旦灯光系统所连接的摄像头检测到前方有其他交通对象，比如骑自行车的人，灯组控制器会立即关闭射向该对象的 LED 灯源，其他灯源继续保持照明。矩阵式 LED 前照灯组投射出的光线，能够自动避开逆向驶来的车辆和前方行驶的车辆，一旦逆向车辆驶离，矩阵式 LED 前照灯会自动切换回全功率状态，继续为驾驶员提供最佳的照明视野，并且不会对道路上的其他车辆或行人造成眩目，同时它还能为车辆周围区域提供充足的照明。

矩阵式 LED 前照灯还具备弯道主动照明系统，它不仅能有针对性地变亮或变暗，还能使光线聚焦于路肩和行车线，并按照其曲线进行移动照明。实现这一功能并非依靠转动转向盘来实现，而是根据增强版导航系统提供的预测路线数据自动提前完成。也就是说，灯光的自动控制是在驾驶员转动转向盘之前完成的。

在奥迪 A8 等车型上，矩阵式 LED 前照灯可与夜视辅助系统相互配合。当夜视辅助系统监测到有行人出现在车辆前方的关键区域时，矩阵式灯组中的一个 LED 灯会对着前方行人自动连续快速闪烁 3 次，目的是将行人突出照亮，与周围背景形成明显的对比，起到警示行人和驾驶员的作用，如图 3-1-12 所示。

奥迪 A8 矩阵式 LED 前照灯还针对城市道路、十字路口、城际公路、高速公路，以及恶劣天气等不同的行车环境，设计了大量的特殊照明功能。

图 3-1-12　奥迪 A8 矩阵式 LED 前照灯检测行人功能

拓展学习

激光前照灯

激光前照灯的光源是激光二极管（Laser Diode），它与发光二极管（LED）几乎在同一时代诞生。但是，激光二极管的大规模商业化应用要比 LED 稍晚些，不过其应用范围却很广泛，在测量、电子、通信、医学、加工等行业都有应用。

激光前照灯拥有 LED 前照灯大部分的优点：响应速度快、亮度衰减低、体积小、能耗低、使用寿命长。尤其是体积具有更大优势，单个激光二极管元件的长度已经可以缩小到 10 μm，仅为常规 LED 元件尺寸的 1/100。采用激光前照灯可以使车灯的尺寸大幅度缩小，利用这个特点，设计师们可以使汽车外部前侧各个元素的设计比例发生巨大的变化，为汽车外形带来全新的设计。

激光前照灯另一个显著优势是在发光效率方面，比如一般的 LED 照明灯的发光效率为 100 lm/W 左右，而激光二极管元件可以达到 170 lm/W 左右，这意味着当满足同样照明条件时，激光前照灯的能耗还不到 LED 前照灯的 60%，进一步减少了能量消耗，也更加符合未来汽车的节能环保趋势。

号称拥有全球最小尺寸、更好照明亮度和更低发热量的激光前照灯首次用在宝马 i8 车上。宝马 i8 激光前照灯的结构主要包括四个装置：激光光源、反射镜、黄磷滤光镜以及反射碗。其工作原理是让激光经历“射出、穿透、两反射”4 个过程，3 束蓝色激光先从蓝色激光二极管射出，照射到反光镜，经过反光镜的反射，聚焦到黄磷滤光镜，黄磷吸收了蓝色激光的能量，产生白色光线，然后在反射碗上再反射一次，最终形成聚焦照射的圆锥形白色光束照亮前方。虽然由激光二极管射出了蓝色激光，最终生成的白色光线却并非真正意义上的激光。激光前照灯亮度和色温都经过调整，并且经过反复验证后证明对人类、动物和周边自然环境都是安全无害的。目前，宝马激光前照灯的开启条件被设定在 40 km/h 以上，此外遇到碰撞或极端情况时激光前照灯会关闭。

从卤素前照灯到氙气前照灯，再到 LED 前照灯直至 OLED 前照灯，车灯的光源不断在进化。如今宝马汽车公司已经将激光前照灯投入量产。近年来，宝马、奔驰、奥迪等都在纷纷推出配置 OLED、激光车灯技术的新车。未来，LED、OLED、激光车灯将会是车辆选择照明的三大主要技术，汽车照明系统将会进入一个全新的时代。

§3–2 自动空调

学习目标

1. 理解自动空调的功能特点和控制技术。
2. 掌握汽车自动空调的基本组成和原理。
3. 了解汽车自动空调传感器的作用、组成和工作原理。

学习导入

汽车空调自动控制系统（简称自动空调）采用先进的控制理论和计算机技术，在控制方式、控制精度和舒适性及工作可靠性方面与传统汽车手动控制空调系统已经有了本质的区别。只要驾驶员设定好所需工作温度，系统会自动检测车内温度、车外温度、太阳辐射和发动机工况，自动调节鼓风机转速和所送出的空气温度，从而将车内温度保持在设定范围内，并适度调节空气质量。有些高档小型汽车的空调自动控制系统除了自动控制温度和鼓风机转速外，还能进行进气控制、气流方式控制（送风控制）和压缩机控制，并保证系统安全、可靠地工作。当系统出现故障时，还可以自动检测和诊断故障部位，显示故障代码，以方便技术人员维修。

相关知识

汽车自动空调系统分为两大类：半自动空调系统和全自动空调系统，两者的区别是全自动空调系统有自我诊断功能，即车身计算机模块（BCM）或空调 ECU 会设置维修人员能访问的故障码。此外，全自动空调系统能不断地提供变化的鼓风机转速信号并调整车内温度，控制精度更高、范围更广，更加智能化。

除了应用半自动空调系统中的传感器外，全自动空调系统还利用发动机冷却液温度、车速和节气门位置等传感器。

全自动空调系统还具有鼓风机滞后控制功能。如果进入驾驶室的气流温度未达到规定值，鼓风机不能启动，只有当温度达到规定值时，才发送信号给控制模块或空调 ECU 启动鼓风机。

一、自动空调系统的组成及原理

1. 自动空调系统的组成

汽车自动空调控制系统的基本组成如图 3-2-1 所示。汽车自动空调系统的组成如图 3-2-2 所示。

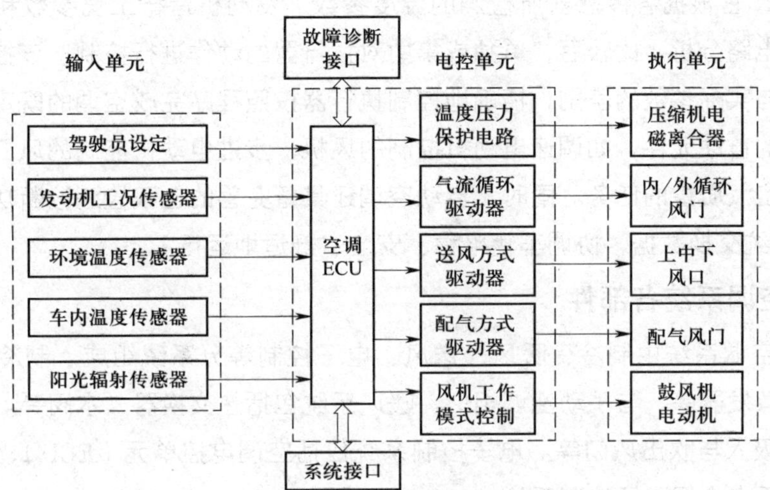

图 3-2-1 汽车自动空调控制系统的基本组成

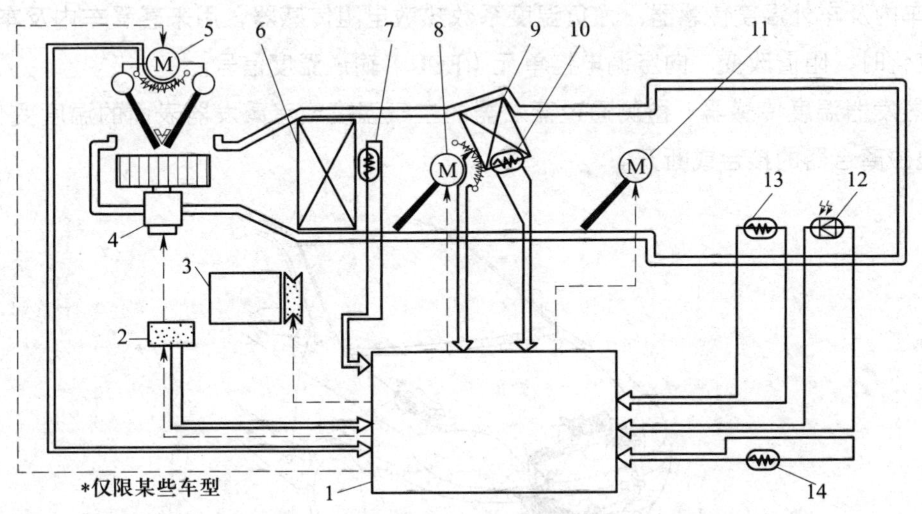

图 3-2-2 汽车自动空调系统的组成

1—空调控制器 2—功率晶体管 3—压缩机 4—风机电动机 5—进气控制伺服电动机 6—蒸发器 7—蒸发器传感器 8—空气混合控制伺服电动机 9—热交换器 10—冷却液温度传感器 11—出风模式控制伺服电动机 12—阳光传感器 13—车内温度传感器 14—车外温度传感器

2. 自动空调系统的工作原理

自动空调系统是根据各传感器检测到的车内温度、蒸发器温度、发动机冷却液温度以及其他有关的开关信号等输出控制信号，控制散热器风扇、冷凝器风扇、压缩机离合器、鼓风机电动机及其空气控制电动机的工作状态，实现自动控制车内温度。

汽车自动空调控制系统的基本工作模式是：传感器（设定参数）→控制器→执行器。其中传感器包括一系列检测车内车外、导风管空气温度变化和太阳辐射，以及发动机工况的传感器，并将它们变成相应的电信号（电阻、电压、电流）输入控制器。早期的控制器由电子元件（如晶体管、运算放大器）组成，现代的控制器由单片微处理器或组成系统的车身ECU模块构成，它根据各传感器所检测的温度参数、发动机运行工况参数和空调系统工况参数，经内部电路分析、比较后，单独或集中对执行器的动作进行控制。该控制过程可以计算出设定参数与实际参数的差别，精确地控制执行器按照程序完成空调的既定工作。而执行器则采用大量的自动元件，如调速电动机控制的风机、步进电动机控制的风门等，高效、可靠地完成调节空气质量的任务。同时，自动空调还具备完善的自我检测诊断功能，并能与汽车其他ECU系统交换数据，协调车辆平稳、安全、舒适地运行。

3. 自动空调系统各部件

汽车自动空调系统由制冷、暖风、送风、电子控制等分系统组成。制冷系统包括压缩机、冷凝器、蒸发器等，与手动空调相似。暖风系统包括热交换器、水阀等。送风系统包括风机、风道、吸入与吹出风门等。电子控制系统包括空调电控单元（ECU）、传感器、执行元件等。以下重点介绍电子控制系统。

（1）传感器（图3-2-3、图3-2-4）

1）车内及车外温度传感器：为负温度系数热敏电阻传感器，用来感受车内及车外温度。当温度变化时，阻值改变，向空调电控单元（ECU）输送温度信号。

2）蒸发器温度传感器：检测通过蒸发器的空气温度或者蒸发器表面的温度变化，控制压缩机电磁离合器的接合或断开。

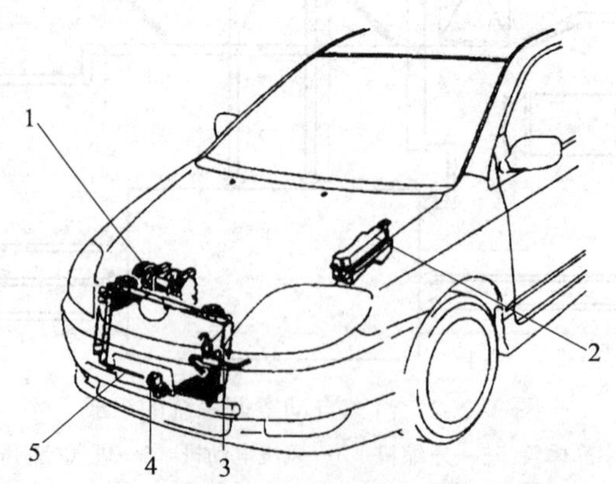

图3-2-3 一汽—丰田花冠空调电控元件位置（一）
1—压缩机和电磁离合器 2—发动机舱接线盒 3—压力开关 4—环境温度传感器 5—冷凝器

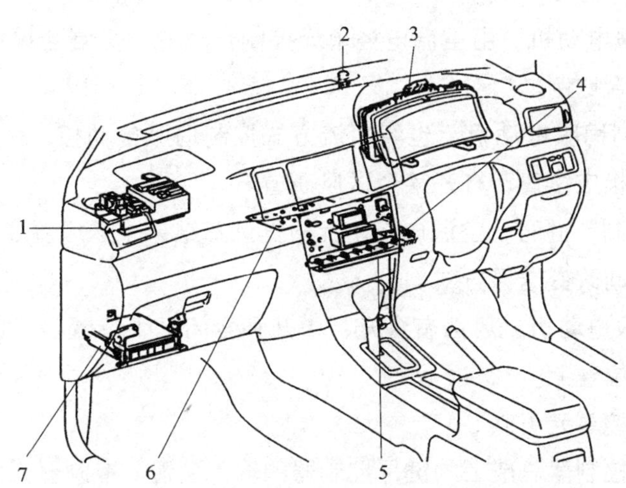

图 3-2-4　一汽—丰田花冠空调电控元件位置（二）

1—仪表板接线盒　2—日光传感器　3—组合仪表　4—车内温度传感器
5—空调控制总成　6—空调放大器　7—发动机 ECU

3）冷却液温度传感器：安装在热交换器底部的水道上用来检测冷却液温度，产生信号输送给空调电控单元（ECU），控制低温时的风机转速。

4）阳光传感器：是一个光敏二极管，利用光电效应，把日光照射量转换为电流值信号并输送给空调电控单元，用来调整空调吹出的风量与温度。

（2）执行元件

一般包括伺服电动机、风机及压缩机电磁离合器等。有的自动空调的执行机构由真空变换电磁阀、动力执行机构（又称真空膜盒）以及风量控制机构等组成（图 3-2-5）。

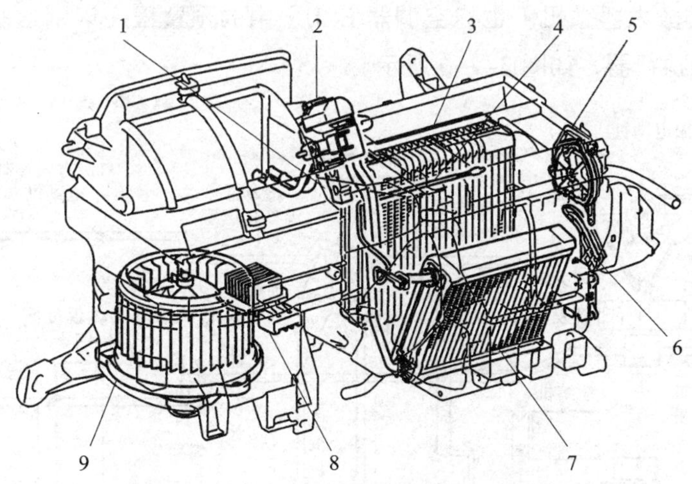

图 3-2-5　一汽—丰田花冠空调电控元件位置（三）

1—膨胀阀　2—网状风挡伺服电动机　3—蒸发器　4—蒸发器温度传感器　5—出风口风挡伺服电动机
6—空气混合风挡控制伺服电动机　7—加热器（散热器）　8—风机电动机线性控制器　9—风机电动机

1）进气控制伺服电动机：进气控制伺服电动机控制进气方式，电动机的转子经连杆与进气风挡相连。

2）空气混合伺服电动机：由空调电控单元控制，改变空气混合风挡的开启角度，从而改变冷、暖空气的混合比例。

3）出风模式控制伺服电动机：也叫气流方式控制伺服电动机，由空调电控单元控制，将送风控制风挡转到相应位置，打开某个送风通道。

当按下“自动控制”键时，空调电控单元根据计算结果（送风温度），在吹脸、吹脸吹脚和吹脚三者之间自动改变送风方式。

4）最冷控制伺服电动机：风挡有全开、中开和全闭三个位置。空调电控单元控制最冷控制风挡位于相应的位置上。

（3）自动空调电控单元（ECU）

俗称空调电脑。控制器总成上的键是控制器的输入装置，控制器支配空气流至各风道的风门（气流混合门除外，一般由伺服电动机操纵），接收车内温度和外界温度传感器的输入信号，根据来自传感器和控制器总成上各键的输入，输出控制压缩机电磁离合器工作、暖风加热器热水阀工作、将模式风门调整到适当位置等信号。

二、微机控制自动空调系统

目前自动空调都采用了微型计算机（微机）控制，不仅能按照乘员的需要输送温度适宜的风，而且可以根据实际需要调节风速、风量，极大地简化了操作程序。由于计算机控制理论的发展和技术的进步，该系统不仅用在高档汽车空调上，也越来越多地应用在普通小型汽车空调系统中。

在微机控制的自动空调系统中，每个传感器独立地将信号传送至自动空调放大器，控制系统根据自动空调放大器微机（也称空调器 ECU）中的预置程序识别这些信号，从而独立地控制各个相应的执行器，如图 3-2-6 所示。

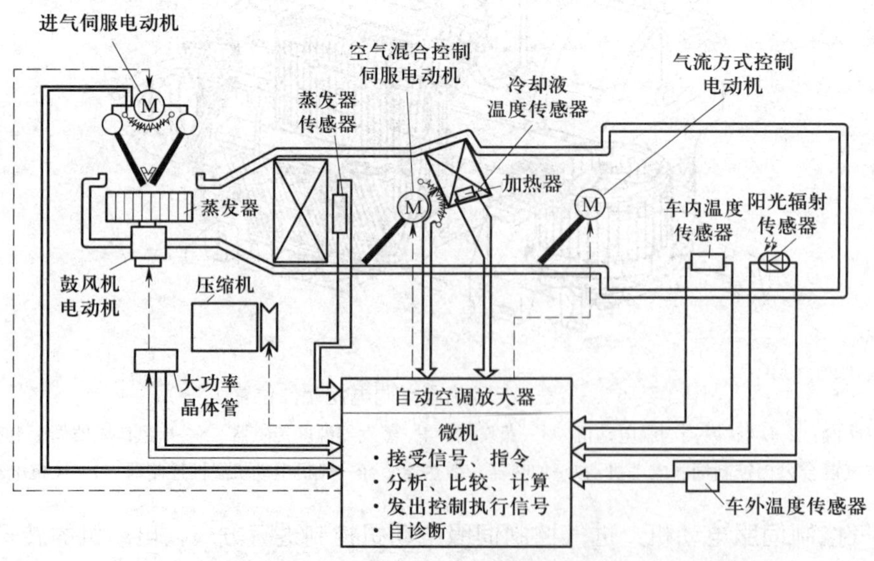

图 3-2-6 微机控制的自动空调系统

1. 微机控制自动空调系统的功能

（1）空调控制

空调控制包括温度自动控制、风量控制、运转方式给定的自动控制、换气量控制等，满足车内舒适性的要求。

（2）节能控制

节能控制包括压缩机运转控制、换气量的最适量控制，以及随温度变化的换气切换、自动转入经济运行、根据车内外温度自动关闭压缩机等。

（3）故障报警

故障报警包括制冷剂不足报警、制冷压力过高或过低报警、离合器打滑报警、各种控制器件的故障判断报警等。

（4）故障诊断

当汽车空调系统发生故障时，微机将故障部位以代码的形式储存起来，在需要修理时指示故障的部位。

（5）信息显示

信息显示包括给定的温度、控制温度、控制方式、运转方式等。

2. 微机控制自动空调系统的工作原理

自动空调系统为了保证车内温度不变，微机必须根据传感器感测到的车内温度不断地调节空调器输送空气的温度和风量。同时由于车内空间小、车窗多，车体受阳光照射的影响较大，因此还必须对车内送风温度进行修正。此外，还有由于冷却液温度变化而进行的对加热量的修正，以及在采用经济运转方式时由于压缩机停止运转而进行的对蒸发器出口温度上升的修正等。

微机控制的空调分为四部分：

（1）输入信息和数据。

（2）输出指令。

（3）主计算机的演算、记忆、判断、计时、指示故障等。

（4）指令的转换器和执行器。

输入的信号有以下四类：

（1）车内温度、大气温度和太阳辐射三个传感器（热敏电阻）输入的信号。

（2）驾驶员预定的调节温度信号和选择功能信号。

（3）由分压器检出温度风门的位置信号，以及蒸发器温度传感器、冷却液温度传感器信号。

（4）压缩机的工作参数，如转速、压力、温度等。

微机根据这些输入的信息进行计算、比较和判断，并发出工作指令或故障警告。

微机的控制是根据温度平衡方程进行的。设输入预调的电阻为 K，车内的温度电阻为

A，车外大气温度电阻为 B，日照电阻为 C，则其温度平衡方程为：

$$K=A+B+C$$

微机根据该方程计算、比较、判断后发出各类指令，输出信号控制执行机构实施以下动作：

1）向有关的真空电磁阀发出指令，驱动各个风门在相应的位置。

2）根据温度平衡方程和热水阀传感器的信息和蒸发器温度的信息发出指令，控制 DVV 阀动作，调节温度门在适当的位置，调节输出合适温度的空调风。

3）根据车内的温度情况调节空调风量，指令风扇电动机输送调节电压信号。如冬天车内温度较低，若送风量大，送出的风温度较低，使人感觉有寒意而不舒适；若调低转速，送出的暖风温度较高，车内暖和舒适，这是其他自动空调系统不能做到的。

4）根据车外温度的高低，自动切断压缩机的工作或切断加热器的工作。这对节省油耗很重要。如当车外温度降低到 10 ℃以下时，微机会自动关闭压缩机，并引进外界空气到空调进行处理后送入车内。在夏天，当车外温度高于 30 ℃时，微机发出指令，关闭热水阀，并让风机高速工作，多送凉风到车内。当室外温度高于 35 ℃时，自动切断车外空气，并定期切换一次外界新鲜空气。

5）对于使用可调式压缩机的制冷系统，压缩机的节能输出会导致蒸发器温度上升。这时微机可自动调节温度门位置，保持输出空气温度不变，保障车内温度恒定。

6）在冬天和夏季雨天，必须除去汽车玻璃上的结霜和凝雾，以保证驾驶员的安全操作和乘员的视线清晰。只要打开 DEF 开关，空调就会向风窗玻璃和汽车两侧玻璃吹出热风。

拓展学习

自动空调的传感器

1. 车内温度传感器

汽车自动空调控制系统中使用了很多不同类型的温度传感器，但使用最多的还是具有负温度系数的热敏电阻，其特性如图 3–2–7 所示。热敏电阻阻值随着温度的升高而减小；反之，则电阻增大。

车内温度传感器也称室内温度传感器、车内气温传感器，是自动空调的重要传感器之一，其与车外温度传感器、阳光传感器等决定混合门、进气门、模式门的位置和鼓风机的转速。

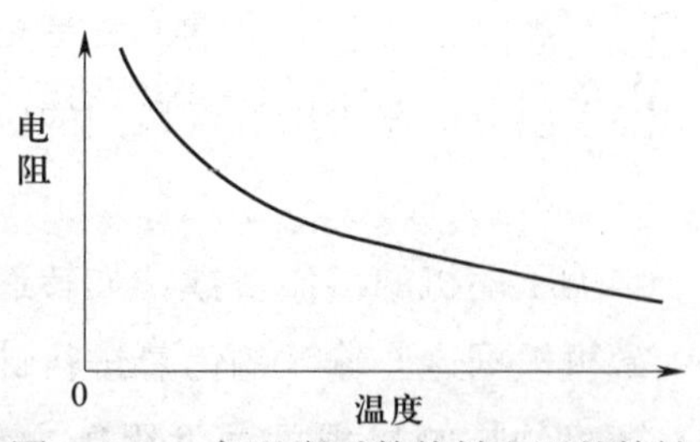

图 3–2–7 负温度系数热敏电阻的特性

（1）作用

车内温度传感器会影响出风口空气温度、出风口风量和模式门、进气门的位置。车内温度传感器通常安装在仪表台后面的吸气装置内，如图 3–2–8 所示。其主要作用如下：

1）确定混合门的位置。

2）确定风机的转速。

3）确定进气门的位置。

4）确定模式门的位置。

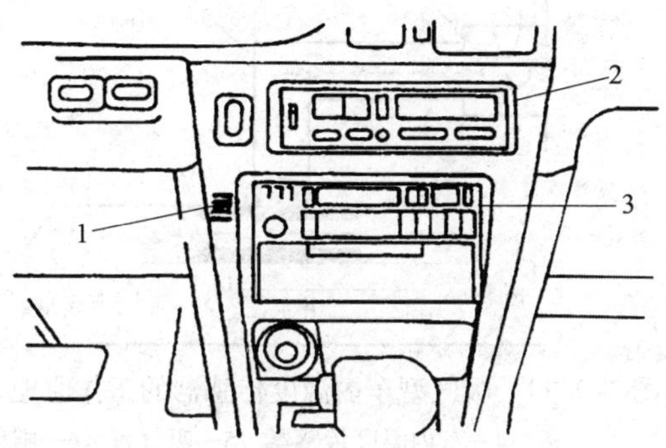

图 3–2–8　车内温度传感器的安装位置

1—温度传感器栅格　2—空调控制面板　3—音响控制面板

（2）结构

由于车内温度传感器安装在仪表台后面（图 3–2–8），位置较封闭，为了准确且及时测量车内平均温度，系统会强制车内空气不断流向车内温度传感器。按强制导向车内温度传感器的气流方式不同，车内温度传感器可分为吸气型和电机型两种，如图 3–2–9、图 3–2–10 所示。

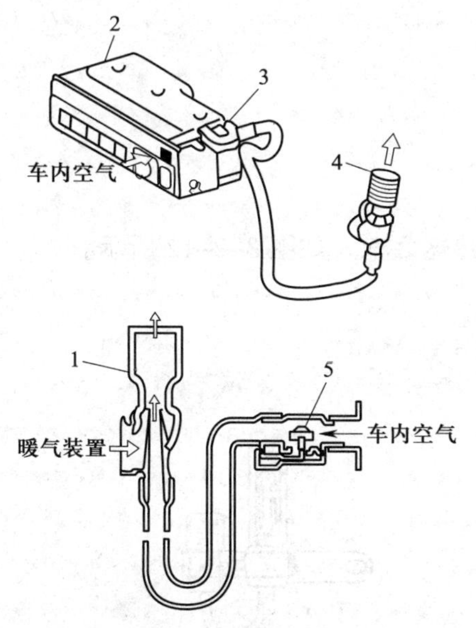

图 3–2–9　吸气型车内温度传感器

1—吸气器　2—暖风装置控制板

3—传感器　4—吸气器　5—热敏电阻

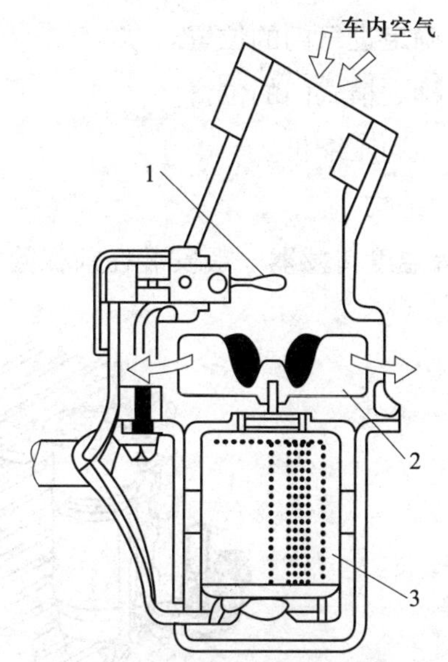

图 3–2–10　电机型车内温度传感器

1—热敏电阻　2—风扇　3—电动机

（3）工作原理

吸气型车内温度传感器有一根抽风管连接车内温度传感器与空调的管道，其与空调管道连接处有文杜利效应装置，若风机工作，空气快速流过就会产生负压。这样就有少量空气流过车内温度传感器，如图 3-2-11 所示。

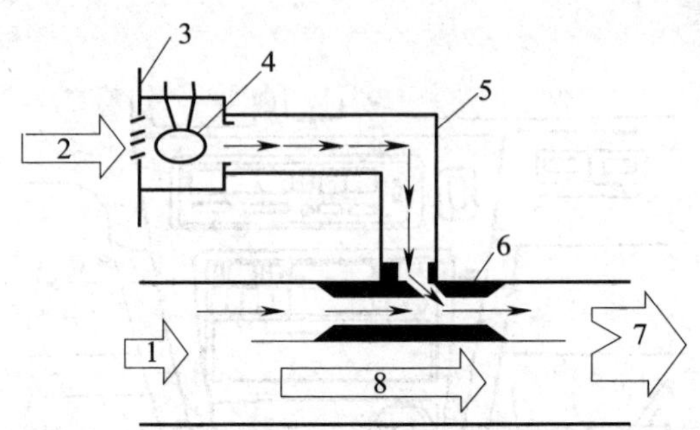

图 3-2-11　吸气型车内温度传感器的工作原理

1—入口　2—车内空气　3—仪表板　4—车内温度传感器　5—吸气管　6—喉管　7—出口　8—主气流

2. 车外温度传感器

车外温度传感器也称环境温度传感器、外界空气温度传感器、大气温度传感器等。

（1）作用

车外温度传感器能影响出风口空气温度、出风口风量、模式门的位置和进气门的位置。其作用如下：

1）确定混合门的位置。

2）确定风机的转速。

3）确定进气门的位置。

4）确定模式门的位置。

5）控制压缩机。

（2）结构

车外温度传感器一般安装在前保险杠内或散热器之前，如图 3-2-12 所示。

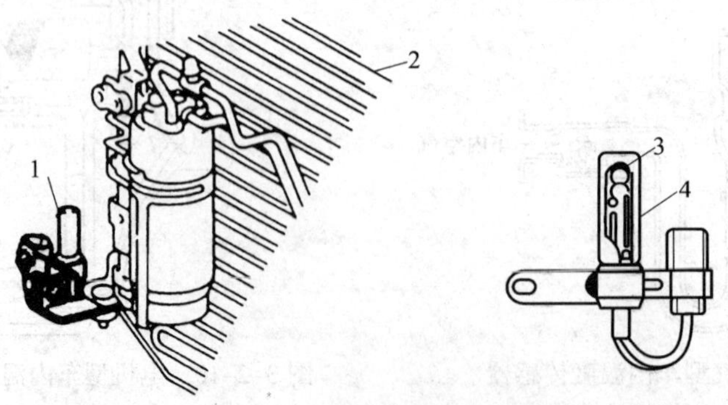

图 3-2-12　车外温度传感器的结构

1—车外温度传感器　2—冷凝器　3—热敏电阻　4—树脂壳

（3）工作原理

车外温度传感器易受到环境影响，所以包在一个注塑树脂壳内，以免对温度的突然变化做出反应，并将使其能准确地检测到车外的平均气温。除此之外，有些车型在空调ECU内部有防假输入电路。如上海别克汽车空调的防假输入：若外界温度增加，所显示的温度只有在如下条件下才能随之增高：①车辆以高于32 km/h的速度行驶约2 min。②车辆以高于72 km/h的速度行驶约1 min。

这些限制有助于防止错误读数。若所显示的温度下降，外界温度显示将立即更新。如果车辆熄火超过3 h，车辆再启动时，将显示当前外界温度。如果车辆熄火不足3 h，车辆再启动时，将恢复车辆上次操作时的温度。

3. 蒸发器温度传感器

（1）作用

蒸发器温度传感器用来测量蒸发器表面温度，修正混合门位置，控制压缩机，在蒸发器表面温度低于一定值时，使压缩机停止工作，防止蒸发器表面结霜。

注意：有些车型有两个蒸发器温度传感器，其中一个用于修正混合门位置，另一个用来防止蒸发器结霜。

（2）结构

蒸发器的热敏电阻一般安装在蒸发器传热片上，如图3-2-13所示。有的安装在蒸发器出风口位置，用来测量从蒸发器出来的空气温度。

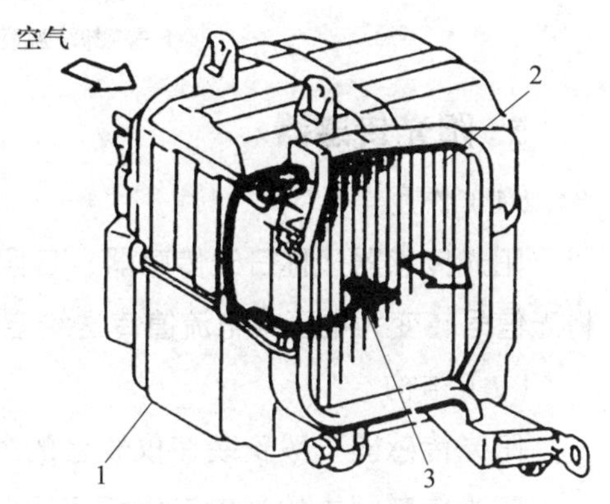

图3-2-13　蒸发器温度传感器的结构

1—冷气装置　2—蒸发器　3—蒸发器温度传感器

4. 冷却液温度传感器

（1）作用

1）测量热交换器芯温度，修正混合门的位置。有些车型用发动机冷却液温度传感器代替。

2）保护功能，防止发动机在高温下工作。有些车型采用发动机冷却液温度传感器代替，有些车型采用冷却液温度开关代替。

3）控制风机。在冷却液温度过低时，系统会启动风机的预热控制，即在冷却液温度过低且在取暖工况，为了防止输送的风是冷风，在冷却液温度低于系统设定温度时，风机会低速工作或不工作。

（2）结构

汽车空调系统的冷却液温度传感器一般安装在暖风装置内，如图3-2-14所示。

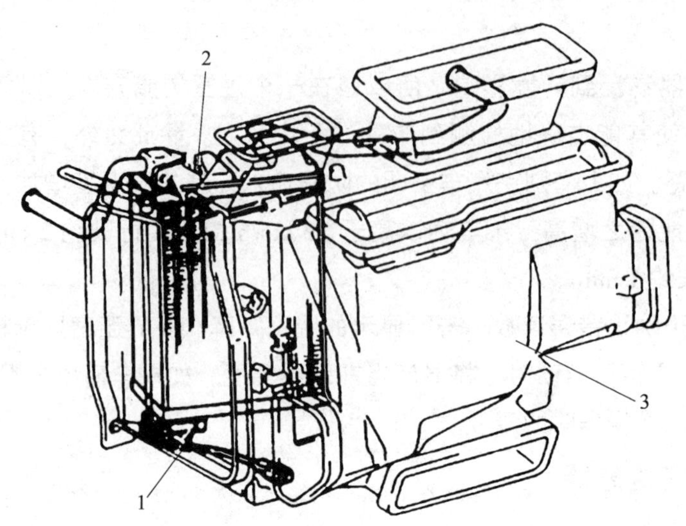

图 3-2-14　冷却液温度传感器的结构

1—冷却液温度传感器　2—暖风芯　3—暖风装置

5. 阳光传感器

（1）作用

阳光传感器又称日光传感器、日照传感器等，用来检测照射在传感器上的太阳光照强度，将光信号转变为电压或电流值传送给空调控制器，用来修正混合门的位置与风机的转速。

（2）结构

阳光传感器一般安装在仪表台的上面，靠近前风窗玻璃的底部，如图 3-2-15 所示。

阳光传感器中的光电二极管可检测出光辐射变化，并将其转变为电流信号传至空调控制器。

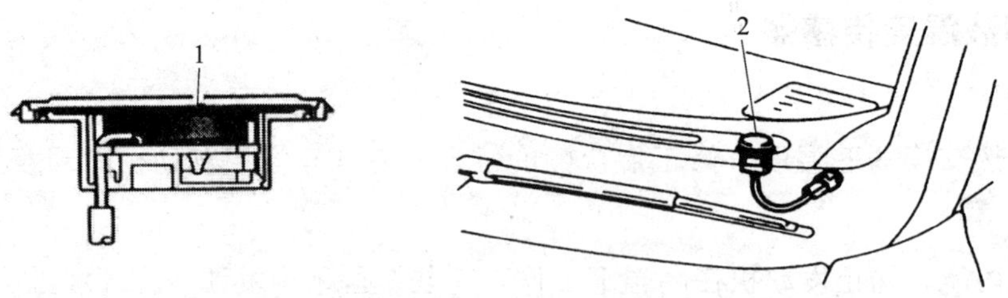

图 3-2-15　阳光传感器

1—光电二极管　2—阳光传感器

6. 空气质量传感器

（1）作用

空气质量传感器又称多功能传感器，其主要功能是测量空气中的水分、环境温度、外界空气污染程度（通过测量空气中的 CO、CO_2、NO_x 等含量），空调 ECU 采用以上测量结果，以控制压缩机的工作与进气门的位置。

（2）结构

空气质量传感器测量元件是一个混合氧传感器，它应用的是半导体技术（氧化锡 SnO_2）。空气质量传感器的精度因催化添加物铂铑的数量而增加。

（3）工作原理

该传感器的工作原理与λ传感器（氧传感器）类似，传感器的工作温度为350 ℃，耗电量约为0.5 W。

7. 烟雾传感器

用于控制风机转速。

8. 发动机 ECU 输入

在很多系统中，一些输入信号先被送到动力控制模块（PCM），然后被转送到空调ECU。其输入信号包括发动机冷却液温度、发动机转速、车速以及空调系统压力等。在某些汽车上，这些输入信号用数据线在PCM和空调ECU之间传送。

§3–3　汽车行车记录仪

学习目标

1. 了解汽车行车记录仪的作用。
2. 理解汽车行车记录仪的组成、工作原理及分类。
3. 掌握汽车行车记录仪的性能及选用方法。

学习导入

汽车行车记录仪简称记录仪，俗称汽车黑匣子，它为道路交通安全事故分析提供了重要的资料和信息。尤其是我国道路交通运行环境复杂，在车辆行驶安全保障方面，行车记录仪为广大的车辆使用者带来了很多的便利，目前已经被广泛使用，是车辆上必不可少的一种设备。本节主要讲述汽车行车记录仪的功能、特点及工作原理。

相关知识

一、行车记录仪简介

汽车行车记录仪（Vehicle Travelling Data Recorder），是对车辆行驶速度、时间、里程以及有关车辆行驶的其他状态信息进行记录、存储并可通过接口实现数据输出的数字式电子记录装置（图3–3–1）。

图 3-3-1 各种汽车行车记录仪

欧盟、日本等早在 20 世纪 70 年代就开始以立法的形式在部分客运车辆及载货车上强制安装使用行车记录仪。

2004 年 5 月 1 日起我国发布的《中华人民共和国道路交通安全法实施条例》第十四条规定："用于公路营运的载客汽车、重型载货汽车、半挂牵引车应当安装、使用符合国家标准的行驶记录仪。"目前全国各地客运公司、物流公司、旅游公司及危险品运输公司、公交集团及企事业单位用车都陆续安装了汽车行车记录仪。

执行标准：汽车行车记录仪执行国标《汽车行车记录仪》（GB/T 19056—2012），交通运输部《道路运输车辆卫星定位系统车载终端技术要求》（JT/T 794—2011）、《道路运输车辆卫星系统车载终端通讯协议及数据格式》（JT/T 808—2011）、《北斗兼容车载终端技术规范》。

二、行车记录仪的作用

国内外的使用情况表明，行车记录仪为国家行政管理部门提供了有效的执法工具，为道路运输企业提供了管理工具，为驾驶员提供了驾驶活动的反馈信息。对于保障车辆行驶安全，便于道路交通事故的分析鉴定，约束驾驶人员的不良驾驶行为，遏止交通违法行为等具有重要的作用。其具体作用如下。

1. 记录行驶过程

当车辆一旦发生碰撞、伤及行人等交通事故时，行车记录仪能够提供证据记录材料，通过车内的DVD、手机等载体进行画面回播，为鉴定事故原因和责任提供了第一手的资料，大大节省了人力资源和事故鉴定时间。

2. 约束驾驶人的不良驾驶行为

行车记录仪能够监督驾驶人的驾车行驶时间，防止疲劳驾驶；也能监督驾驶人违规操作、车辆超速等行为。

3. 安全监控

行车记录仪时刻监控车辆行驶状况，结合远程网络控制，在车辆被盗时可通过指令拍摄车内外的情况，为找回失窃的车辆提供线索。

4. 保障车辆行驶安全

行车记录仪能够记录车辆的行驶状态，预防车轮脱落等意外发生；行车记录仪还能记录包括车内录音、汽车的加速度、转向和制动等信息，并提出警示，为车辆驾驶提供安全保障。

三、行车记录仪的组成、工作原理及分类

1. 组成及工作原理

行车记录仪是一种把景物光像转变为电信号的装置。其结构大致可分为三部分：光学系统（主要指镜头）、光电转换系统（主要指摄像管或固体摄像器件）以及电路系统（主要指视频处理电路），如图 3-3-2 所示。

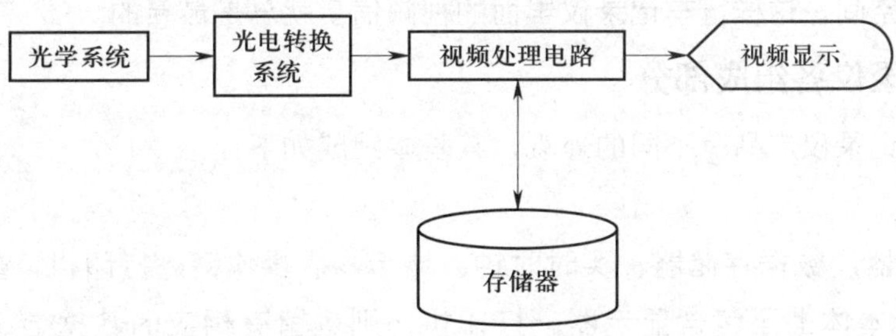

图 3-3-2　行车记录仪的组成

光学系统相当于行车记录仪摄像机的眼睛，为系统提供输入信号。光学系统的主要部件是光学镜头，它由透镜系统组合而成。该透镜系统包含许多片凸凹不同的透镜，其中凸透镜的中心比边缘厚，因而经透镜边缘部分的光线比中央部分的光线会发生更多的折射。当被摄对象经过光学系统透镜的折射，在光电转换系统的摄像管或固体摄像器件的成像面上形成“焦点”。

光电转换系统是行车记录仪摄像机的核心，光电转换系统中的光敏元件会把“焦点”处的光学图像转变成电信号。这些电信号是微弱的，属于模拟信号，必须经过A/D转换器进一步放大并经过处理和转换，形成符合特定技术要求的数字信号，传输给信息处理系统。

当行车记录仪摄像机中的摄像系统把被摄对象的光学图像转变成相应的电信号后，便形成了被记录的信号源。录像系统把信号源送来的电信号通过电磁转换系统变成磁信号，并将其记录存储到硬盘上（一般为 SD 存储卡或者机器内置存储器）。如果需要行车记录仪摄像机的放像系统将所记录的信号重放出来，可操纵有关按键，把磁盘里的磁信号变成电信号，再经过放大处理后送到显示屏幕上成像。

2. 结构特点

行车记录仪虽然与摄像机的基本原理一样，但是行车记录仪本身拥有一些特殊性：

（1）直流供电

行车记录仪本身供电来自车载蓄电池，与普通摄像设备需要 220 V 电源有本质的区别。

（2）高稳定性

行车记录仪有专用的支架固定在车内，其本身是专门为行驶的车辆而设计的，考虑到车辆会处于多种不同的行驶状态以及车辆会有较大的温度变化，在稳定性上有更高的要求，对画面处理上具备防抖功能。

（3）特殊功能要求

行车记录仪为汽车行驶过程中做出的特殊行为设计了许多功能，比如移动侦测、延时关机、重力感应等，这些都是普通摄像设备所没有的。

（4）循环记录功能

行车记录仪的存储空间是有限的，但是其可以在存储空间饱和后，通过覆盖最早的记录来循环利用存储空间，这样行车记录仪里面的视频信息就总是最新的。

3. 行车记录仪各组成部分

不同的行车记录仪产品有不同的外观，其基本组成如下：

（1）主机

包括微处理器、数据存储器、实时时钟、显示器、操作键、打印机、数据通信接口等装置。如果主机本体上不包含显示器、打印机，则应留有相应的数据显示和打印输出接口。

（2）车速传感器。

（3）数据分析软件。

（4）摄像头（图 3-3-3）。

摄像头是行车记录仪最主要的组成部分，相当于人的眼睛。行车记录仪之所以能摄影成像，主要是靠镜头将被摄体结成影像投在摄像管或固体摄像器件的成像面上。电视画面的清晰程度和影像层次是否丰富等表现能力，受光学镜头的内在质量所制约。如今各种行车记录仪摄像机都采用了加膜镜头，加膜就是在镜头表面涂上一层带色彩的薄膜，用以消减镜片与镜片之间所产生的色散现象，还能减少逆光拍摄时所产生的眩光，保护光线顺利通过镜头，提高镜头的透光能力，使所摄的画面更清晰。

图 3-3-3 行车记录仪的一体式摄像头

4. 行车记录仪的分类

根据不同的分类方法，行车记录仪可以划分为很多类型，大体上可以按照以下几种方法分类。

（1）按记录功能分类

一般市场上的行车记录仪有图像记录仪与数据记录仪两类。

（2）按设备的集成度分类

1）纯行车记录仪：纯行车记录仪主要分为后视镜行车记录仪和数据行车记录仪两种，后视镜行车记录仪与数据行车记录仪具有隐蔽性好、使用简单等特点。

2）一体机行车记录仪：一体机行车记录仪的特点是集合程度比较高，功能强大，在车内有限的空间内其优势能得到充分发挥。

（3）按摄像头数量分类

按摄像头数量不同可将其分为单路、2 路、4 路行车记录仪。

（4）按功能分类

可分为高清行车记录仪、迷你行车记录仪、夜视行车记录仪、广角行车记录仪、双镜头行车记录仪、多功能一体机、眼镜式多功能行车记录仪等。

（5）按屏幕尺寸分类

可分为 1.5 寸、2.0 寸、2.4 寸、2.5 寸、3 寸、3.5 寸等。

（6）按安装方式分类

1）风窗玻璃固定型：通过强力吸盘或者黏胶将一个固定支架安装在汽车前风窗玻璃上，再将主机安装在支架上，这是目前最常见的一类行车记录仪。

2）后视镜固定型：该类产品为汽车专门设计，可以固定在汽车后视镜上，不仅可以拥有行车记录仪的功能，同时还变相为驾驶员提供了一个更广视角的后视镜。

3）平面放置型：主要通过底部的防滑垫或者黏胶直接固定在汽车中控台的平面上，该类产品往往还会提供诸如电子狗等额外功能，但是固定不够牢固。

4）随身型：这类记录仪的设计很小巧，除了能够放在汽车上，也可以固定在自行车、摩托车，甚至是头盔上来随时记录行迹。随身型行车记录仪虽然安装方式全能，但是价格相对较高，适合有携带需求的使用者。

四、行车记录仪的功能

1. 拍照

行车记录仪不仅可以摄像，也可以进行拍照。如此在事故发生后，能够更方便地进行取证。目前主流的行车记录仪都具备 1 000 万甚至更高像素的拍照能力，像素越高，照片的细节就会越多，诸如车牌号码、车辆碰撞部位等就可以拍摄得更清晰，对于事故车辆定损等事宜的办理会更顺利。

2. 延时关机

目前行车记录仪已经可以做到自动化录制，即可以设置成在汽车发动机启动时记录仪开始拍摄，而在发动机熄火时停止拍摄。但是有些时候，驾驶员在发动机熄火后下车的过程中也可能会遇到一些突发情况，这就需要行车记录仪在发动机熄火后能够延时数秒甚至数十秒关机，以保证视频记录的完整性。

3. 移动侦测

当车辆驻车后，行车记录仪会因为记录画面的停止转为待机状态。如果行车记录仪捕捉的画面产生了变化（如有人从车前走过或者车辆移动），行车记录仪就会开始记录。此功能主要防止驻车后有人恶意破坏车辆或者在车辆停泊时可随时记录周围的突发情况。

该功能需要行车记录仪内置电池供电，但是如果车辆长时间静止不动，行车记录仪的电池就会耗尽，会影响电池的使用寿命。

4. 重力感应

该功能是一个相对重要的功能，主要为了保证突发情况下记录的内容不会丢失。行车记录仪内置一个重力感应器，可以感应振动。如果发生撞车等事故，记录仪会通过重力感应检测到对应的振动，从而将记录的视频“上锁”。即使是长时间不去查看该数据，这段上锁的视频也不会因为循环记录而被覆盖，从而保留了最重要的视频片段。行车记录仪会自动判断是否需要对视频记录进行防覆盖保护。

5. 分段保存和循环摄影

分段保存是方便车辆驾驶人在事故发生后（一般在几分钟或几秒钟之内），很快地检索并调取发生事故的片段。循环摄影是行车记录仪在存储卡存满后，自动将最新录制好的视频段以时间顺序替换最早录制的视频段，从而保证最新视频段能完整保存。由于采用分段保存和循环摄影，从而有两个视频段之间无法连续，称之为漏秒。因此，性能稳定、品质有保障是行车记录仪最重要的特点。

拓展学习

行车记录仪的性能及选用

一款行车记录仪，摄像性能是硬实力。只有摄像出色，行车记录仪产品才能在竞争中站稳脚跟。

1. 行车记录仪的主控芯片

主控芯片是行车记录仪的关键硬件，就像计算机的CPU一样，一颗好“心”是处理诸多繁杂事情的关键。目前，主流的常用芯片品牌有：安霸（Ambarella）、中国台湾的biotech、卓然（Zoran）、联咏（Novatek）等。此外，太欣（STK）、倚强（SQ）和凌阳（Sunplus）等也有使用。

2. 成像质量

并不是分辨率越高图像越清晰，真正影响图像清晰度的原因有很多，如视频采集卡、图像处理技术、镜头、光源环境等。而通常所说的分辨率如计算机显示器的分辨率，不同的分辨率给人的感觉差不多，只是大小发生了变化而对画面清晰度没影响。因此，不必过于纠结于图像像素、分辨率、清晰度，不必被参数蒙蔽，高像素并不意味着高质量。

影响成像质量最大的设备是感光传感器。目前主流的感光传感器分为CCD和CMOS两种，从成像质量来说，CCD要优于CMOS。但是CCD本身因为耗电量大，且成本较高，所以只会出现在少量高端机型中。目前主流的机型都采用了CMOS传感器，随着不断改良其成像质量越来越出色。

另外，镜头也很重要，镜头的好坏是由镜头的材质、加工工艺、镀膜技术决定的，后两个因素不好把握，选择镜头材质时最好选全玻璃镜头。全玻璃镜头的透光性和灵敏度都优于塑胶镜头，对光线的敏感性更加突出，所以在暗光环境下捕捉画面的能力远远强于塑胶镜头，拍摄效果更好。

3. 视频的流畅度

视频是由单张画面连续播放形成，一个画面就是一帧；一秒钟播放的画面数就是帧率；单个画面大小就是分辨率。当视频画面每秒钟能达到24帧时，人眼观看就会感觉流畅了，当低于 24 帧时就会觉得卡顿。现在有很多行车记录仪标有 FULL HD 高清，就是分辨率达到 1 920×1 080P/30 帧，硬件解码中能达到这个标准的有安霸、中国台湾的 biotech 等，其他的大多是软件解码。

4. 声音记录

对于行车记录仪来说，声音记录功能的存在非常“纠结”。一方面，声音的记录能够在事故发生时可以记录更多的信息；另一方面，在日常行驶过程中，有可能会记录乘车人交谈、电话等隐私信息。所以声音记录对于行车记录仪来说，有利也有弊。

好在目前的行车记录仪都可以手动开关声音记录功能，人们可以按照需求自行选择。

5. 最高分辨率

在各个领域都大举“高清”旗帜的环境下，行车记录仪也开始普及高清画质。目前市面上即使是入门级的机型，也会配置 1 280×720P 级别的摄像能力，而主流的机型早已提升至 1 920×1 080P（Full HD）等级。所以如果在市场上看到商家出售类似 640×480P 分辨率的机型，已是淘汰产品。

然而，仍要将前面提到的成像质量和最高拍摄分辨率区分开。即使是高端的 1 080P 的机型，其拍摄出的效果可能要比低端的 720P 机型差。加上有一些机型虽然标称“高清”，但是实际上是通过插值算法将低分辨率视频“扩展”至高清分辨率。

6. 夜视

为了夜间行车时能够清晰地记录视频，绝大多数行车记录仪都配备了夜视功能。夜视功能的实现是多方面的，除了硬件上增加夜视功能元器件外，在视频记录的后期处理上也可以通过提升曝光度或者亮度来提升画面的清晰度。上述的摄像头、行车记录仪的主控芯片、光感传感器、夜视技术等都决定着夜视效果。

夜视效果让行车记录仪在夜间也能正常使用。在日间行车时也需要夜视功能，比如在车辆进入隧道或者地下停车场等弱光环境中，夜视功能的拍摄效果更好。

7. 镜头和光圈

就目前的行车记录仪来说，镜头并不会对行车记录仪的整体性能产生太大影响。与照相机原理一样，镜头的光圈控制着进光量，这意味着大光圈的镜头可以提升行车记录仪在弱光下的成像能力。目前主流的行车记录仪的镜头光圈一般为 F2.8，而更高端摄像头的光圈可以达到 F2.0 甚至更大（光圈大小与数值成反比），搭配夜视功能基本上可以适应各种弱光环境。

但是也不能盲目追求大光圈的机器，因为镜头光圈越大，焦外的成像就会越模糊。也就是说，大光圈下画面可能只会在焦点处是清晰的，而周围环境会变得模糊，大光圈的机型在弱光环境下有着更好的表现。在选择的时候，只要避开那些光圈非常小的机型即可。

8. 对焦

目前在记录仪的对焦方式上一部分生产厂家会选择自动对焦方式，而更多的生产厂家青睐于泛焦。

自动对焦的优势在于对焦点清晰，成像出色；缺点则是对焦需要时间以及会出现跑焦的情况。

泛焦的优势是能够持续地提供大景深，不需要对焦且稳定性好；缺点是画面细节较差。目前泛焦机型的占有率远大于自动对焦的机型，驾驶人可以直接选择泛焦的机型。

9. 可视角度

可视角度是镜头中较为重要的一个参数。因为行车记录仪是安装在靠近汽车前风窗玻璃的位置，这就意味着行车记录仪若要记录车头全景的话，需要很大的广角镜头，并且车辆的车身越宽，行车记录仪的可拍摄视角就要越广。可以说广角越大，所拍摄到的监控画面就越宽，一般 140° 比较适宜，放在后视镜位置可拍摄到两个 A 柱。广角为 170° 不太实用，而且广角越大，边际变形越大。

10. 安装

行车记录仪不仅性能要好，同时也要容易安装。目前行车记录仪的安装方式多种多样，最为常见的还是固定在前风窗玻璃上，其固定方式有吸盘和黏胶两种。

（1）吸盘固定：使用吸盘固定的机型，要看吸盘的橡胶是否柔软，吸附力是否足够大。必要时可以吸附在玻璃上，然后用力拉拽，测试是否会出现脱落的情况。由于吸盘的橡胶部分会出现老化现象，所以吸盘固定的机型长时间使用后，需要检查其老化程度，以防止吸盘吸附力不足导致设备坠落的情况。

（2）黏胶固定：用黏胶安装虽然可以长时间保持支架的稳固，但是会出现不容易拆卸的情况，并且拆卸一次后，必须更换新的黏胶贴才能够重新安装。黏胶的优点是在安装的时候不会溢胶，不会有难闻气味。拆卸后不会对前风窗玻璃造成损伤，不会有难以清除的残留胶。

11. 线材长度

较长的线材可以在车内走暗线。行车记录仪装在前风窗玻璃上，而供电用的点烟器则多在驻车制动器的位置，为了使车内美观，行车记录仪的充电器不能直接从点烟器拉线连接，许多厂商都为行车记录仪配备了一根超长的线材，安装时可以顺着车辆内部环境的边缘将充电器线隐藏起来。

12. 行车记录仪自身的老化问题

行车记录仪安装在车内，夏天时车内温度能够达到 60 ~ 70 ℃甚至更高，冬天在北方户外存放的车辆，车内温度要低于 –20 ℃。这意味着无论是行车记录仪的外壳、电路板还是电池，都要有较高的品质以及相应的保护措施。同时在使用的过程中需要定期检查并更换老化配件，以防止设备损坏导致视频数据丢失。例如，塑料机身的行车记录仪，应该能够做到高温下不会软化，低温下不会变脆。内置电池的机型也必须做相应的电池防爆设计。

另外，如果出现重大交通事故，汽车前风窗玻璃破碎，行车记录仪不能对车内人员造成致命伤害；行车记录仪应不易被明火点燃，使用充电器时也不能对点烟器或者车内电路造成损坏。这都是行车记录仪所应具备的功能。

13. 行车记录、卫星定位报警一体功能

很多驾驶人使用行车记录仪主要是因为它能记录交通事故发生的过程，为自己提供非责任人的证据，保护自己的合法权益。而生产使用行车记录仪的初衷是对行驶时间、速度和里程三大要素的测量和记录，并参照其内设法律限值对实际车速和驾驶时间进行约束甚至限制，从而实现对超速和疲劳驾驶的监控，并最终达到预防交通事故和实现安全行驶的目的。通过实行强制安装行车记录仪的欧盟各国，道路交通事故发生率显著降低约 20%。要实现超速预警、疲劳驾驶提醒、记录经纬度、记录行驶轨迹就需要有 GPS 定位预警功能。具备更多保障安全性能的行车记录仪是未来行车记录仪的发展方向。

目前电子产品高度集成化，使行车记录仪能够集成更多的功能，比如 GPS、安全预警仪等，选择时需要根据自己的使用需求加以衡量。总的来说，选用行车记录仪仍然要关注其核心功能以及性能，至于其他额外功能，可以抱有“这些是买记录仪附赠的”想法。如果被一些额外功能所吸引，而购买一些基本功能很差的产品，就会得不偿失。

§3–4　全球定位 GPS 系统

学习目标

1. 了解 GPS 系统和汽车导航定位系统的组成与原理。
2. 理解 GPS 系统、汽车导航定位系统、北斗卫星导航定位系统的相关技术。
3. 了解北斗卫星导航系统的特点及应用。

学习导入

汽车在行驶过程中需要通过定位系统准确感知自身在全局环境中的相对位置，以便与环境有机结合起来。而导航技术则能够保证无人驾驶汽车清楚地知道自己所要行驶的速度、方向、路径等信息。实际应用中，需要通过信息融合技术实现定位与导航技术的组合，从而使环境信息与汽车信息融合成为一个系统性的整体。

目前，主要的导航定位系统有美国的全球导航定位系统（GPS）、中国的北斗卫星导航定位系统（BDS）、俄罗斯的“格洛纳斯”（GLONASS）卫星导航定位系统、欧洲空间局的伽利略（GALILEO）卫星导航定位系统，它们被称为“全球四大卫星导航定位系统”。最早出现的是美国的 GPS（Global Positioning System），它也是现阶段技术最完善的卫星导航定位系统。随着近年来 BDS、GLONASS 在亚太地区全面服务的开启，尤其是 BDS 在民用领域发展越来越快，卫星导航定位系统已经在航空、航海、通信、人员跟踪、消费娱乐、测绘、授时、车辆监控管理和汽车导航与信息服务等方面广泛使用，而且总的发展趋势是为实时应用提供高精度服务。

相关知识

一、全球导航定位系统

全球导航定位系统（Global Positioning System，GPS）于 1994 年由美国建成，从开始研制到建成历时 20 多年。它能够完成在海陆空进行全方位、全天候实时定位的任务，并且在定位时具有极高的精度、极低的成本、极快的速度，除此之外，其保密性与抗干扰性也非常显著。因此，GPS 已经成为大地测量、精密授时、工程测量、测距、导航等领域中使用最广泛的定位系统。

1. GPS 的组成与原理

GPS 由导航卫星、地面监控设备和 GPS 用户组成，如图 3-4-1 所示。

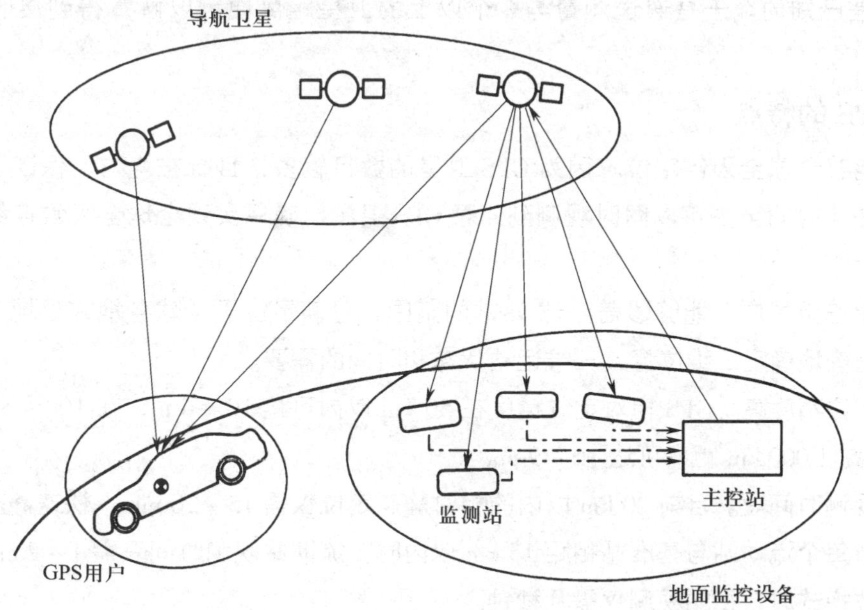

图 3-4-1 GPS 的组成

导航卫星由分布在地球的 6 个椭圆轨道平面上的 21 颗工作卫星和 3 颗在轨备用卫星组成，相邻轨道之间的卫星彼此成 30°，每个轨道面上都有 4 颗卫星，在距离地球

17 700 km 的高空上进行监测。在地球上的任何地方、任何时间都可以观测到 4 颗以上的 GPS 卫星，保持定位的精度，从而提供连续的全球导航能力。导航卫星的任务是接收和存储来自地面监控设备发送来的导航定位控制指令，由微处理器进行数据处理，以原子钟产生基准信号和精确的时间为基准向用户连续发送导航定位信息。

地面监控设备由 1 个主控站、4 个注入站和 6 个监测站组成，它们的任务是实现对导航卫星的控制。主控站拥有许多以计算机为主体的设备，用于数据收集、计算、传输和诊断等，编制导航定位指令发送到注入站，并调整卫星运行姿态，纠正卫星轨道偏差，进行卫星轨道和时钟校正参数计算，同时还协助指挥管理空间卫星和地面监控设备，监控卫星对用户指令的发送。注入站的任务是将主控站送来的导航、定位控制指令通过 S 波段发送至“飞过头顶”的卫星。监测站的任务是监测卫星观测数据和全球气象数据，并将数据发送到主控站。

GPS 用户主要由以无线电传输和计算机技术支撑的 GPS 接收机和 GPS 数据处理软件组成。GPS 接收机的主要功能是接收、追踪、放大卫星发射的信号，获取定位的观测值，提取导航电文中的广播星历以及卫星时钟改正参数等。GPS 数据处理软件的主要功能是对 GPS 接收机获取的卫星测量记录数据进行预备处理，并对处理的结果进行平差计算、坐标旋转和分析综合处理，计算出用户所在位置的三维坐标、速度、方向和精确时刻等。

GPS 定位是利用到达时间测距的原理来确定用户的位置。首先测量信号从卫星发出至到达用户所经历的时间段，时间段乘以信号的速度便得到了从卫星到接收机的距离，而卫星的位置是已知的，于是通过测量与 3 个以上的卫星距离便可以解算得到接收机的三维位置。

2. GPS 的特点

（1）能够全球全天候定位。因为 GPS 卫星的数目较多，且分布均匀，保证了地球上任何地方、任何时间至少可以同时观测到 4 颗 GPS 卫星，确保实现全球全天候连续的导航定位服务。

（2）覆盖范围广。能够覆盖全球 98% 的范围，可满足位于全球各地或近地空间的军事用户连续精确地确定三维位置、三维运动状态和时间的需要。

（3）定位精度高。GPS 相对定位精度在 50 km 以内可达 10 ~ 6 m，在 100 ~ 500 km 可达 10 ~ 7 m，在 1 000 km 距离可达 10 ~ 9 m。

（4）观测时间短。目前 20 km 以内的相对静态定位仅需 15 ~ 20 min；快速静态相对定位测量时，当每个流动站与基准站相距 15 km 以内时，流动站观测时间只需 1 ~ 2 min；采取实时动态定位模式时，每站观测仅需几秒钟。

（5）可提供全球统一的三维地心坐标，可同时精确测定测站平面位置和大地高程。

（6）测站之间无须通视，只要求测站上空开阔，既可大大减少测量工作所需的经费和时间，也使选点工作更灵活，可省去经典测量中的传算点、过渡点等的测量工作。

3. 差分全球导航定位系统

为了提高 GPS 定位精度，可以采用差分全球导航定位系统进行车辆的定位。差分全球导航定位系统（Differential Global Position System，DGPS）是在 GPS 的基础上利用差分技术使用户能够从 GPS 系统中获得更高的精度。DGPS 系统由基准站、数据传输设备和移动站组成，如图 3–4–2 所示。

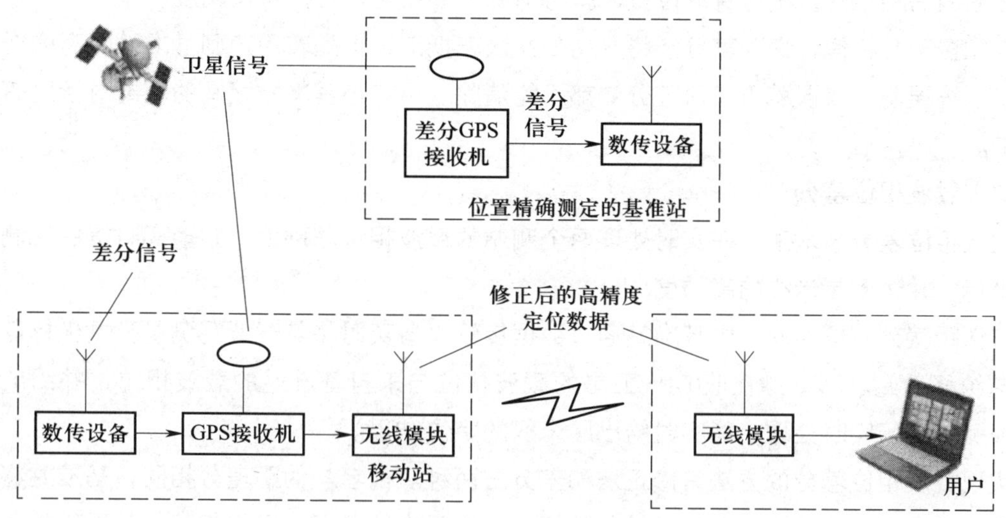

图 3–4–2　DGPS 系统的组成

DGPS 实际上是把一台 GPS 接收机放在位置已精确测定的点上，组成基准站。基准站接收机通过接收 GPS 卫星信号，将测得的位置与该固定位置的真实位置的差值作为公共误差校正量，通过无线数据传输设备将该校正量传送给移动站的接收机。移动站的接收机用该校正量对本地位置进行校正，最后得到厘米级的定位精度，附近的 DGPS 用户接收到修正后的高精度定位信息，从而大大提高其定位精度。

根据 DGPS 基准站发送的信息方式可将 DGPS 定位分为三类，即位置差分、伪距差分和载波相位差分。这三类差分方式的工作原理是相同的，都是由基准站发送改正数，由移动站接收并对其测量结果进行改正，以获得精确的定位结果。所不同的是，发送改正数的具体内容不一样，其差分定位精度也不同。

（1）位置差分

位置差分是最简单的差分方法，适合于所有 GPS 接收机。位置差分要求基准站和移动站观测同一组卫星。安装在基准站上的 GPS 接收机观测 4 颗卫星后便可进行三维定位，解算出基准站的观测坐标。由于存在轨道误差、时钟误差、大气影响、多径效应以及其他误差等，解算出的观测坐标与基准站的已知坐标是不一样的，存在误差。将已知坐标与观测坐标之差作为位置改正数，通过基准站的数据传输设备发送出去，由移动站接收，并且对其解算的移动站坐标进行改正，最后得到的改正后的移动坐标已消去了基准站和移动站的共同误差，如卫星轨道误差、大气影响等，提高了定位精度。位置差分法适用于用户与基准站间距离在 100 km 以内的情况。

（2）伪距差分

伪距差分是目前用途最广的一种技术。几乎所有的商用 DGPS 接收机均采用该技术，利用基准站已知坐标和卫星星历可计算出基准站与卫星之间的计算距离，将计算距离与观测距离之差作为改正数，发送给移动站，移动站利用此改正数来改正测量的伪距。最后，用户利用改正后的伪距来解算出自身的位置，就可消除公共误差，提高定位精度。

与位置差分相似，伪距差分能将两站公共误差抵消，但随着用户到基准站距离的增加又出现了系统误差，该误差用任何差分法都不能消除。用户与基准站之间的距离对精度有决定性影响。

（3）载波相位差分

载波相位差分技术建立在实时处理两个测站的载波相位基础上，它能实时提供观测点的三维坐标，并达到厘米级的高精度。

与伪距差分原理相同，由基准站通过数据传输设备实时将其载波观测量及站坐标信息一同传送给移动站。移动站接收 GPS 卫星的载波相位与来自基准站的载波相位，并组成相位差分观测值进行实时处理，能实时给出厘米级的定位结果。

实现载波相位差分的方法有修正法和差分法两种。前者与伪距差分相同，基准站将载波相位修正量发送给移动站，以改正其载波相位，然后求解坐标；后者将基准站采集的载波相位发送给移动站，进行求差解算坐标。前者为准载波相位差分技术，后者为真正的载波相位差分技术。

二、汽车导航系统

目前的汽车导航系统包括两部分，即全球导航定位系统（GPS）和汽车自动导航系统。汽车导航设备一般是由 GPS 天线、集成了显示屏幕和功能按键的主机，以及语音输出设备（一般利用汽车音响系统输出语音提示信息）构成。

1. 汽车导航系统的组成

汽车导航系统的组成如图 3–4–3 所示，车辆前座的 LCD 显示板可显示道路地图和其他有关交通信息，其数据由 CD–ROM 提供。车前部、后部都装有 GPS 接收天线，GPS 接收器装在行李舱内，地磁传感器装在车顶部，在车轮上装有车速传感器，在转向装置上装有转向角传感器等。有关信息经导航 ECU 统一管理，通过显示器输出对汽车导航。

汽车导航系统有四大要素，即卫星信号、信号接收、信号处理和地图数据库。

（1）卫星信号

汽车导航系统需要依靠全球导航定位系统（GPS）来确定汽车的位置。最基本的 GPS 需明确汽车的经度和纬度；某些特殊情况下，GPS 还需明确海拔高度。有了这三组数据，GPS 定位的准确性一般可达 2 ~ 3 m。

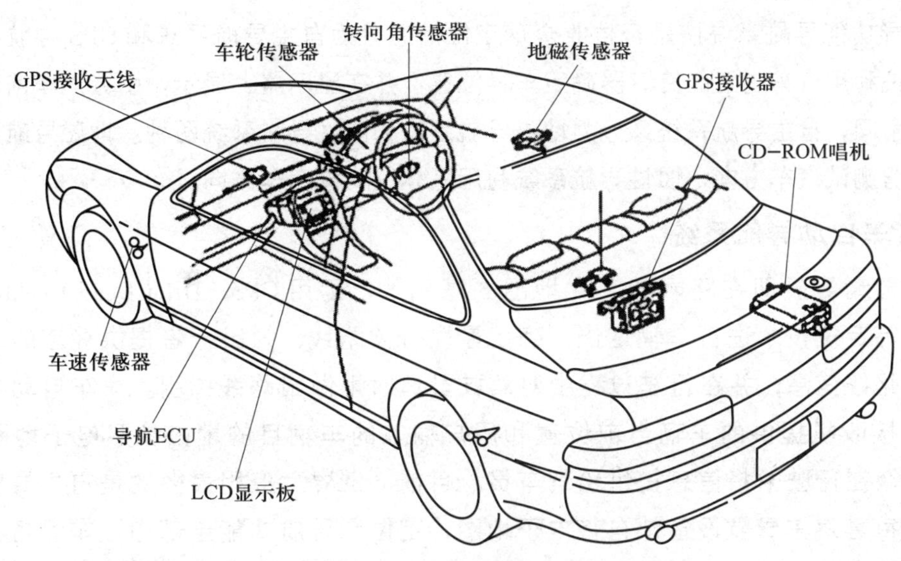

图 3-4-3　汽车导航系统的组成

由于 GPS 需要汽车导航系统在同步卫星的直接视线之内才能工作，因此隧道、桥梁或高层建筑物都会遮挡直接视线，使导航系统无法工作。大多数同步卫星都定位在人口密集的大都市的上空，所以当你远离城区时，汽车导航系统的效果就不太好，甚至可能出现不能工作的情况。

（2）信号接收

GPS 系统的工作原理是解析从同步卫星接收到的信号，投影在竖直的平面上，将信号形象示为一个个倒漏斗形。当这些“漏斗”的下半部分有一定的重叠时，GPS 的解析程序就可计算出汽车所在位置的坐标。在汽车行驶的过程中，一个类似于飞机或轮船导航用的陀螺仪的装置，可以连续地提供汽车的位置。当卫星信号有所间断时，计速器所提供的数据可填补其中的空白，并记载行驶时间。

（3）信号处理

GPS 接收到的信号和计速装置所提供的信息，通过接收器提供给汽车导航系统，并由软件系统分析处理，重叠在存储的地图之上。

（4）地图数据库

当 GPS 提供的坐标信息重叠到电子地图上时，驾驶员就可以看到自己目前的位置以及未来的方向。

汽车导航系统的地图数据库来源于多种渠道，其最主要的来源是由城市政府机关提供的街区数据库。对一个良好的汽车导航系统来说，地图的数量、准确度以及数据的及时性很重要。

2. 汽车导航系统的分类

汽车导航系统分为有引导功能和无引导功能两类。无引导功能导航系统的汽车主要靠驾驶员查阅车辆存储的电子地图或通过电话查询进行导航。

有引导功能导航系统按是否接收全球定位信息分为自主导航系统和 GPS 导航系统。自主导航系统利用汽车内置的传感器确定车辆位置，并在显示器上显示，引导汽车前进。根据传感器的不同，自主导航系统又分为地磁导航系统和惯性导航系统两种。地磁导航系统根据地磁传感器测试汽车方向，惯性导航系统利用陀螺仪测试汽车方向。

3. 汽车自动导航系统

汽车自动导航即在路网数字化地图的基础上，运用 GPS、DR（Dead Reckoning，航位推算）等定位技术进行车辆定位，确定最优行驶路线，为出行者提供静态的或实时的最优出行路线信息，并在行车过程中对驾驶员适时地做出路线指引。汽车自动导航系统根据 GPS 接收机提供的车辆当前位置和用户输入的车辆目的地，参照电子地图计算的行驶路线，在行驶中将信息提供给驾车员。目前，世界上应用最多的是自主导航，其主要特征是每套汽车导航设备都自带电子地图，定位和导航功能全部由汽车设备完成，如图 3-4-4 所示。

图 3-4-4　后视镜导航显示系统

（1）汽车自动导航系统的功能

通常自动导航系统具有以下功能：

1）按照要求制订行车计划，并能随时确定具体方位。

2）遇到交通异常情况能自动重新设计路线，在彩色显示的地图上能显示各种交通情况，如红线表示交通阻塞，绿线表示可选路线，甚至可以呈现前方道路的实际图像。

3）多种语言提示。

4）提供相关服务信息（包括汽车出现没有人力协助的意外事故等）。

（2）汽车自动导航系统子系统

1）路网数据库管理子系统。按照预设的格式存储与路网有关的数字地图信息，使计算机能够处理与地图有关的功能。它是整个车辆导航系统的基础。

2）车辆定位子系统。运用 GPS 和（或）DR 等定位技术，确定车辆的实时位置，并运用地图匹配（Map Matching）技术，对车辆实际行驶路线与电子地图上道路位置之间的误差进行修正，从而提高定位的精度。

3）路线优化子系统。在已知路网上根据选定的最优目标，按照一定的算法，确定某两地间的最优路线。

4）路线引导子系统。将最优路线转化为驾驶员能够识别的视频或音频信息，并逐步、适时地给驾驶员发出引导指令以及其他有关出行信息。

（3）汽车自动导航系统的工作过程

1）输入数据信息。出发前，驾驶员将目的地输入到导航设备中，在系统显示的电子地图上直接点击选取地址，或者借助某种输入方法，将目的地名称输入到系统中。根据输入设备的不同，可以有不同的地名输入方式，依靠按键或触摸屏可以实现几乎所有的操纵功能。

2）显示电子地图。汽车导航系统中至关重要的一部分是在存储光盘或内置存储器中的电子地图，电子地图中存储了一定范围内的地理、道路和交通管制信息，与地点对应存储了相关的经纬度信息。汽车导航主机从 GPS 接收经过计算确定的当前点的经纬度，通过与电子地图数据的对比，就可以随时确定车辆当前所在地点。一般汽车导航系统将车辆当前的位置默认为出发点，在用户输入了目的地之后，导航系统根据电子地图上存储的地图信息，就可以自动计算出一条合适的推荐路线。在有的汽车导航系统中，用户还可以指定途中希望经过的途经点，或指定一定的路线选择规则（如按照行驶路线最短的原则及不允许经过高速公路等）。推荐的路线将以醒目的方式显示在屏幕上的地图中。同时，屏幕上也时刻显示车辆当前位置，以供驾驶员参考。如果行驶过程中车辆偏离了推荐的路线，系统会自动删除原有路线，并以车辆当前点作为出发点重新计算路线，并将修正后的路线作为新的推荐路线。电子地图显示如图 3-4-5 所示。

图 3-4-5 电子地图显示

4. 汽车导航系统的发展

目前，新型的导航方式为网络导航。网络导航是指借助于现代移动通信技术，将交通路况、小区气象、突发事件等即时信息融入导航计算中，并依据计算结果为用户提供实时道路指引。网络导航的核心是即时信息的引入，特征是获得专业的综合信息运营服务提供商支持。除了为驾驶员提供最佳路线指引外，还提供路况、事故多发地带提醒、限速提醒、特殊地段交通规则提醒、天气提醒等，给人们带来更好、更全面的户外行车体验。

2010 年，随着汽车导航市场的不断扩大，逐渐形成了以美国 Nay Tech、欧洲 Tele Atlas、日本 Zerin 和 Map Master 为龙头的四大导航电子地图专业制造公司，并占领了全球汽车导航地图近 90% 的份额。

目前为了提高汽车竞争力，提升汽车附加值，中国一汽集团、二汽集团、上海大众、一汽—大众、上海通用及天津丰田等汽车生产厂家都在计划加装汽车导航系统，国外进口汽车希望加带汽车导航装置。国外和国内的汽车导航电子产品生产厂家已瞄准了中国的后加装市场，蓄势待发。

现今汽车导航系统的发展趋势如下：

（1）利用蓝牙无线技术接收汽车 GPS 传送过来的信号。这样，汽车系统只需要接收和处理卫星信号，显示装置则负责地图的存储和位置的重叠。

（2）汽车导航系统除了指路导航之外，还开发了许多其他用途，如寻找附近的加油站、自助银行、酒店或者商店，还可告知驾驶人如何避开危险地区或是交通堵塞。

（3）汽车导航系统利用视觉显示系统（图 3-4-6）作为人机交流的接口，含有语音提示系统，可直接与导航系统对话，用语音提醒驾驶员何时该转弯、何时该退出高速公路，还可以告知实时路段限速、路况和平均时速、估计到达目的地的时间等。

图 3-4-6　汽车导航系统的视觉显示系统

汽车自动导航创造了轻松自如的驾驶环境，提高了汽车的科技含量，平均增加 10% 左右的汽车附加值，是汽车工业的一个新的发展方向。只要将目的地输入到汽车导航系统，系统就会根据电子地图自动计算出最合适的路线，并在车辆行驶过程中（如转弯前）提醒驾驶员按照计算的路线行驶。在整个行驶过程中，驾驶员只要按导航路线安全驾驶就能快捷地到达目的地。

拓展学习

北斗卫星导航定位系统

北斗卫星导航定位系统（BDS）是中国自行研制开发的区域性有源三维卫星定位与通信

系统，是继美国 GPS、俄罗斯 GLONASS 之后第三个成熟的卫星导航定位系统。北斗卫星导航定位系统致力于向全球用户提供高质量的定位、导航和授时服务，其建设与发展则遵循开放性、自主性、兼容性、渐进性四项原则。

1. 北斗卫星导航定位系统的组成

北斗卫星导航定位系统由空间段、地面段和用户段三部分组成，如图 3-4-7 所示。

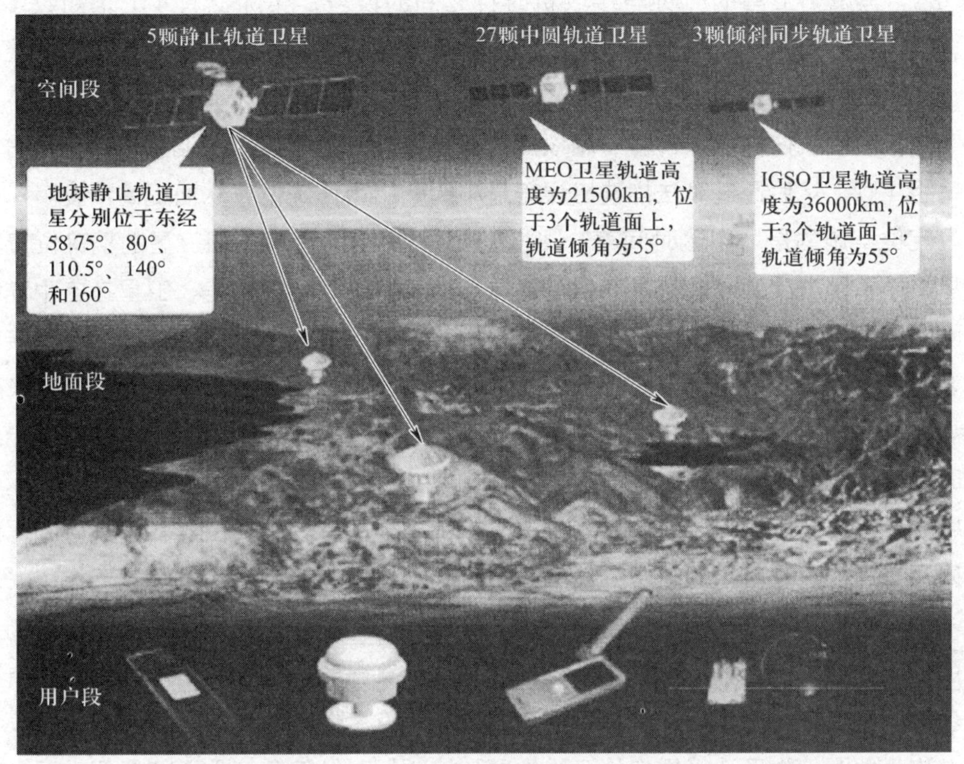

图 3-4-7　北斗卫星导航定位系统的组成

（1）空间段：北斗系统空间段由若干地球静止轨道卫星、中圆轨道卫星和倾斜同步轨道卫星三种轨道卫星组成混合导航星座。

北斗卫星导航系统空间段计划由 35 颗卫星组成，包括 5 颗静止轨道卫星、27 颗中圆轨道卫星、3 颗倾斜同步轨道卫星。5 颗静止轨道卫星定点位置分别为东经 58.75°、80°、110.5°、140° 和 160°；中圆轨道卫星运行在 3 个轨道面上，轨道面之间相隔 120°，均匀分布。截至 2018 年 10 月 15 日，中国北斗卫星导航系统共有 40 颗导航卫星。2018 年 10 月 15 日 12 时 23 分，中国在西昌卫星发射中心用长征三号乙运载火箭，以“一箭双星”方式成功发射第 39 颗、第 40 颗北斗导航卫星。这两颗卫星属于中圆轨道卫星，是我国北斗三号系统第 15 颗、第 16 颗组网卫星。

（2）地面段：北斗系统地面段包括主控站、时间同步 / 注入站和监测站等若干地面站。

（3）用户段：北斗系统用户段包括北斗兼容其他卫星导航系统的芯片、模块、天线等基础产品，以及终端产品、应用系统与应用服务等。

2. 定位原理

北斗卫星导航系统由空间段的35颗卫星在离地面2万多千米的高空上，以固定的周期环绕地球运行，使在任意时刻、在地面上的任意一点都可以同时观测到4颗以上的卫星。

由于卫星的位置精确可知，在接收机对卫星观测中，可得到卫星到接收机的距离，运用三维坐标中的距离公式，利用3颗卫星，就可以组成3个方程式，解算出观测点的位置（X，Y，Z）。考虑到卫星的时钟与接收机时钟之间的误差，实际上有4个未知数X、Y、Z和钟差，因而需要引入第4颗卫星，形成4个方程式进行求解，从而得到观测点的经纬度和高程。

事实上，接收机往往可以锁住4颗以上的卫星，这时接收机可按卫星的星座分布分成若干组，每组4颗，然后通过算法挑选出误差最小的一组用作定位，从而提高精度。

卫星定位实施的是“到达时间差”（时延）的概念：利用每一颗卫星的精确位置和连续发送的星上原子钟生成的导航信息获得从卫星至接收机的到达时间差。卫星在空中连续发送带有时间和位置信息的无线电信号，供接收机接收。由于传输的距离因素，接收机接收到信号的时刻要比卫星发送信号的时刻延迟，通常称之为时延，因此也可以通过时延来确定距离。卫星和接收机同时产生同样的伪随机码，一旦两个码实现时间同步，接收机便能测定时延；将时延乘以光速，便能得到距离。

每颗卫星上的计算机和导航信息发生器非常精确地了解其轨道位置和系统时间，而全球监测站网保持连续跟踪卫星的轨道位置和系统时间。位于地面的主控站与其运控段一起，至少每天一次对每颗卫星注入校正数据。注入数据包括：星座中每颗卫星的轨道位置测定和星上时钟的校正。这些校正数据是在复杂模型的基础上算出的，可在几个星期内保持有效。

卫星导航原理：卫星至用户间的距离测量是基于卫星信号的发射时间与到达接收机的时间之差，称为伪距。为了计算用户的三维位置和接收机时钟偏差，伪距测量要求至少接收来自4颗卫星的信号。

由于卫星运行轨道、卫星时钟存在误差，以及大气对流层、电离层对信号的影响，使民用的定位精度只有数十米量级。为提高定位精度，普遍采用差分定位技术（如DGPS、DGNSS），建立地面基准站（差分台）进行卫星观测，利用已知的基准站精确坐标，与观测值进行比较，从而得出一修正数，并对外发布。接收机收到该修正数后，与自身的观测值进行比较，消去大部分误差，得到一个比较准确的位置。实验表明，利用差分定位技术可使定位精度提高到米级。

3. 北斗卫星导航定位系统的应用

（1）北斗系统的基本功能

北斗卫星导航定位系统（简称北斗系统）可在全球范围内全天候、全天时为各类用户提供高精度、高可靠定位、导航、授时服务，并具有短报文通信能力，目前已经初步具备区域导航、定位和授时能力，将于2020年实现全球北斗系统服务。

1）短报文通信：北斗系统用户终端具有双向报文通信功能，用户可以一次传送 40 ~ 60 个汉字的短报文信息，可以达到一次传送 120 个汉字的信息。这一点与 GPS 不同，在远洋航行中有重要的应用价值。

2）精密授时：北斗系统具有精密授时功能，可向用户提供 20 ~ 100 ns 同步精度。

3）精确定位：水平精度为 100 m（1σ），设立标校站之后为 20 m（类似差分状态）。工作频率为 2 491.75 MHz。

4）大容量用户服务：系统容纳的最大用户数为 540 000 户 / 小时。

（2）北斗系统在军事领域的应用

北斗卫星导航定位系统的军事功能与 GPS 类似，如对运动目标的定位导航，为缩短反应时间的武器载具发射位置的快速定位，人员搜救、水上排雷的定位需求等。

此项功能用在军事上意味着可主动进行各级部队的定位，即各级部队一旦配备北斗卫星导航定位系统，除了可供自身定位导航外，高层指挥部也可随时通过北斗系统掌握部队位置，并传递相关命令，对任务的执行有相当大的助益。即可利用北斗卫星导航定位系统执行部队指挥与管制及战场管理。

（3）北斗系统在民间的应用

1）个人位置服务：当进入不熟悉的地方时，可以使用装配有北斗卫星导航接收芯片的手机或车载卫星导航装置找到要走的路线。

2）气象应用：北斗导航卫星气象应用的开展，可以促进中国乃至世界天气分析和数值天气预报、气候变化监测和预测，也可以提高空间天气预警业务水平，提升中国气象防灾减灾的能力。

3）道路交通管理：卫星导航有利于减缓交通阻塞，提升道路交通管理水平。通过在车辆上安装卫星导航接收机和数据发射机，车辆的位置信息能在几秒钟内自动转发到中心站。这些位置信息可用于道路交通管理。

4）铁路智能交通：卫星导航将促进传统运输方式实现升级与转型。例如，在铁路运输领域，通过安装卫星导航终端设备，可极大缩短列车行驶间隔时间，降低运输成本，有效提高运输效率。未来，北斗卫星导航系统将提供高可靠性、高精度的定位、测速、授时服务，促进铁路交通的高技术化，实现由传统调度向智能交通管理的转型。

5）海运和水运：海运和水运是全世界最广泛的运输方式之一，也是卫星导航最早应用的领域之一。在世界各大洋和江河湖泊行驶的各类船舶大多安装了卫星导航终端设备，使海上和水路运输更为高效和安全。北斗卫星导航系统将在任何天气条件下，为水上航行船舶提供导航定位和安全保障。同时，北斗卫星导航定位系统特有的短报文通信功能将支持各种新型服务的开发。

6）航空运输：当飞机在机场跑道着陆时，最基本的要求是确保飞机相互间的安全距离。利用卫星导航精确定位与测速的优势，可实时确定飞机的瞬时位置，有效减小飞机之间的安全距离，甚至在大雾天气情况下，也可以实现自动盲降，极大地提高了飞行安全和机场运营效率。通过将北斗卫星导航系统与其他系统的有效结合，将为航空运输提供更多的安全保障。

7）应急救援：卫星导航已广泛应用于沙漠、山区、海洋等人烟稀少地区的搜索救援。在发生地震、洪灾等重大灾害时，救援成功的关键在于及时了解灾情并迅速到达救援地点。北斗卫星导航定位系统除导航定位外，还具备短报文通信功能，通过卫星导航终端设备可及时报告所处位置和受灾情况，有效缩短救援搜寻时间，提高抢险救灾时效，大大减少人民生命财产损失。

8）指导放牧：2014 年 10 月，北斗系统开始在青海省牧区试点建设北斗卫星放牧信息化指导系统，主要依靠牧区放牧智能指导系统管理平台、牧民专用北斗智能终端和牧场数据采集自动站，实现数据信息传输，并通过北斗地面站及北斗星群中转、中继处理，实现草场牧草、牛羊的动态监控。2015 年夏季，试点牧区的牧民已使用专用北斗智能终端设备来指导放牧。

§3–5 车载显示技术

学习目标

1. 了解车载显示技术的发展现状及未来方向。
2. 理解 HUD、AR–HUD、Splitview 分屏技术、虚拟仪表盘技术的原理。
3. 掌握车载显示技术的类型及应用。

学习导入

汽车的车内信息显示技术，经历了最初的机械显示（至今仍在使用）、数字仪表显示、液晶显示等阶段，如今伴随互联网技术与汽车技术融合的深入，抬头显示、分屏技术、虚拟仪表、3D 触摸、人机交互等越来越多的新技术集成在显示屏上，让用户驾驶及娱乐体验更佳，同时也不断提高了汽车的性能，汽车的发展即将进入智能汽车时代。技术及市场需求不断地刺激汽车显示技术的发展，汽车显示屏将成为一个巨大的宝藏，如何开启这座宝藏，考验着汽车设计者们的智慧，也为他们提供了广阔的想象空间。汽车显示屏将带给驾乘人员更多、更便捷的功能和体验，是今后汽车新技术集中发展的一个领域。

相关知识

一、抬头数字显示系统（HUD）

抬头数字显示（Heads Up Display，HUD），即风窗玻璃仪表显示，又称平视显示系统，它可以把重要的信息（车速、油量、车内温度等）映射在风窗玻璃上的 HUD 膜片上，使驾驶员不必低头就能看清重要信息，如图 3–5–1 所示。此显示系统原是军用战斗机上的显示系统，飞行员不必低头，就能在风窗上看到所需的重要信息。由于这种技术对于提高车辆的行驶安全有利，且有着很大的发展空间，因此一些高端品牌的汽车就把这项技术移植过来。

图 3–5–1 HUD 抬头数字显示系统

抬头数字显示系统的优点是：

（1）驾驶员不必低头就可以看到信息，从而避免分散对前方道路的注意力。

（2）驾驶员不必经常在观察远方的道路和近处的仪表之间切换视线，能够有效避免视觉疲劳。

该显示系统的优点是信息显示更加舒适、便捷，并且提高了汽车的安全性；但系统成本昂贵，目前只在少数高档车上采用。

汽车 HUD 分风窗玻璃型（Windshield，W 型）和集成显示型（Combined，C 型）两种。HUD 技术最早出现在飞机上，利用光学反射的原理将重要的飞行相关资讯投射在一片玻璃上面。HUD 系统成像的关键是一种透明的高折射率镀膜，这种膜并非单独存在，而是特殊的前风窗玻璃的表层功能部分，此种汽车风窗玻璃的生产主要采用浸渍法和网印法等。由于它含有氧化的 Ti 和 Si，所以它的折射率介于 1.8 ~ 2.2 之间，大于普通风窗玻璃的折射率（1.52），因此其表面的反射率增大，再经过多次光干涉就可以在远处成像。为了针对不同的光线效果进行补偿，HUD 可根据晴雨 / 光照传感器自动调节亮度。

随着高级驾驶辅助系统（ADAS）的发展，原始设备制造商积极布局各类汽车电子元器件的研发和生产，致力于帮助驾驶员清楚且安全地看到各类数据。抬头数字显示（HUD）在汽车应用中的出现，大大改变了驾驶时人与车和周围环境的互动方式。与传统汽车仪表盘不同，HUD 能将车辆和路况信息都显示在风窗玻璃上，大大提高了驾驶安全性，因此备受市场瞩目。

二、AR-HUD 增强抬头显示技术

由于现有技术的局限性，当前的 HUD 显示效果不佳，只能在一块很小的区域显示车速、油量、车内温度等信息，加之成本偏高，只装备在少数高档车型上，其实用性并不高。

近几年，随着 AR（Augmented Reality，增强现实）技术的发展，汽车 HUD 可谓如虎添翼。AR 技术是基于现实场景实时叠加数字模型，等于在实景上加标注，常用于医疗、教学中。

AR-HUD 是指增强抬头显示技术，它可以在驾驶员视线区域内合理叠加显示相关驾驶信息，并结合到实际交通路况当中。通过 AR-HUD 技术，驾驶员可以扩展并增强自己对于驾驶环境的感知，如图 3-5-2 所示。

图 3-5-2　AR-HUD 增强抬头显示技术

与 HUD 相比，AR-HUD 显示的范围更大，距离更远，而且更为复杂。前者只是投射并显示信息的设备，而 AR-HUD 需要与辅助驾驶系统深度整合，以实现更高级的效果和功能。可以说 AR-HUD 就是驾驶员的另一双眼睛，通过它驾驶员能直观地看到更多信息。

通过与 LDW（车道偏离报警系统）以及 ACC（自适应巡航）等辅助驾驶系统结合，AR-HUD 会将报警信息以虚拟图像的方式呈现给驾驶员。比如，当汽车偏离行驶的车道时，AR-HUD 系统就可以在显示区域标出红线提醒驾驶员，如图 3-5-3 所示。

图 3-5-3　AR-HUD 系统显示车道信息

而当车辆启动 ACC 系统后，驾驶员可以在前车后部看到一条标记的亮带，如图 3-5-4 所示。简单地说，AR-HUD 不仅可以显示信息，还可以将信息进行模拟。

图 3-5-4　AR-HUD 系统与 ACC 结合使用

在导航方面，有了 AR-HUD 技术的加持，驾驶员走错路的情况会大大降低。在需要下一个路况拐弯时，AR-HUD 上会显示出一排箭头，看上去像是附在道路的表面上，这些箭头会指导你应该在何处进行转弯，当你转过弯后，箭头就会消失。有了这项功能之后，驾驶员就不需要低头去看导航，也不用担心语音播报不准确，因为这些蓝色的小箭头会保证车辆不会错过任何一个路口，如图 3-5-5 所示。

图 3-5-5　AR-HUD 系统显示的道路信息

实现以上显示效果，主要是因为 AR-HUD 技术使用了增强投影面，通过数字微镜元件生成图像元素，同时成像幕上的图像通过反射镜最终射向风窗玻璃。增强过后的显示信息可以直接投射在用户视野角度的道路上，与交通状况进行融合。

虽然 HUD 的应用历史并不算长，AR 技术的发展也处于萌芽状态，然而其发展前景与智能汽车时代相得益彰，成熟后的 AR-HUD 将会对自动驾驶汽车技术提供更为有力的支持。

三、中控液晶屏分屏显示技术

中控液晶屏分屏显示技术的显示原理是通过在同一屏幕上发射两个视频信号，同时根据驾驶员与前排乘客的角度不同，配备不同的滤镜，可以将其中的一个信号过滤掉，而且这两幅画面的方向性比较强，这样不同座位上的人才可以各取所需，互不干扰。

新款奔驰S级混合动力版车型应用“Splitview分屏显示技术”，如图3-5-6所示。Splitview技术的原型是蓝宝公司和博世公司推出的一款名叫“DualView”的系统。奔驰把这种同博世合作开发的技术称作“分屏（Splitview）”。“分屏”技术是指在同一块屏幕上能显示2种信息，使观察者在不同的位置可以看到完全不同的画面。例如，驾驶员可以看到全屏的电子地图，而副驾驶乘客则可以全屏欣赏电影。车主与乘客将可以同时使用COMMAND系统提供的导航和娱乐功能。

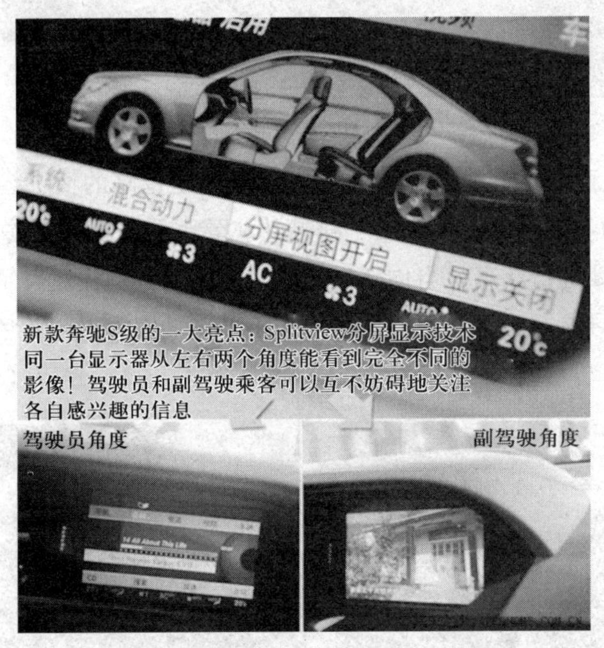

图3-5-6 奔驰Splitview分屏显示技术

从技术层面来讲，“分屏”技术能把2个不同画面的像素先进行拆分，然后“相间”地在屏幕上排列来自不同画面的像素。这时你所看到的信息是完全零乱的。技术的关键就是在这块LCD上附加一张过滤罩，信息交错的像素所发出的光线经过这个过滤罩后，就会被分离成2幅独立而完整的画面，而且这2幅画面的方向性比较强，这样坐在不同座位上的人才可以各取所需，互不干扰。

四、虚拟仪表盘技术

虚拟仪表盘是在汽车显示屏上模拟仪表显示的一项汽车显示技术。其结构简单，显示精度和灵敏度更高，清晰度和用户体验也更好，并且在读取数据时更为直观，未来将会替代目前的实体仪表盘。当然，此项技术的应用相比实体仪表盘会增加部分成本。

奔驰S级车型就使用了该项新技术，但只有中间的时速表采用了虚拟仪表显示，如图3-5-7所示，而转速表等仍为实体仪表盘。其工作原理是仪表显示的内容来源于传感器数据，这些数据经处理后被反馈给 ECU，在 VB.NET 绘制的仪表如发动机转速表、时速表、里程表等界面上显示。

图 3-5-7　奔驰 S 级车型时速表为虚拟仪表盘

陆虎揽胜采用了 12 英寸虚拟显示仪表盘，该屏幕上具有虚拟显示仪表盘和信息显示区，如图 3-5-8 所示。

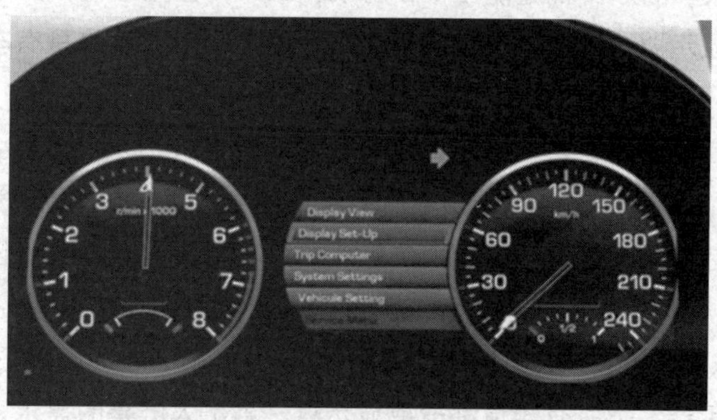

图 3-5-8　陆虎揽胜虚拟显示仪表盘

拓展学习

汽车显示技术的发展趋势

汽车智能化势在必行，而汽车智能化的首要标志是配置液晶显示屏，就像手机从功能机到智能机的转变一样。随着互联网技术与汽车技术融合逐步加深，也赋予了汽车显示装置更多的功能。智能汽车时代的来临，使高清大屏化、集成化、智能化成为未来汽车显示屏的发展趋势。

1. 大屏高清集成

中控屏现在已经逐渐在中低档汽车上装配，以后，中控屏将会全面普及。今后显示屏的发展趋势是屏幕尺寸继续变大，将达到10英寸及以上，且更加高清（1 080P），如第二代沃尔沃XC90和特斯拉Model S已经采用了高清超大屏幕显示器。同时OLED机电激光显示、触感屏、曲屏等新的屏幕会陆续出现在汽车上；多屏合一技术会得到大发展；功能也更加全面，比如会实现实时在线、裸眼3D、实景增强等新显示技术。

车载显示屏除了显示功能外，还兼顾操控功能。中控屏会集成更多的控制功能，人机交互有多样的实现方式，包括手势、触觉、视觉和听觉。对于人机交互，目前触摸屏的普及程度很高，在手势、语音交互、虹膜识别等方面进行了积极的探索。未来整车的电子设备会越来越多，显示、提醒、联网以及操控要求也越来越丰富。车载显示屏集成可以集合娱乐、社交、信息、导航等实用功能，在提高驾驶乐趣的同时也提供便利性，并且间接地提高了安全性。

2. 从全彩透明显示器到MR显示应用

目前，汽车显示系统主要用于影音显示娱乐与导航系统，屏幕为5～10英寸，因汽车仪表板与前车窗空间限制，很难进一步增大，更何况驾驶时必须专注观察外界环境，不能分散注意力，行车中观看显示器的时间不多。但是，自动驾驶技术的发展与应用将会带来改变。据德国大众汽车（Volkswagen Motor）的消费者调查，如果自动驾驶能够代替人工驾驶任务后，消费者对汽车的期待就是能在车上游戏、工作，甚至睡眠，其中游戏与工作的任务将要求更大更好的显示器，以及不同的显示技术。汽车显示并不是只有车内的驾驶员与乘客需要，对邻车或行人提供必要的显示也是汽车显示可发展的方向。

因汽车仪表盘空间限制，汽车显示器生产厂商开始研究抬头显示器（HUD），以前车窗作为主要显示系统，并在2017年引进增强现实（AR）技术，让显示符号能与外界环境融合，避免投影符号造成驾驶员分散注意力的问题，汽车抬头显示器实用性进一步增强。但目前抬头显示器技术属于投影显示，显示范围有限，仍然占用不少车前空间。积水化学工业（Sekisui Chemical）、Sony、日本显示器、夏普（Sharp）、Panasonic等厂家，都在研究可装在车窗上的透明显示器，把所有车窗都变成显示器，满足大屏幕的需求，如图3-5-9所示。

图3-5-9　车窗上的透明显示器

日本显示器预计 2022 年可制成透明车窗显示，积水化学工业指出 2025 年可制出全彩透明显示器，Sony 提出 49 英寸的车窗显示器希望在 2030 年以前能普及。

车窗显示能够满足驾驶资讯需求，但是人们对显示屏的娱乐应用和在车内工作的需求还无法实现，汽车显示应用的下一步（2030—2040 年），将应用立体投影与混合现实（MR）技术，显示位置不再只是仪表盘或车窗，而是车内任意位置，目前相关技术仍在概念阶段，但已为相关生产厂商重视。

车载显示正在成为越来越多的新技术植入的重要终端，包括从座舱内到座舱外与移动设备的交互。从传统的液晶仪表、中控多媒体到 HUD 抬头显示、副驾驶及后座娱乐、车门及后座集成的各种功能控制，甚至到未来的车窗交互，种类繁多的显示交互背后是对不同的安全等级要求和中央计算控制平台的需求。随着汽车行业的高速发展，汽车液晶仪表盘技术也在不断改革，已经从一个仅仅提供转速、车速的简单元件，变成了智能驾驶舱中显示多种信息的重要部件。

第四章　汽车安全新技术

§ 4-1　ESP 和 CAPS

学习目标

1. 掌握电子稳定系统（ESP）的组成、功能及工作过程。
2. 掌握整合主被动安全系统（CAPS）的功能及安全模式。

学习导入

目前许多欧洲国家装配 ESP 的车辆比例显著提高。由于诸多国际研究对 ESP 有效性调查的结果都给予了肯定，一些国家也因此对车辆装配 ESP 出台了强制法规。早在 2007 年，美国就规定，从 2012 年起所有新车型都要逐步强制装配 ESP。欧盟也规定从 2011 年 11 月起，所有新车型都必须装配该安全系统，从 2014 年 11 月起，所有新注册车辆都必须强制装配 ESP。

模块化的主被动安全整合让驾驶者更安全，因此可以将原本独立工作的主被动安全系统和驾驶辅助系统结合在一起（CAPS），通过此种方式，利用现有的传感器和执行器产生新功能来降低事故风险。

那么 ESP 系统是由哪些部分组成的？ CAPS 具有哪些功能？它们是怎样工作的？

相关知识

主动安全性是指汽车避免发生意外事故的能力。主动安全性包括行驶安全性、环境安全性、感觉安全性和操作安全性。汽车行驶安全性是指汽车装备保证汽车运行安全，同时具有最佳的动态性能，即通常所说的良好的制动性能、操纵稳定性、动力性和通过性。

一、电子稳定系统（ESP）

电子稳定系统（Electronic Stability Program，ESP）是一种可以控制驱动轮也可以控制从动轮，包含 ABS（防抱死制动系统）及 ASR（防滑转系统）的汽车防滑装置，是这两种系统功能上的延伸。与只装备 ABS 及 ASR 的汽车不同，装备 ESP 的汽车具有以下特点：ABS 及 ASR 只能被动地做出反应，而 ESP 则能够探测和分析车况并纠正驾驶错误，防患于未然。ESP 对过度转向或不足转向十分敏感，例如汽车在路滑时左拐过度转向（转弯太急）时会产生向右侧甩尾，传感器感觉到滑动就会迅速制动右前轮使其恢复附着力，产生一种相反的转矩而使汽车保持在原来的车道上（图 4–1–1）。

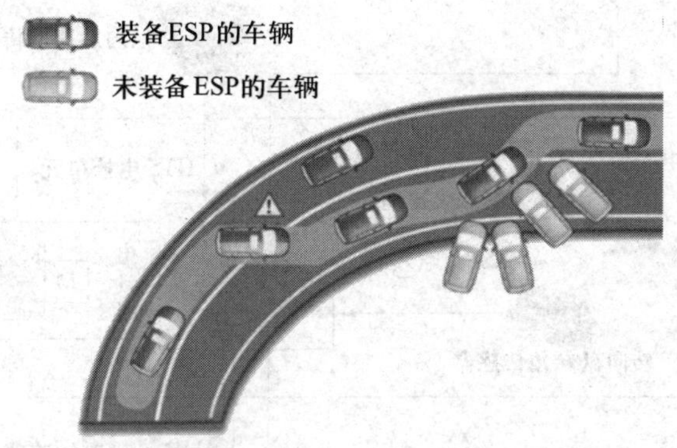

图 4–1–1 装备与未装备 ESP 的车辆的行驶效果对比

ESP 系统在提高汽车行驶稳定性方面效果显著。装备 ESP 系统的汽车在躲避前方突然出现障碍物及急转弯车道上高速行驶的运动工况下均有良好的行驶稳定性。

1. ESP 系统的组成

ESP 系统由控制单元及转向盘转角传感器（监测转向盘的转向角度）、制动压力传感器（监测实际制动管路压力大小）、横向偏摆率传感器（记录汽车纵向轴线摆动的角速度）等组成。EPS 系统的组成及功能见表 4–1–1。各部件布局示意如图 4–1–2 所示。

表 4–1–1 ESP 系统的组成及功能

部件		功能
传感器	转向盘转角传感器	测量转向盘转角，ECU 以此获得预定的行驶方向。若无此信号则无法确定行驶方向，ESP 失效
	制动压力传感器	检测实际制动管路压力大小，ECU 由此计算出车轮上的制动力和整车的纵向力大小。若无此信号则无法准确计算出侧向力，ESP 失效
	横向偏摆率传感器	检测车辆绕其纵轴的旋转角度和转动速率，ECU 以此获得车辆的实际行驶方向。若无此信号则 ECU 无法确定车辆是否发生横向偏摆，ESP 失效
	纵向加速度传感器	只安装在四驱车辆上。对于单轴驱动车辆，通过计算制动压力、车轮转速信号以及发动机管理系统信息，得出纵向加速度
	侧向加速度传感器	检测车辆侧向力大小。如无此信号则 ECU 无法算出车辆的实际行驶状态，ESP 失效
ESP 控制单元		是控制核心，将传感器采集到的数据进行计算，计算出车身状态后与存储器中预先设定的数据进行比对。当 ECU 计算数据超出存储器预存的数值，即车身临近失控或者已经失控时，执行器工作，以保证车身行驶状态能够尽量满足驾驶员的意图。若 ECU 出现故障，仍可按常规制动，但 ABS/EBS/ASR/ESP 功能失效
执行装置		四个车轮的制动系统。装备有 ESP 的车辆的制动系统具有蓄压功能，可以根据需要在制动前向某个车轮的制动油管加压产生制动力
沟通装置		仪表盘上的 ESP 指示灯

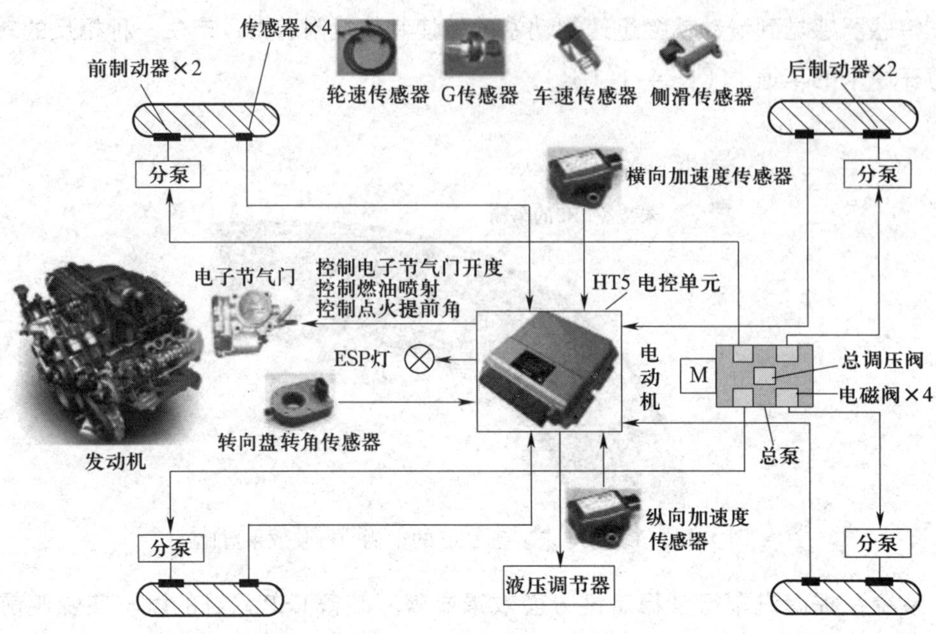

图 4-1-2　ESP 系统各部件布局示意

2. ESP 系统的工作原理

在汽车行驶过程中，ESP 系统传感器会实时监测车辆的状态信息，包括驾驶员转弯的方向和角度、轮速、横摆角、侧倾速度等信息，一旦 ESP 的电控单元感知到车辆状态异常，将及时介入车辆辅助控制系统，调节发动机转速、车轮制动力、转向盘转向角，修正车辆的转向特性，防止汽车发生侧滑。在汽车出现转向过度时，ESP 同样会介入汽车的控制机构，及时制动车辆外前轮，降低车辆过度转弯的趋势，防止汽车发生甩尾现象。ESP 不仅在车辆过度转弯时工作，在汽车出现转向不足的情况时，ESP 也会介入车辆控制系统，制动后内轮，同时降低发动机输出转矩，进而确保车辆转向方向符合驾驶员的操作意图。

未配置 ESP 的车辆在行驶时，躲避突然出现的障碍物，首先向左急转，接着又向右急转，出现甩尾现象，车辆沿垂直轴线转动出现失控状态。配备 ESP 能对转向不足和转向过度做出反应。在没有进行直接转向时，也必须能改变方向。未装备 ESP 与装备 ESP 系统汽车躲避突现障碍物时的行驶状况见表 4-1-2。

表 4-1-2　未装备 ESP 与装备 ESP 系统汽车躲避突现障碍物时的行驶状况

配置	工作过程	车辆转向	行驶状态	受制动车轮	目的
未装备 ESP		快速左转后直接右转	—	—	车辆必须避开突然出现的障碍物

续表

配置	工作过程	车辆转向	行驶状态	受制动车轮	目的
未装备 ESP		发生甩尾	—	—	—
装备 ESP		向左	不足转向	左后轮	前轮保留侧向力，有效保证车轮的转向
		向右	不足转向	右前轮	保证后轴的最佳侧向力，后轴车轮自由转向
		向左	过度转向	左前轮	为阻止车辆出现甩尾并限制前轴产生侧向力，在特殊危险情形下该车轮将强烈制动
		中间	稳定	无	在所有不稳定行驶状态被校正后，ESP 结束调整

3. ESP 系统的特点

在汽车安全系统日益增多的情况下，如果分别独立地去考虑和设计各种汽车主动安全系统，然后再将它们融合起来，难免会出现某些控制功能不兼容甚至冲突的现象，这与汽车主动安全控制的目标是背道而驰的，而且造成了控制资源的浪费，导致系统可靠性降低。所以在设计阶段就应将各种汽车主动安全系统综合考虑，实现多层面集成式的全局优化控制，实现底盘一体化控制，这对汽车主动安全是十分重要且必要的。

ESP 是一项综合控制技术，整合了多项电子控制技术（表 4–1–3），通过对制动系统、发动机管理系统和自动变速器施加控制，防止车辆滑移。

表 4–1–3 ESP 子系统

电子控制系统	功能
防抱死制动系统 ABS	防止制动时车轮抱死，并保持良好的行驶稳定性和转向性能，缩短制动距离
驱动防滑系统 ASR/TCS	通过对驱动轮制动并降低发动机转矩来阻止驱动轮空转打滑，如在砂石及冰面上防滑
电子制动力分配 EBV/EBD	在 ABS 起作用前，或者 ABS 失效后，防止后轴出现过度制动导致甩尾
电子差速锁 EDS/EDL	驱动轮在附着系数低的路面出现打滑空转时，对其采取制动，使车辆能起步行驶
发动机牵引力力矩调整 MSR/EBC	当突然松开油门或挂入低挡时，阻止可能由发动机制动过大产生的驱动轮抱死

ESP 系统是一项综合控制技术，具有以下三个特点：

（1）实时监控：ESP 能够实时监控驾驶员的操控动作、路面反应以及车辆的行驶状态，并不断向发动机和制动系统发出指令。

（2）主动干预：ABS 等安全技术主要是对驾驶员的动作起干预作用，但不能调控发动机。而 ESP 则可以主动调控发动机的转速和每个车轮的驱动力和制动力。

（3）预先提醒：当驾驶员操作不当或路面异常时，ESP 会用警告灯警示驾驶员。

二、整合主被动安全系统（CAPS）

1. CAPS 概述

侧滑是导致车辆发生事故的主要原因之一。ESP 属于主动安全措施，主动安全系统能够主动防御各种安全事故。

被动安全系统是在事故发生时，保证驾驶员和乘车人员安全的。目前博世的安全技术有安全气囊、侧撞感应和正撞感应；驾驶辅助系统包括导航系统、自适应巡航系统、倒车雷达；车辆辅助装置包括车顶的控制、安全带的控制等。

这些系统综合起来能够保障驾驶员的驾驶安全。但是，目前这些系统都是独立的，没有相互作用。即使有作用，也非常有限。因此，要利用当下的技术，将这些作用结合起来，即将主动安全系统、被动安全系统和综合性系统组合起来。这就是整合主被动安全系统，简称 CAPS，如图 4–1–3 所示。

2. CAPS 的功能

模块化的主被动安全整合让驾驶者更安全，因此可以将原本独立工作的主被动安全系统和驾驶辅助系统结合起来。CAPS 还会与驾驶信息系统结合在一起。通过这种方式，利用现有的传感器和执行器产生新功能来降低事故风险。即使事故无法避免，CAPS 至少可以减轻事故的严重程度。

图 4–1–3 整合主被动安全系统（CAPS）

通过将主动、被动安全系统及驾驶辅助系统构建成为一个网络，整合主被动安全系统（CAPS）为实现先进的安全功能提供了基础，能更有效地防止事故发生。CAPS基于许多已经在汽车上应用但还相对独立的系统和部件，同时兼容不同制造商不同的电子架构。原则上，即使是系统和电子控制单元源自不同的制造商也可以集成为一个完整的系统（图4–1–4）。

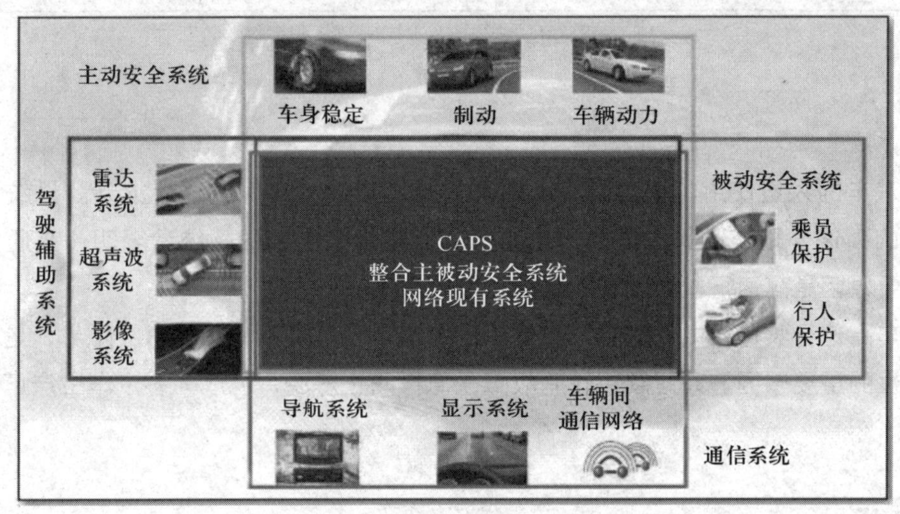

图 4–1–4 整合主被动安全系统（CAPS）工作网络

第一代 CAPS 功能整合了自适应巡航控制系统（ACC）和电子稳定程序（ESP）。第二阶段的开发成果是预测性碰撞警告系统，已在奥迪 Q7 上实现了批量生产。第三阶段的开发推出预测性紧急制动系统，能够使车辆在紧急状况下自行紧急制动（图 4–1–5）。

当形势危急时，在零点几秒的时间内的反应将决定事故是否发生。以侧面撞树为例，因车体只能提供有限的保护，气囊和安全带预紧器迅速反应就显得极为重要，即使只有几毫秒也很有价值。CAPS 将 ESP 和气囊控制单元连接在一起，当 ESP 侦测到侧滑发生时，就把信息发送给气囊电子控制单元，警告事故即将发生，这样电子控制单元可以提前为撞击做准备，缩短触发保护装置前的反应时间。

图 4-1-5　尾部碰撞情况下整合主被动安全系统（CAPS）示意

§4-2　轮胎的安全保证

学习目标

1. 了解轮胎故障的危害性。
2. 掌握轮胎压力监控预警系统（TPMS）的作用、组成、类型及工作原理。

学习导入

随着汽车的大量使用，高速公路发生严重交通事故的比例在逐步上升。据统计，在中国，46% 的高速公路交通事故是由于轮胎气压低或渗漏引起的。统计表明：交通意外事故增加的主要原因是高速行驶中因轮胎故障引起的爆胎。

在汽车高速行驶过程中，轮胎故障是杀伤力最大也是最难预防的事故隐患，是突发性交通事故发生的重要原因。如何解决轮胎故障、怎样防止爆胎，已成为各汽车生产厂商十分关注的问题。

相关知识

一、轮胎压力监控预警系统（TPMS）概述

轮胎性能的好坏直接影响汽车性能的高低。适当的轮胎充气压力可以提高汽车行驶安全性、改善操纵性能、延长轮胎使用寿命、节省燃油、减少侧滑、缩短制动距离。轮胎气压异常，轻则会使车辆性能下降，重则轮胎爆裂使汽车失控导致交通事故。但在实际应用中，很难依据经验确定轮胎气压的水平，充气压力达到额定值的 70% 看起来就像充气压力达到 100% 一样。中国约有 50% 的汽车轮胎在充气压力低于标准压力 30% 的条件下工作。

轮胎压力监控预警系统（Tire Pressure Monitoring System，TPMS）是针对轮胎使用状况进行预警的系统。当轮胎处于 25% 的亚充气状态下，TPMS 将向驾驶员发出警告，能有效地防止轮胎破损，从而避免汽车在轮胎充气不足的情况下负重行驶导致交通事故。

轮胎压力监测预警系统（TPMS）是一种采用无线传输技术，利用固定于汽车轮胎内的高灵敏度微型无线传感装置，在行车或静止的状态下采集汽车轮胎压力、温度等数据，并将数据传送到驾驶室内的显示屏中，以数字化的形式实时显示汽车轮胎压力和温度等相关数据，并在轮胎出现异常时（预防爆胎）以蜂鸣或提示语音等形式提醒驾驶者进行预警的汽车主动安全系统。从而确保轮胎的压力和温度维持在标准范围内，起到减少爆胎、毁胎情况的发生，降低油耗和车辆部件的损坏。

随着人们行车安全意识的不断提高，越来越多的车辆通过安装 TPMS 来有效避免由于轮胎压力问题引起的交通事故。在大型商用车领域，TPMS 作为一种有效识别、远程定位、监控汽车轮胎以及汽车运行情况的设备，在汽车安全和汽车智能化发展中起着重要作用。

根据新思界产业研究中心发布的《2017—2021 年全球轮胎压力监测系统市场发展现状分析及投资前景预测报告》显示，2011 年全球轻型车 TPMS 需求量为 1.35 亿个，装配率达到 13.41%，2016 年全球 TPMS 需求量达到 3.32 亿个，装配率提升到 23.85%。欧美成熟国家的需求几乎占据了全球市场 88% 的份额。近年来 TPMS 市场保持着高速增长，中国和其他地区市场需求量虽然整体占比不高，但发展潜力巨大，如图 4-2-1 所示。

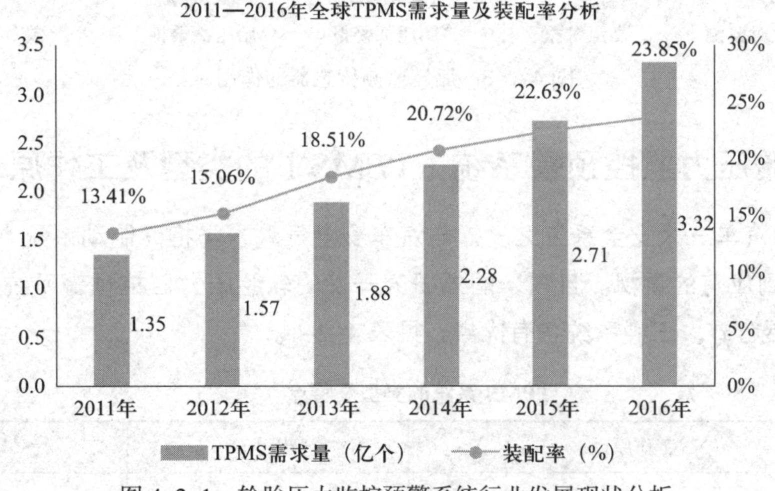

图 4-2-1　轮胎压力监控预警系统行业发展现状分析

二、轮胎压力监控预警系统（TPMS）的组成

轮胎压力监控预警系统由两部分组成，一是报警器（包括显示屏、无线接收器和报警蜂鸣器），二是胎压监测传感器。

1. 报警器

报警器大多比较简洁美观，可以接收并显示四个轮胎的气压数据，一般都需要连接汽车上的电源来完成供电。

2. 胎压监测传感器

胎压监测传感器在每个车轮上安装一个，有外置和内置两种，外观虽然小巧但却内嵌了气压监测装置、无线发送装置和寿命长的电池单元，如图 4–2–2 所示。

当汽车开动时，安装在各个轮胎上的传感器会将胎压数据通过无线信号传输给报警器，报警器接收到数据后对胎压数据做出分析判断，并根据情况进行显示和警告。

胎压监测传感器分别安装在 4 个车轮轮毂上，负责测量轮胎内部的压力、温度和电池电压等物理状况，并将测量数据通过无线发射器按照一定的规律发送给胎压控制器。驾驶员通过胎压控制器上的显示屏和按键查看 4 个轮胎的压力值、温度值。当某一个轮胎的温度、压力和电池电压超过了报警阈值，胎压控制器能够准确识别轮胎的位置，并且发出图形、声音、文字报警，如图 4–2–3 所示。

图 4–2–2 胎压监测传感器

胎压实时监测

高温警报

胎压低警报

胎压高警报

漏气警报

图 4–2–3 胎压监测传感器的作用

三、轮胎压力监控预警系统（TPMS）的类型及工作原理

TPMS 作为汽车三大安全系统之一，与汽车安全气囊、防抱死制动系统（ABS）一样被大众认可并受到应有的重视。目前，国外研究开发的轮胎压力监控预警系统有三种：间接式、直接式和混合式。三种系统各有优劣，见表 4–2–1。

表 4–2–1 TPMS 系统的类型及特点

种类	工作原理	优点	缺点
间接式 TPMS	通过汽车 ABS 系统的轮速传感器来比较轮胎之间的转速差别，以达到监测胎压的目的。ABS 通过轮速传感器来确定车轮是否抱死，从而决定是否启动防抱死制动系统。当轮胎压力降低时，车辆的重量会使轮胎直径变小，这会导致车速发生变化，这种变化即可用于触发警报系统来向驾驶员发出警告，属于事后被动型	简单、费用低	不能显示出各个轮胎准确的瞬时气压值；同一车轴或同一侧车轮或 4 个轮胎气压同时下降时，不能报警；不能同时兼顾车速、监测精度及发动机的布置和驱动方式；反应时间长且不能判断出故障轮胎轮位

续表

种类	工作原理	优点	缺点
直接式TPMS	利用安装在每一个轮胎上的压力传感器来直接测量轮胎的气压，利用无线发射器将压力信息从轮胎内部发送到中央接收器模块，然后对各轮胎气压数据进行显示。当轮胎气压太低或轮胎漏气时，系统会自动报警，属于事前主动防御型	各轮胎的瞬时压力值可以准确地显示在驾驶室内的监视器上，易确定故障轮胎轮位，其市场前景很好	技术较为复杂，成本较高
混合式TPMS	即前两种系统的综合，一般是在一个四轮间接式系统的两条相互成对角的轮胎上各装一个压力传感器	兼有以上两个系统的优点，能降低成本，克服间接系统不能检测出多个轮胎同时出现充气压力异常的缺点	仍不能提供4个轮胎内实际压力的实时数据

四、轮胎压力监控预警系统（TPMS）的功能及作用

1. 轮胎压力监控预警系统（TPMS）的功能

（1）全时监测轮胎压力。

（2）轮流显示当前轮胎压力及温度。

（3）高压、低压报警，高温报警。

（4）快速漏气报警。

（5）主机电池低电量提示。

（6）停车时显示屏自动关闭。

（7）蓄电池供电时主机可自动进入停车省电模式。

（8）可根据车型及轮胎位置设定相应的标准压力值。

2. TPMS 轮胎压力监控预警系统的作用

（1）事前主动型安全保护，预防交通事故发生。汽车现有安全措施如ABS、EDS、EPS、安全气囊等，均是“事后被动”型安全保护，即在事故发生后才起到保护人身安全的作用。而TPMS属于“事前主动”型安全保护，即在轮胎出现危险征兆时及时报警，驾驶员可采取相应措施，将事故消灭在萌芽状态。

（2）延长轮胎使用寿命。该系统的使用可以确保轮胎在一个安全的压力、温度范围内工作，从而减少轮胎损毁，延长轮胎使用寿命。有统计表明，若轮胎气压不足行车，轮胎气压比标准值低10%，则轮胎寿命减少15%。

（3）减少燃油消耗，利于环境保护，使行车更为经济。试验表明，轮胎气压低于标准气压值30%，油耗将上升10%。

（4）可避免车辆部件的不正常磨损。若汽车在轮胎气压过高的状态下行驶，日积月累会对发动机、底盘及悬挂系统造成很大的伤害；如果轮胎气压不均匀，则会造成制动跑偏，从而增加悬挂系统的磨损。安装 TPMS 可有效避免上述现象的发生。

小阅读

中国轮胎压力监控预警系统行业市场竞争力分析

2016 年 9 月 28 日，工业和信息化部发布了《乘用车轮胎气压监测系统的性能要求和试验方法》（GB 26149—2017）的国家强制性标准，GB 26149—2017 标准由原来的推荐性国家标准变为强制性国家标准，适用标准范围从原来的 M 类和 N 类机动车，变更为适用于 M1 类机动车。在国家强制性安装举措的拉动下，国内 TPMS 市场需求量将实现快速增长。

TPMS 市场需求主要分为 OEM 和 AM 两大市场，基于目前各国新车强制安装 TPMS 的政策陆续出台，TPMS 市场现在仍以 OEM 市场为主。庞大的汽车市场是 TPMS 发展的基础，而产品技术、认知度及人们安全意识的提升是 TPMS 市场发展的主要动力。2014—2015 年中国 TPMS 需求市场实现了快速增长，其中 2014 年需求量同比增长 78.6%，达到 442 万套，2015 年市场需求量约 667 万套，同比增长 50.9%；中国 TPMS 需求主要集中在前装市场，2016 年中国 TPMS 、OEM 市场规模达到了 11.21 亿元。

TPMS 行业竞争区域性比较明显，主要集中在欧美等发达地区市场。欧美汽车电子市场发展较早，技术水平较高，需求量大且竞争充分，已形成少量具有竞争力的跨国 TPMS 生产厂商。中国 TPMS 行业起步较晚，目前仍处于成长期，市场潜力较大，但竞争较为分散，TPMS 供应商主要以跨国大型供应商在国内的独资或合资企业为主。

以庞大的汽车市场为依托，中国将成为 TPMS 发展潜力最大的市场。目前中国 TPMS 主要装配于中高档客车中，例如宝马、奥迪全系、奔驰和大众 80% 以上的车型均装配了胎压监测系统。未来随着市场的发展，装配率将逐渐提升，需求量也将扩大。随着中国、日本、韩国等地区 TPMS 产品的不断普及，2020 年全球轻型汽车 TPMS 需求量预计将达到 5.40 亿个，装配率有望超过 30%。中国有望成为全球 TPMS 增长最快的市场，或将成为继欧美之后全球第三大 TPMS 消费市场。从长远来看，各国对 TPMS 使用要求的强制性政策和人们安全环保意识的提升是未来 TPMS 市场增长的关键。

拓展学习

轮胎内气压变化对行车安全的影响

由于轮胎压力而导致的爆胎主要分为两种。首先是胎压不足，在胎压低于标准值的情况下，轮胎与地面接触的部分会由于车身自重而受到挤压，导致轮胎侧壁发生变形，而转到离开与地面接触的位置时，会因为胎内气压发生变化而重新被拉伸。轮胎转动的时候，整个轮胎侧壁都在随转动不停地重复挤压、拉伸，很容易发生爆胎。

其次是胎压过高，当胎压高于标准值时，会减小轮胎与地面的接触面积，而此时轮胎所承受的压力相对提高，轮胎的抓地力（摩擦系数）会受到影响。另外，当车辆经过沟坎或颠簸路面时，轮胎内没有足够空间吸收震动，除了影响行车的稳定性和舒适性外，还会造成对悬挂系统的冲击力度加大，由此也会带来危害。同时，在高温时爆胎的隐患也会相应增加。

§4–3　防滑控制系统

学习目标

1. 熟悉防滑控制系统的类型及功能。
2. 理解 ABS 和 ASR 的工作原理及控制方式。

学习导入

目前，汽车的制动、加速和转向仍需由驾驶员来完成。当路面的附着状况不好或交通状况突然改变时，要求驾驶员有熟练的驾驶技术，能很好地适应行驶条件的变化。防抱死制动系统（ABS）在制动方面解脱了对驾驶员操作技能的较高要求。驱动防滑系统（ASR）则是在行驶方面、加速方面解脱了对驾驶员的高要求。驱动防滑系统是汽车防抱死制动系统功能的自然扩展，它的作用是维持汽车行驶时的方向稳定性，并尽可能利用车轮—路面间的纵向附着能力，提供最大的驱动力。

相关知识

一、防滑控制系统概述

汽车安全系统主要分为两种：主动安全系统和被动安全系统。主动安全系统包括 ABS、

ESP 等电子设备，被动安全系统涉及车体吸能结构、安全带、安全气囊等。驱动防滑系统（Acceleration Slip Regulation，ASR）是继防抱死制动系统（Anti-lock Braking System，ABS）后采用的一套防滑控制系统，是 ABS 功能的进一步发展和重要补充。防抱死制动系统通过调节制动轮缸的制动压力来控制制动力矩，进而达到在制动时防止车轮抱死的目的。ABS 能使汽车的制动力达到最大，缩短汽车的制动距离，并且能提高汽车在制动过程中的方向稳定性和转向操纵能力。驱动防滑系统则主要通过改变节气门的开度及点火正时角度来改变发动机输出扭矩，同时也通过调节制动压力来改变制动力矩，最终达到控制牵引力矩，防止在加速时车轮滑转的目的。

二、防抱死制动系统（ABS）

1. 防抱死制动系统的工作原理

防抱死制动系统主要由 ABS 电子控制单元、ABS 压力调节器和车轮转速传感器三部分组成。

其基本工作原理是，当汽车制动时，首先由轮速传感器检测出与车轮转速成正比的交流电压信号，并将该电压信号送入电子控制单元（ECU）。由 ECU 中的运算单元计算出车轮速度、滑移率及车轮的加减速度，然后由 ECU 中的控制单元对这些信号加以分析比较后，向压力调节器发出制动压力控制指令，使压力调节器中的电磁阀等直接或者间接地控制制动压力的增减，以调节制动力矩，使之与地面附着状况相适应，防止制动车轮被抱死（图 4–3–1）。

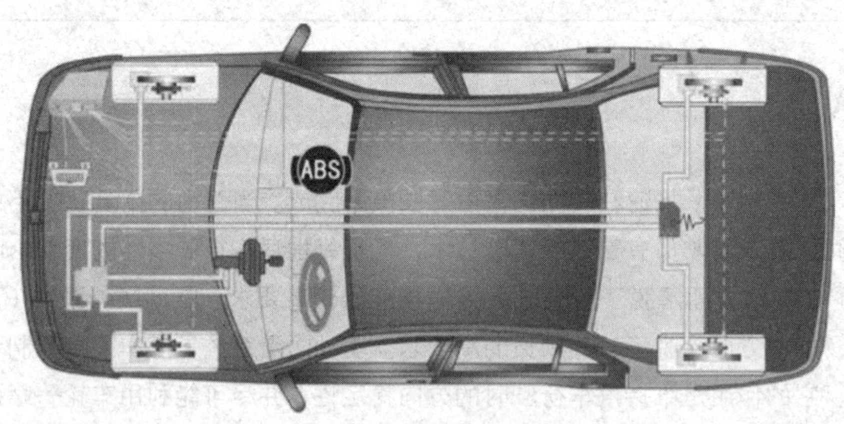

图 4–3–1 汽车上的 ABS

2. 防抱死制动系统的类型

按汽车制动系统分类，可将其分为液压制动系统 ABS、气压制动系统 ABS、气顶液制动系统 ABS。

3. 防抱死制动系统的组成部件

ABS 组成部件及其工作原理见表 4–3–1，其布置情况如图 4–3–2 所示。

表 4–3–1　　ABS 组成部件及其工作原理

部件	位置及作用	结构	工作原理
车轮转速传感器	可安装在车轮上，也可安装在主减速器或变速器中，用于检测车胎转速	由永久磁铁、磁极、线圈和齿圈组成	齿圈在磁场中旋转时，齿圈齿顶和电极之间的间隙以一定的速度变化，使磁路中的磁阻发生变化，磁通量周期增减，在线圈的两端产生正比于磁通量增减速度的感应电压，该电压信号被输送给电子控制单元
电子控制单元（ECU）	防滑控制系统的控制中枢	—	ECU 接收来自轮速传感器的感应电压信号，计算出车轮速度，并与参考车速进行比较，得出滑动率 S 及加减速度，并将这些信号加以分析，对制动压力调节器发出控制指令
制动压力调节器	串接在制动主缸与轮缸之间，通过电磁阀直接或间接地控制轮缸的制动压力	—	接收来自 ECU 的控制指令，控制制动压力的增减，它是 ABS 的执行器

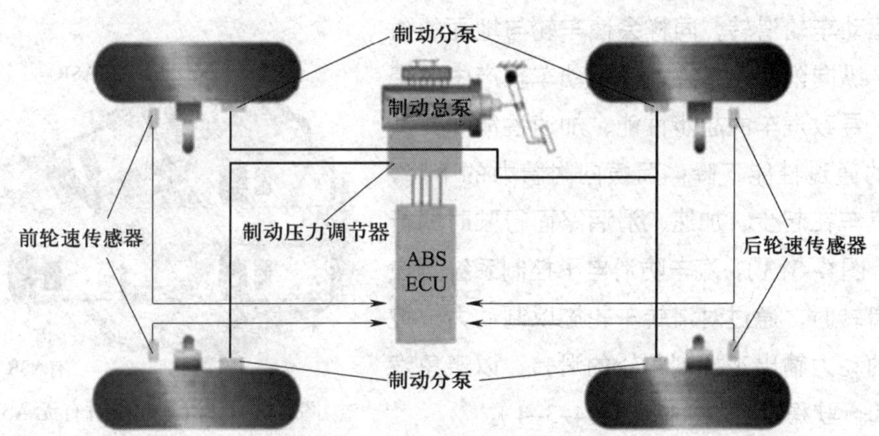

图 4–3–2　ABS 部件组成及其布置情况

4. ABS 系统的工作过程

ABS 系统的工作过程由开始制动→油压保持→油压降低→油压增加四个阶段组成，见表 4–3–2。

表 4–3–2　　ABS 系统的工作过程

工作过程	工作情况
开始制动（系统油压建立）	开始制动时，驾驶员踩下制动踏板，制动压力由制动主缸产生，无电压的进油阀作用到车轮制动轮缸上，此时无电压的出油阀依然关闭，ABS 系统没有参与控制，整个过程和常规液压制动系统相同，制动压力不断上升
油压保持	当驾驶员继续踩踏制动踏板，油压继续升高到车轮出现抱死趋势时，ABS 电子控制单元发出指令使进油阀通电并关闭阀门，出油阀依然无电压，仍保持关闭，系统油压保持不变

续表

工作过程	工作情况
油压降低	若制动压力保持不变，车轮有抱死趋势时，ABS 电子控制单元给出油阀通电打开出油阀，系统油压通过低压储液罐降低油压，此时进油阀继续通电保持关闭状态，有抱死趋势的车轮被释放，车轮转速开始上升。与此同时，电动液压泵开始启动，将制动液由低压储液罐送至制动主缸
油压增加	为了使制动最优化，当车轮转速增加到一定值后，电子控制单元控制出油阀断电，关闭此阀门，进油阀同样也不带电而开启，电动液压泵继续工作，从低压储液罐中吸取制动液泵入液压制动系统。随着制动压力的增加，车轮转速又降低。这样反复循环地控制（工作频率为 5 ~ 6 次 /s），将车轮的滑移率始终控制在 20% 左右

三、驱动防滑系统（ASR）

1. 驱动防滑系统的工作原理

当车轮转动而车身不动或是汽车的移动速度低于转动车轮的轮线速度时，车轮胎面与地面之间就有相对滑动，这种滑动称为“滑转”，以区别于汽车制动时车轮抱死而产生的车轮“拖滑”。驱动车轮滑转，同样会使车轮与地面的附着力下降。纵向附着力下降，使驱动车轮产生的牵引力减小，导致汽车的起步性能、加速性能和在滑溜路面上的通过性能下降；而横向附着力的下降，又会降低汽车在起步、加速、滑溜路面行驶时的行驶稳定性（图 4–3–3）。汽车防滑电子控制系统是在车轮出现滑转时，通过对滑转车轮施以制动力或控制发动机的动力输出来抑制车轮的滑转，以避免汽车牵引力和行驶稳定性的下降（图 4–3–4）。

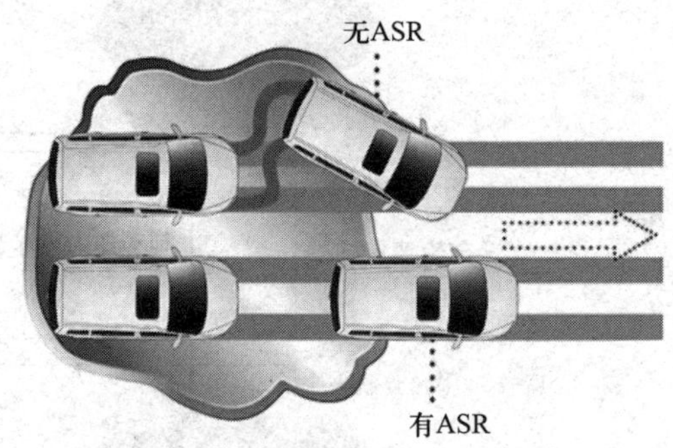

图 4–3–3　汽车起步时有无 ASR 的差别

图 4–3–4　汽车转弯时有无 ASR 的差别

典型的具有防抱死制动和驱动防滑功能的汽车防滑控制系统，由驱动防滑系统和防抱死制动系统共用车轮转速传感器和电子控制单元（ECU），只在通往驱动车轮制动轮缸的制动管路中增设一个驱动防滑系统的制动压力调节装置，在由加速踏板控制的主节气门上方增设一个由步进电动机控制的副节气门，并在主、副节气门外各设置一个节气门开度传感器，即可实现驱动防滑控制。

2. ASR 的控制方式

汽车驱动轮滑转是由于驱动力矩超过了轮胎与地面之间的附着极限，所以合理地减少汽车发动机转矩或动力传动中任何一个环节都可以改变驱动轮上的驱动力矩，实现防滑控制的目的。因此，可以通过许多途径来实现牵引力控制，如发动机管理、离合器控制、改变传动比、主动制动干涉等。控制方式大体如下：

（1）调节发动机的转矩。

（2）控制驱动轮制动力。

（3）控制可变锁止差速器。

（4）控制离合器的分离程度和传动系速比。

§4-4　主动制动/主动安全系统

学习目标

1. 理解主动制动/主动安全系统的功能及工作原理。
2. 了解 ACC 自适应巡航与主动制动的区别

学习导入

据有关数据统计表明，75% 的车辆追尾事故发生在大约 30 km/h 的速度下，而沃尔沃推出的“城市安全”系统，则正是这些事故的克星。当车辆行驶速度达到 30 km/h 时，该系统就会自动启动，通过风窗玻璃上的光学雷达系统监视交通状况，尤其是车头前 6 m 内的情况。当前车制动、停止或者有其他障碍物的时候，系统首先会自动在制动系统上加力，以帮助驾驶员在做出动作前缩短制动距离；或者还可以通过调整转向盘，来改变车辆行驶路径，以避开障碍物。当然，如果距离障碍物已经很近，该系统会自动紧急制动而无须驾驶员操作。

目前，在汽车安全配置上有代表性的主动制动技术分别是斯巴鲁 EyeSight、沃尔沃 City Safety、奔驰 Pre-safe 系统、雷克萨斯 Pre-Collision System（PCS）、大众 Adaptive Cruise Control（ACC）、英菲尼迪 Distance Control Assist（DCA）。作为一项最新的主动安全技术，它能够帮助驾驶员避免城市交通常见的低速行驶时的追尾事故。

相关知识

一、汽车安全系统概述

汽车安全系统主要分为两种：主动安全系统和被动安全系统。主动安全系统包括 ABS、ESP 等电子设备，被动安全系统涉及车体吸能结构、安全带、安全气囊等。主动安全系统前沿技术已发展到预碰撞安全系统，其中最为典型的就是主动制动系统。世界首个在车型上标配此类技术的是沃尔沃 City Safety 城市安全自动制动系统，此外奔驰、斯巴鲁、雷克萨斯等高档车型上也有类似装备，主动制动有普及之势。

二、主动制动系统

1. 概述

主动制动功能是指车辆在非自适应巡航的情况下正常行驶，如车辆遇到突发危险情况时能自身主动产生制动效果，让车辆减速（但具备这种功能的车辆并不一定能够将车辆完全制动），从而提高行车安全性的一种技术。

各汽车生产厂商的主动制动系统有不同的命名，分别为预防碰撞系统（Pre-crash System）、前方碰撞预警系统（Forward Collision Warning System）、减少碰撞系统（Collision Mitigating System）、预碰撞安全系统（Pre-Collision System）、碰撞缓解制动系统（Collision Mitigation Brake System）等。

2. 主动制动系统的工作原理

主动制动安全技术主要由 3 大模块构成，包括电子控制模块（ECU）、测距模块和制动模块（图 4-4-1）。其中测距模块的核心包括微波雷达、人脸识别技术和视频系统等，它可以提供前方道路安全、准确、实时的图像及路况信息。

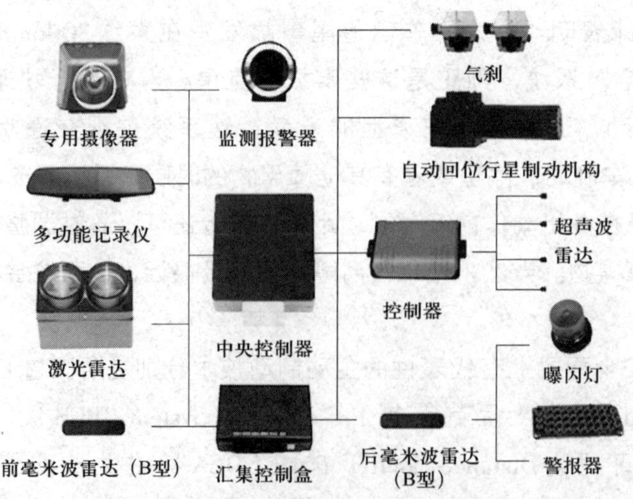

图 4-4-1 汽车主动制动系统各部件

车辆行驶时，测距模块中的微波雷达测出与前车或者障碍物之间的距离，然后利用数据分析模块将测出的距离与警报距离、安全距离进行比较，小于警报距离时即进行警报提示，而小于安全距离时即使在驾驶员没有来得及踩下制动踏板的情况下，系统会自行启动，使汽车自动制动，从而为安全出行保驾护航。不同的汽车生产厂商具有不同的监控系统，比如沃尔沃的“城市安全”系统是通过前风窗玻璃上的光学雷达系统监视交通状况的（图 4–4–2、图 4–4–3）。

图 4–4–2　汽车主动制动系统开启时整车的监测情况

图 4–4–3　汽车主动制动系统开启时前部的监测情况

3. 主动制动系统的功能（图 4–4–4）

（1）前行防碰撞预警制动功能

车辆行驶过程中与前方目标（车辆或者障碍物）小于安全距离时，系统会立即发出语音报警提示，提醒驾驶员采取相应措施。在系统预警后如未能及时采取有效措施，系统会自动紧急制动，使车辆减速以实现防碰撞功能。避免因视野受限、疲劳驾驶、注意力不集中等情况导致交通事故发生。

（2）倒车防碰撞功能

车辆倒车过程中与后方目标（车辆或者障碍物）小于安全距离时，系统立即采取制动，避免车辆事故的发生。

变道确保两侧安全

全方位预警防撞

前防撞预警

移动物体、行人预警

全方位预警防撞

探测障碍物预警防撞

图 4-4-4　汽车主动制动系统的功能

4. 主动制动系统不同测距模块的比较

不同厂商生产的汽车，在主动制动技术的运用中，主要体现在测距模块的差异，一般应用超声波雷达、激光探测器、激光雷达、摄像头、毫米波雷达等，这些测距模块在使用性能上有所不同，见表 4-4-1。

表 4-4-1　　测距模块的性能比较

项目	超声波雷达	激光探测器	激光雷达	摄像头	毫米波雷达
远距离探测	弱	强	强	弱	强
分辨率	弱	中	强	强	强
低误报率	弱	中	强	中	强
温度适应性	弱	弱	强	强	强
黑暗适应性	强	强	强	弱	强
不良天气适应性	弱	弱	中	弱	强
灰尘 / 潮湿适应性	中	弱	强	弱	强

小阅读

ACC 自适应巡航与主动制动的区别

随着人们安全意识的增强，对于汽车的安全配置愈加重视。随着汽车市场竞争的加剧，主被动安全配置逐渐普及，越来越多的驾驶人享受到了曾经高高在上的主动安全配置，尤其是 ACC 自适应巡航和主动制动等先进技术的搭载，更是成为车辆所有人之间炫耀的谈资。不过 ACC 自适应巡航与主动制动并不相同。

1. ACC 自适应巡航的优势

尽管同属于汽车上的主动安全配置，但是 ACC 自适应巡航与主动制动还是有不小的区别，正是这样的区别决定了其在使用上的差异。

首先，ACC 自适应巡航是很多驾驶人都会主动使用的安全配置。ACC 自适应巡航是从定速巡航发展而来的升级产品。在此前的定速巡航使用中，尽管驾驶人无须控制加速踏板，不用再关心加速、减速问题，但是还得随时关注前方的交通状况，一旦遇到前方车辆拥堵，就不得不紧急制动，从而就退出了定速巡航状态。而正是这样的缺陷，导致大部分驾驶人都只能在车辆较少的高速公路上使用定速巡航功能。

而 ACC 自适应巡航的出现，有效地弥补了定速巡航的缺陷。ACC 自适应巡航系统的工作原理是通过在车辆前部的雷达等车距传感器持续扫描车辆前方道路，同时通过轮速传感器采集车速信号，当车辆与前车之间的距离过小时，ACC 自适应巡航控制单元可以通过与防抱死制动系统、发动机控制系统协调动作，采取车轮制动及使发动机的输出功率下降等方式降低制动，从而使车辆与前方车辆始终保持安全距离（图 4-4-5）。

图 4-4-5　汽车 ACC 运行时的状态

如果仅仅是主动降速保持距离，似乎 ACC 自适应巡航与主动制动并无多少不同。但其实 ACC 自适应巡航的强大之处在于，不仅可以主动降速，还可以主动加速，从而可以及时前进。尤其是新型的 ACC 自适应巡航，还支持“停车”状态时的主动加速功能，这就意味着在城市拥堵路段 ACC 自适应巡航也有了用武之地。

2. 主动制动的优势

ACC 自适应巡航看起来好像更加神奇，不仅可以自动减速还可以自动加速，如同自动驾驶一般。但实际上，这两项配置就其安全保障方面来说，主动制动更为出色。

主动制动不需要驾驶员随时关注车辆移动方向，只要前方出现物体或者行人，车辆就会主动产生制动效果使车辆减速，从而提升驾驶安全。由于其强制性，即便驾驶员“走神”也能发挥作用，所以该项功能对驾驶员来说更为方便。

但需要注意的是，很多品牌的主动制动系统启动的一个前提是在非自适应巡航状态下，如果是在自适应巡航状态下前方遇到突发情况，主动制动系统是无法启动的。一般情况下，这并不影响行车安全，毕竟自适应巡航在前车距离过近时也可以主动降速。但是自适应巡航状态下只能识别前方车辆，而如果前方突然出现行人，自适应系统无法识别，而此时驾驶员恰好“分神”的话，将导致撞人事故的发生。

简言之，ACC 自适应巡航虽然好，但是主要针对的是前方出现的车辆，而对于行人则无能为力。主动制动虽然能识别行人和车辆，但是在自适应巡航状态下无法启动。所以对于驾驶员来说，要明确区分两者的不同，更要在 ACC 自适应巡航状态下保持一定的警醒，不能有了先进的配置就疏忽大意。毕竟，安全行车还是需要驾驶员全神贯注才行。

第五章　新能源汽车

§5-1　新能源汽车的基本概念与发展

学习目标

1. 掌握新能源汽车的定义及其分类。
2. 理解发展新能源汽车的必要性。
3. 了解国内外新能源汽车的发展现状及其发展趋势。

学习导入

发展新能源汽车是国家战略。经过10余年的研究开发和示范运行，我国新能源汽车行业已经形成了从原材料供应、动力蓄电池、整车控制器等关键零部件从研发生产到整车设计制造，以及充电基础设施的配套建设等完整的产业链，具备了产业化基础。2012年，国务院发布《节能与新能源汽车产业发展规划（2012—2020年）》，提出了新能源汽车行业具体的产业化目标：到2020年，纯电动汽车和插电式混合动力汽车生产能力达200万辆，累计产销量超过500万辆。此后，国家接连出台了一系列配套补贴优惠政策，这些政策以车辆购置补贴政策为主，包括全国范围内的车辆购置税减免、政府及公共机构采购、扶持性电价、充电基础设施建设支持等，对新能源汽车行业进行全方位扶持。

相关知识

一、新能源汽车的定义

2012年6月，国务院发布《节能与新能源汽车产业发展规划（2012—2020年）》（以下简称《规划》），其中对新能源汽车进行了定义。新能源汽车是指采用新型动力系统，完全或主要依靠新型能源驱动的汽车。本规划所指新能源汽车主要包括纯电动汽车、插电式混合动力汽车及燃料电池汽车。

二、新能源汽车的分类

虽说新能源汽车的定义源自《节能与新能源汽车产业发展规划（2012—2020年）》，但目前国内普遍采用国家标准《电动汽车术语》（GB/T 19596—2017）对电动汽车进行分类。在

GB/T 19596—2017 中将电动汽车分为纯电动汽车、混合动力电动汽车和燃料电池电动汽车三大类。

1. 纯电动汽车

纯电动汽车（BEV，Battery Electric Vehicle）是指驱动能量完全由电能提供的、由电机驱动的汽车。电机的驱动电能来源于车载可充电储能系统或其他能量储存装置。

纯电动汽车由电力驱动控制系统、驱动力传动等机械系统，以及完成既定任务的工作装置等组成。纯电动汽车与内燃机汽车相比，取消了发动机，电力驱动控制系统是纯电动汽车的核心，这也是纯电动汽车与内燃机汽车的最大不同之处。电力驱动控制系统由驱动电机、电源（动力蓄电池）和电动机的调速控制装置等组成，如图 5-1-1 所示。

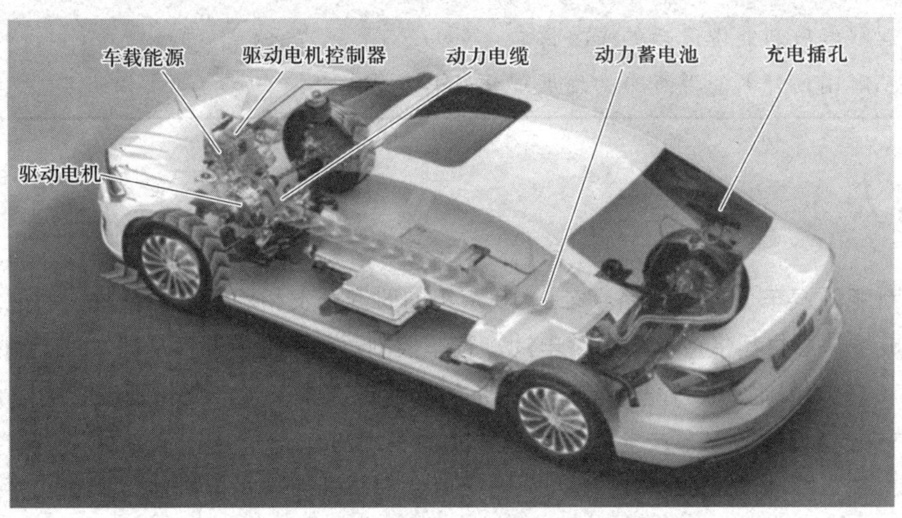

图 5-1-1　纯电动汽车的组成

纯电动汽车用电动机取代发动机为汽车提供动力驱动，也有的电动汽车把四台电动机的转子分别安装在各自的轮内，转子直接驱动车轮。纯电动汽车完全采用可充电式电动机，且基本结构并不复杂，电动机、车辆电池和控制系统是主要部件，其中又以电池电能存储技术和充电技术最为关键。

纯电动汽车运行时本身不排放污染大气的有害气体，即便是按所耗电量换算为发电厂的排放，除硫和微粒外，其他污染物也很少。再者发电厂大多建于远离人口密集的地区，对人类的直接危害较小，发电厂又是采用固定的集中排放，便于集中处理排放物，且已有相对更加成熟的技术。此外，电力还可以从多种途径获得，如煤、核能、水力、风力、光、热等，减轻了人们对石油能源的依赖。

2. 混合动力电动汽车

混合动力电动汽车（HEV，Hybrid Electric Vehicle）是指能够至少从两类车载储存的能量中获得动力的汽车，即可消耗的燃料和可再充电电能 / 能量储存装置。

混合动力电动汽车由发动机、动力蓄电池、驱动电机、驱动电机控制器、变速器、充电接口等组成，如图 5-1-2 所示。

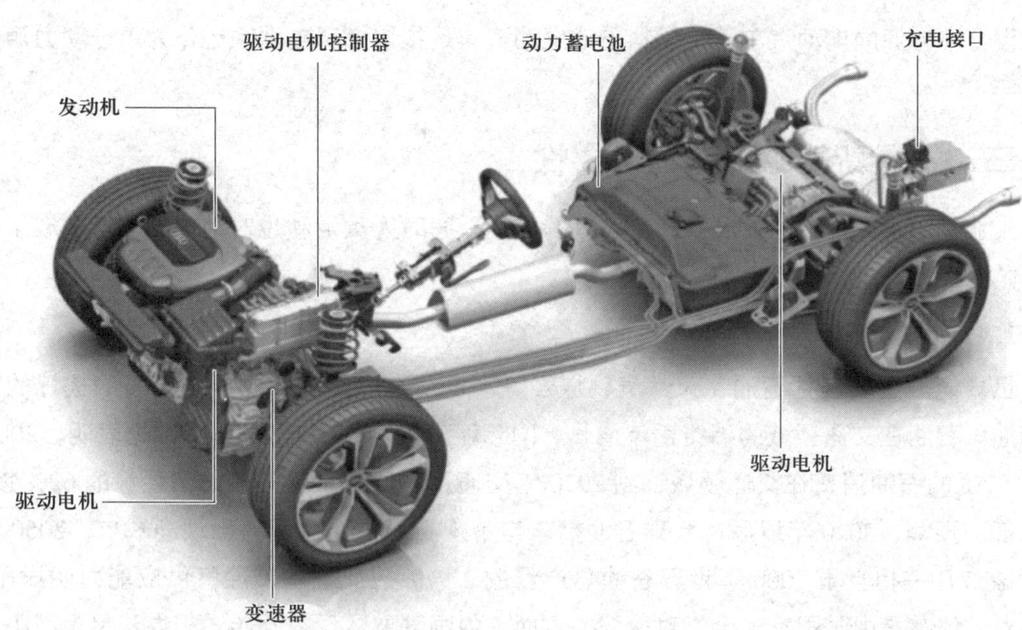

图 5-1-2 混合动力电动汽车的组成

3. 燃料电池电动汽车

燃料电池电动汽车是指以燃料电池系统作为单一动力源或者是以燃料电池系统与可充电储能系统作为混合动力源的电动汽车。

燃料电池电动汽车由驱动电机、驱动电池、动力控制单元、高压储氢罐、燃料电池反应堆、燃料电池升压逆变器等组成，如图 5-1-3 所示。

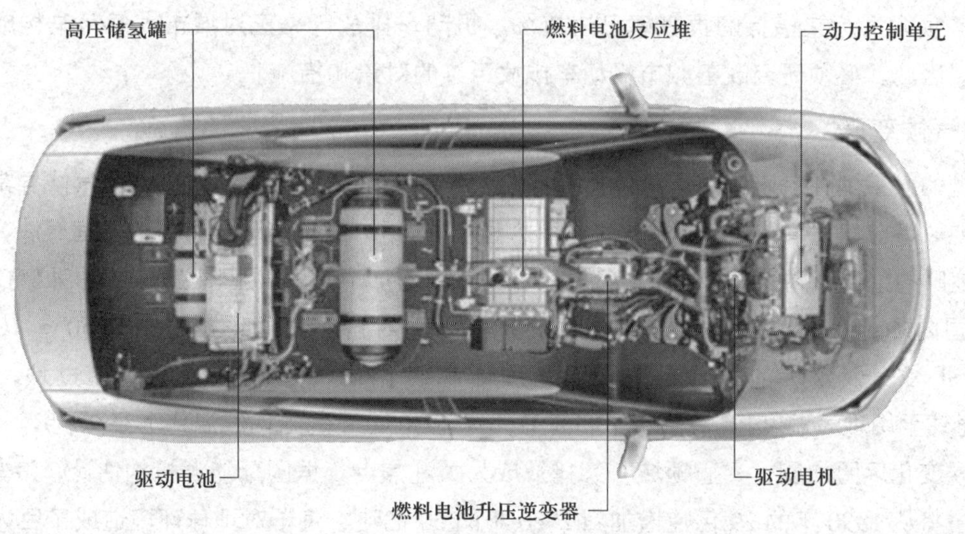

图 5-1-3 燃料电池电动汽车的组成

燃料电池电动汽车可以分为燃料电池混合动力电动汽车（FCHEV）和纯燃料电池电动汽车（Pure FCV）两类。燃料电池混合动力电动汽车是指以燃料电池系统与可充电储能系统作为混合动力源的电动汽车；纯燃料电池电动汽车是指以燃料电池系统作为单一动力源的电动汽车。

三、发展新能源汽车的必要性

工业化给人类社会的发展带来了巨大的变化，同时人类活动也对地球的环境造成了很大的影响。

1. 石油短缺

世界能源主要包括石油、天然气、煤炭等，目前汽车的燃料主要来自石油提炼的汽油和柴油。石油在交通领域的消费逐年增长。国际能源机构（IEA）的统计数据表明，2001 年全球 57% 的石油消费在交通领域。到 2020 年交通用石油占全球石油总消耗量的 62% 以上。有关部门预测，2020 年以后，全球石油需求与常规石油供给之间将出现净缺口，2050 年的供需缺口几乎相当于 2000 年世界石油总产量的 2 倍。因此，国产油气供应能力明显不足，油气对外依存是中国国家安全相对薄弱的方面。中国需要从现在开始，想办法尽量减小油气对国外的依存度。

2. 环境污染

汽车在行驶过程中会排放大量的有害气体，不但污染环境，还大大影响人类健康。汽车尾气排放的主要污染物为一氧化碳（CO）、碳氢化合物（HC）、氮氧化物（NO_x）、铅（Pb）、细微颗粒物及硫化物等。这些一次污染物还会通过大气化学反应生成光化学烟雾、酸沉降等二次污染物。全球大气污染的 42% 源于交通车辆产生的污染。随着城市机动车数量的快速增长，机动车排放污染已成为城市大气污染的主要来源。一些城市机动车排放的污染物对多项大气污染指标的贡献率已达 70%。机动车排放污染已对城市大气污染构成了严重威胁。因此，必须研究改善城市机动车排放污染的对策和措施。

3. 气候变暖

能源的大量消耗会带来温室气体排放问题，能产生全球性的温室效应，使气候异常，从而引发飓风等自然灾害。汽车排放尾气含有大量的 CO_2，CO_2 是全球最重要的温室气体，是造成气候变暖的主要原因之一。如果大气中的 CO_2 浓度增加 1 倍，气温将上升 1.5 ~ 4.5 ℃。

据国内外诸多科学家预测，按照目前人类活动对自然界的影响，未来 50 ~ 100 年，地球将进入一个变暖的时代。由于温室气体和硫化物气溶胶的浓度增加过快，未来 100 年全球平均地表温度将上升 1.4 ~ 5.8 ℃，到 2050 年我国平均气温将上升 2.2 ℃。

气候变化风险加剧，交通领域 CO_2 排放成为关注焦点。据国际能源机构估计，汽车 CO_2 总排放量将从 1990 年的 29 亿吨增加到 2020 年的 60 亿吨。汽车对地球环境造成了巨大的影响。

石油短缺、环境污染、气候变暖是全球汽车产业面对的共同挑战，引起了各国政府及产业界的高度重视，出于自身的发展战略，为保持汽车产业的可持续发展，并提高未来的国际竞争力，发展新能源汽车产业已成为21世纪汽车工业的一个新起点。

四、国外新能源汽车发展现状

全球的汽车行业都面临着能源和环境的巨大挑战。大力发展新能源汽车是解决上述问题的一个重要举措。目前，世界各国都依据自己的资源条件和产业技术状况制定和实施国家交通能源发展战略，增加投入，制定各种政策和规划，加快新能源汽车产业的发展。更重要的是，不少国家，如挪威、荷兰、德国、印度等目前已经表示未来将禁售燃油车，新能源汽车将成为主流。

全球新能源汽车销量爆发增长已成为大势所趋。一方面，海外新能源汽车生产厂商正在快速推进新车型的开发与量产，如特斯拉全力推进 Model 3 的开发与量产，目前已进入量产。另一方面，传统燃油汽车生产厂商也在调整战略重心，加速新能源汽车的布局。自2016年以来，全球知名的传统能源汽车生产厂商包括奔驰、福特、丰田等，都发布了新能源汽车的发展战略（生产计划见表5-1-1）。按照这些汽车生产厂商的生产计划，到2025年新能源汽车销售将占汽车总销售的20% ~ 30%，其中国外汽车生产厂商合计销量将达到570万 ~ 820万辆（按国内主流厂商整体销量规划，2020年主流厂商的合计销量预计突破300万辆）。

表5-1-1　　全球各大汽车生产厂商新能源汽车生产计划

生产厂商	时间	新能源汽车产量
奔驰	2025年	占比15% ~ 25%
宝马	2025年	占比15% ~ 25%
大众	2025年	占比20% ~ 25%
福特	2025年	占比10% ~ 25%
丰田	2050年	停售燃油车

可以看出，除了中国以外，其他国家对于新能源汽车的支持力度也很大。因此未来新能源汽车逐渐在全球范围内普及或将成为大势所趋。

五、我国新能源汽车发展现状

在国家及地方政府配套政策的支持下，我国新能源汽车实现了产业化和规模化的飞跃式发展。

1. 新能源汽车的技术路线

我国新能源汽车技术路线经历了四个发展阶段：2003—2005年，国家中长期科技发展规划确立了节能与新能源汽车战略（低能耗与新能源汽车）；2009—2012年，科学技术部、工业和信息化部发展规划确立了“纯电驱动”技术转型战略；2014年，发展新能源汽车受到中央领导核心的重视，确立了发展新能源汽车的汽车强国战略，开启了中国新能源汽车产业化新阶段；2018年11月，全国政协召开“促进新能源汽车产业健康发展”双周座谈会，建议研究制定面向 2035 年新能源汽车发展战略规划，尽快明确分类别、分地区禁售燃油车，指导新能源汽车产业的发展。

中国在十几年前研究新能源汽车时，为中国新能源汽车的发展提出了意义重大的“三纵三横”总体路线（“三纵”指混合动力汽车、纯电动汽车、燃料电池汽车；“三横”指多能源动力总成控制系统、电机及其控制系统和电池及其管理系统。这些关键技术在三条技术路线上得到了一个关键技术的排列，即“三纵三横”的排列），清晰地指明了研发和产业化思路。

2. 中国新能源汽车产业发展现状

2012 年 7 月，国务院发布“十二五”国家战略性新兴产业发展规划，明确到 2015 年新能源汽车累计产销量力争达到 50 万辆，2020 年累计产销超过 500 万辆。截至 2015 年底，我国新能源汽车累计销量超过 45 万辆，目标基本达成。2016 年 12 月，国务院发布“十三五”国家战略性新兴产业发展规划，再次明确到 2020 年新能源汽车累计产销超过 500 万辆，并且实现当年产销 200 万辆以上。2017 年，全球新能源汽车总销量超过 142 万辆，累计销售突破 340 万辆。截至 2017 年底，我国新能源汽车累计销量达到 180 万辆，在全球累计销量中超过 50%。无论是销量、增速还是全球市场份额，中国均为世界第一。2018 年，全球新能源汽车产量为 192.4 万辆，同比增长 52.5%，中国新能源汽车产量为 122 万辆，同比增长 51%。未来五年，新能源汽车市场份额仍将继续高速增长。2019 年，我国新能源汽车产、销分别完成 124.2 万辆和 120.6 万辆。

目前，混合动力正在从过去重度混合向插电式、增程式发展，发电机将变成发电系统。燃料电池也出现了两个发展方向，一个用燃料电池作为主动力，另外一个用燃料电池作为增程式电电混合动力源，这三条路线最终就变成一个由电动机驱动，由发电和储电系统组成的技术路线。

在动力蓄电池方面，从基础开始，在研究交换膜交换机制、纳米技术的应用、整个电池失效原理以及温度场分布上做了巨大努力，对电池成组技术和控制技术也进行了投入。在今后还要努力把电池能量密度再提高 1 倍，把制造成本再降低 50%。电驱动的基础部件也是“十三五”要做的重要工作，比如电子器件、电磁干扰的研究，以及防护安全等。

在驱动电机方面，根据不同阶段攻克不同的关键技术，开发了系列的启停式发电机、双电机的直驱系统等。特别是混合动力的发电机，在大客车上进行了很好的推广。国产品牌汽车也涌现出一些很好的新能源汽车产品，如北汽、比亚迪、江淮等。

燃料电池也在走入市场，与纯电动汽车相比，燃料电池市场化的路径可能要长一些，要多一些等待。从 2003 年开发第一辆燃料电池汽车后，一直在持续不断地进行研究，先是高校组织开发，逐渐进入企业。2018 年，上汽完成了燃料电池汽车在中国从南到北、从低到高，一直到青藏高原的试车，燃料电池汽车也在逐步走向市场。现在插电式混合动力汽车还有一些排放，将来可以用燃料电池补上短板。

3. 中国新能源汽车产业发展趋势

发展新能源汽车是全世界汽车业的共同目标。中国发展新能源汽车的愿景是“从汽车大国走向汽车强国”，国家支持新能源汽车产业发展的路线坚定不动摇。根据《新能源汽车产业发展规划（2021—2035 年）》征求意见稿，目标到 2025 年、2030 年，新能源汽车销量分别占当年汽车总销量的 20% 和 40%。当前，我国新能源汽车产销量居全球第一，技术和产品基本与国外处于同一水平线上。新能源汽车是中国走向汽车强国的主要路线之一，是国家重要支持的产业方向。

安全问题是电动汽车的关键因素，今后会在这方面下很大功夫。电池安全、整组安全、布置的安全、意外情况等，都要保证电动汽车的安全。另外，充分发挥互联网时代安全保障的最新技术，对车辆运行全程实时控制，如所有的公交车都做到全时全程控制，每一部电池都在监控之下，如果一旦有过热等异常情况就会自动报警，以确保行车安全。

新能源汽车未来的另一个发展方向是电动汽车、智能电网、车网的融合，电动汽车不单作为储能终端，它甚至可以在能源互联网、车联网、信息互联当中相互交融。这样就为新的商业模式提供了更好的平台。比如分时租赁，运用综合交通系统，出门就可以知道身边有什么样的电动汽车可以租，泊车时也可以实时找到电动汽车停车位，包括充电的位置。

支持新能源汽车开发的国际化。2008—2014 年，全球 EVI 16 个成员国都加大了对新能源汽车的投入。中国在新能源汽车的研发方面进行了国际合作，成立了中国和德国电动汽车研究中心，中国和美国的清洁汽车联盟。采用“2+2”模式，中方和外方产学研的结合体可促进基础研究、政策研究等方面共同发力。

今后新能源汽车产业发展仍然有很大的挑战性，核心技术研发还需要持续深入，在蓄电池、电动机、基础研究、核心技术、共性技术的发展上要继续发力。整车能力、集成能力，特别是安全性还需要利用新技术、新形态来提升，汽车电动化、轻量化和智能化是新能源汽车未来的发展方向。

新能源汽车产业和市场的需求十分旺盛，今后会不断创新汽车市场的商业模式。电动汽车在中国是一个有希望的、有光辉前景的朝阳产业，是承载着责任与使命的产业，也是今后科技创新的重点。新能源汽车的推广不仅是研发单位和汽车制造商的事，更需要全社会的支持。我国部分城市对新能源汽车取消摇号、取消限行、保证优先停车、给予政策方面的支持，更进一步地促进了新能源汽车产业的发展。

§ 5–2　纯电动汽车

学习目标

1. 了解纯电动汽车的整体结构。
2. 理解纯电动汽车的基本原理及相关技术。
3. 掌握纯电动汽车主要部件及其功能特点。

学习导入

随着人们环境保护意识的加强，欧洲和美国新出台了更为严苛的排放法规，清洁汽车、电动汽车再次成为人们关注的热点。电动汽车作为减少污染、降低排放的有效举措越来越受到人们的关注，中国、美国、德国等国的诸多汽车制造厂商都加大了电动汽车的开发力度。

电动汽车（EV）是21世纪清洁、高效和可持续发展的交通工具，是一种由电力驱动的汽车，涉及多个学科，技术复杂，电动汽车的发展将对促进科技的进步、带动新兴工业的兴起，以及推动经济发展产生深远影响。相比传统汽车，纯电动汽车对环境的影响较小，且因其使用单一电源，电控系统结构简单，成本大大降低。目前，景区观光游览车、高尔夫球车、部分公共汽车、专用车等都已经广泛使用纯电动汽车。

相关知识

一、纯电动汽车整体结构及基本原理

纯电动汽车是指以车载电源为动力，用电动机驱动车轮行驶，符合道路交通、安全法规各项要求的车辆，一般采用高效率充电蓄电池为动力源。纯电动汽车不需要再使用内燃机，其电动机相当于传统汽车的发动机，蓄电池相当于原来的油箱。电能是二次能源，来源于风能、水能、热能、太阳能等多种方式。

纯电动汽车主要由机械系统、电力驱动控制系统和辅助系统组成。机械系统包括底盘、车身、驱动装置、蓄电池箱体及变速器等。典型的电动汽车电力驱动控制系统的结构如图5-2-1所示，主要包括电机驱动系统、能源系统和辅助系统等。

1. 电机驱动系统

电机驱动系统即电力驱动模块，是电动汽车的核心，也是区别于内燃机汽车的最大不同点。电机驱动系统由整车控制器、功率转换器、电动机、机械传动装置和车轮组成。它的功用是将存储在蓄电池中的电能高效地转化为车轮的动能，并能够在汽车减速制动时实现再生制动，即将车辆的动能转化为电能充入蓄电池。

整车控制器是纯电动汽车运行的核心单元，具有整车驱动控制、能量管理、整车安全及故障诊断和信息处理等功能，是实现纯电动汽车安全、高效运行的必要保障。整车控制器根据驾驶员输入的加速踏板和制动踏板的信号，向功率转换器发出相应的控制指令，对电动机进行启动、加速、减速、制动控制。

功率转换器的功能是调节电动机与电源之间的功率流，按整车控制器的指令、电动机的速度和电流反馈信号，对电动机的速度、驱动转矩和旋转方向进行控制。功率转换器必须和电动机配套使用。

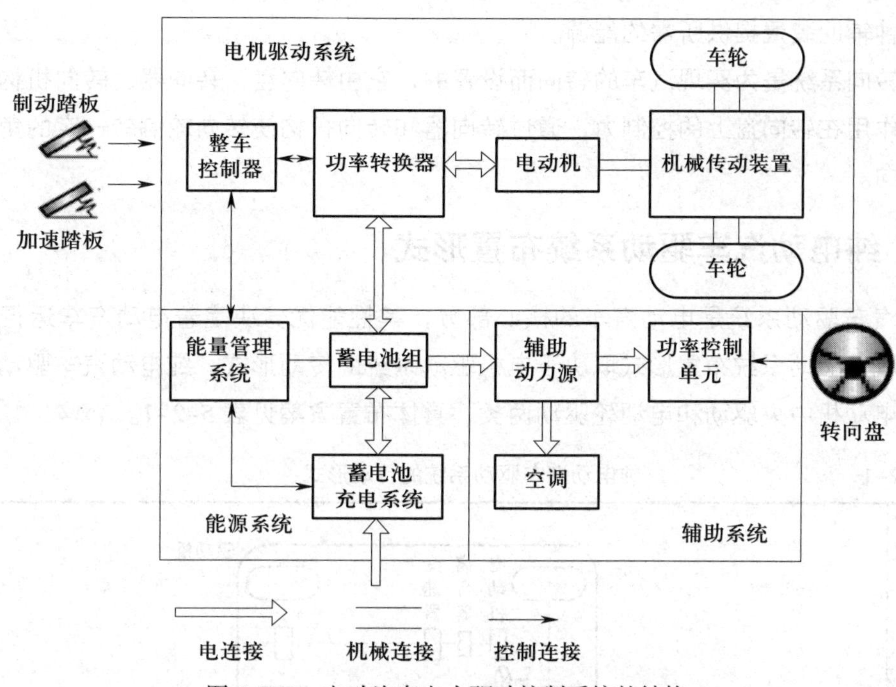

图 5-2-1 电动汽车电力驱动控制系统的结构

电动机在电动汽车中被要求承担电动和发电的双重责任，即在正常行驶时发挥其主要的电动机功能，将电能转化为机械能；在减速和下坡滑行时又被要求进行发电，将车轮的惯性动能转化为电能。

机械传动装置将电动机的驱动转矩传输给汽车的驱动轴，从而带动汽车车轮转动。

2. 能源系统

能源系统即车载电源模块，主要包括蓄电池组、能量管理系统和蓄电池充电系统等。它的功用是向电动机提供驱动电能、监测电源使用情况以及控制充电机向蓄电池充电。

电动汽车的常用车载蓄电池电源有镍氢电池、锂离子电池、铅酸电池和燃料电池等。电动汽车续航里程与蓄电池容量有关，蓄电池容量受诸多因素限制，是电动汽车发展的关键技术。

能量管理系统的主要功用是对电动汽车用蓄电池单体及整组进行实时监控、充放电、巡检、温度监测等，提高一次充电续航里程。能量管理系统很重要，必须尽可能地节省蓄电池的能量。

充电控制器将交流电转化为相应电压的直流电，并按要求控制其电流。

3. 辅助系统

辅助系统也称辅助模块，主要包括辅助动力源、动力转向系统、驾驶室显示操纵台和辅助装置等。辅助模块除辅助动力源外，依据不同车型而不同。

辅助动力源主要由辅助电源和 DC/DC 功率变换器组成，其功用是供给电动汽车其他各种辅助装置所需要的动力电源，一般为 12 V 或 24 V 的直流低压电源，它主要给动力转向单元、制动力调节控制、照明、空调、导航系统、电动窗门、VCD 和音响、收音机、刮水器、喇叭等各种辅助装置提供所需的能源。

动力转向系统是为实现汽车的转向而设置的，它由转向盘、转向器、转向机构和转向轮等组成。作用在转向盘上的控制力，通过转向器和转向机构使转向轮偏转一定的角度，实现汽车的转向。

二、纯电动汽车驱动系统布置形式

电动汽车驱动系统是电动汽车的核心部分，其性能优劣决定着电动汽车运行性能的好坏。电动汽车驱动系统布置形式取决于电机驱动系统的传动形式。纯电动汽车驱动系统的传动形式有电动机中央驱动和电动轮驱动两类，具体布置方案见表 5-2-1。

表 5-2-1　　纯电动汽车驱动系统的传动形式

<table>
<tr><td rowspan="4">电动机
中央驱动</td><td colspan="2">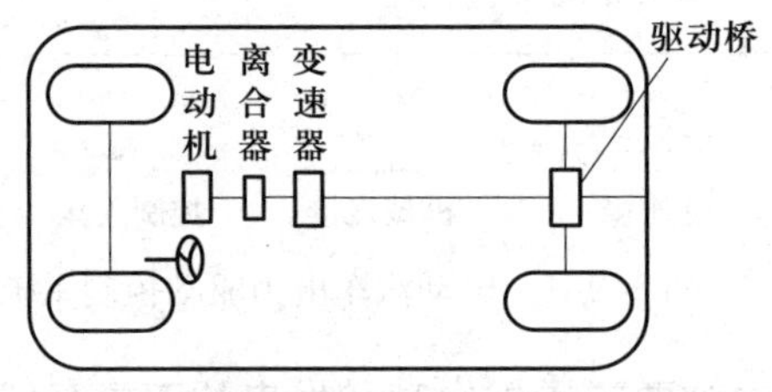

1. 带离合器的电动机中央驱动</td></tr>
<tr><td>结构：由电动机、离合器、变速器和驱动桥组成。离合器将电动机动力与驱动轮进行连接或动力切断，变速器提供不同的传动比以满足不同转速、功率、匹配载荷的需求，电动机实现转弯时两车轮以不同车速行驶</td><td>特点：此种驱动形式直接从内燃机汽车的驱动方案转变而来，结构复杂、效率低，无法充分发挥电动机驱动的优势
典型代表：宝马 ActiveE、电动客车</td></tr>
<tr><td colspan="2">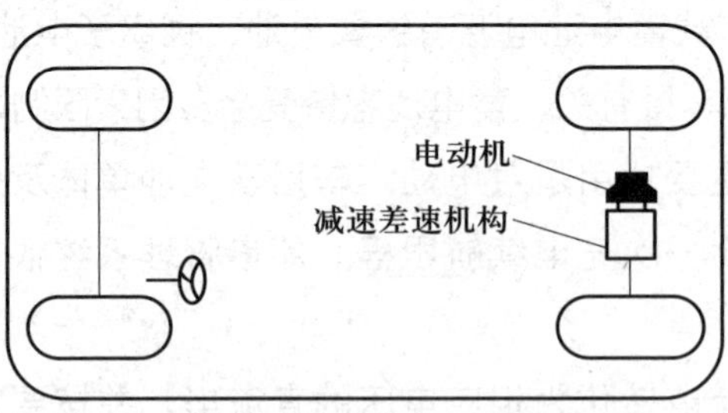

2. 无离合器的电动机中央驱动</td></tr>
<tr><td>结构：无离合器的电动机中央驱动形式继续沿用传统汽车中的动力传动装置，但取消了离合器和变速器，由电动机、固定速比减速器和差速器（减速差速机构）等构成</td><td>特点：在此种驱动系统中，利用电动机在大范围转速变化中具有恒功率的特性，采用固定速比减速器，不需要换挡，减少了机械传动装置的体积和质量，简化了驱动系结构，使用、维修方便
典型代表：野马纯电动客车</td></tr>
</table>

续表

<table>
<tr><td rowspan="2">电动机
中央驱动</td><td colspan="2">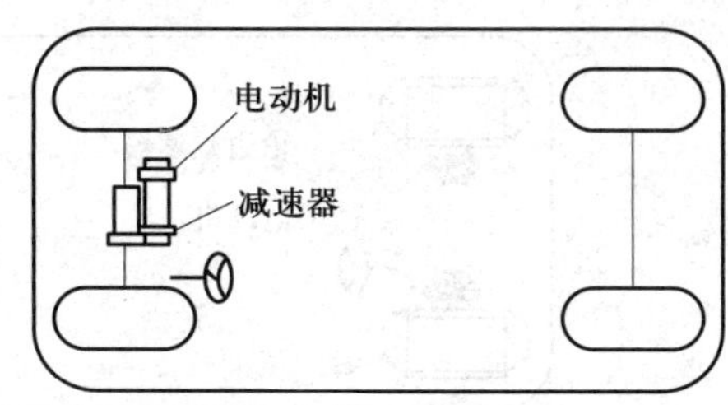
3. 传动装置和差速器集成的电动机中央驱动</td></tr>
<tr><td>结构：此种布置方式与前轮驱动、横向前置发动机的燃油汽车的布置形式相似，电动机轴与驱动轴相互平行。将电动机装到驱动轴上，将电动机、固定速比减速器和差速器集成一体，两根半轴连接两个驱动车轮</td><td>特点：此种布置形式的集成结构使机械传动装置的体积小、质量轻，在小型电动汽车上应用最为普遍
典型代表：景区电动车、游览观光车</td></tr>
<tr><td rowspan="4">电动轮
驱动</td><td colspan="2">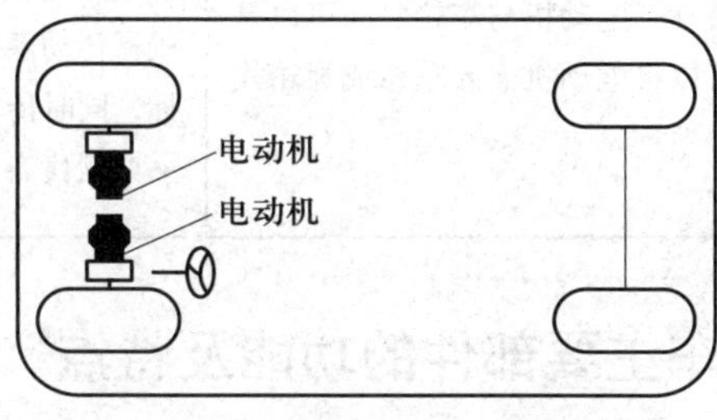
1. 双电动机电动轮驱动</td></tr>
<tr><td>结构：此种布置形式去掉了机械差速器，由两个牵引电动机替代，两个电动机分别驱动各自车轮，转弯时通过电子差速控制汽车以不同车速行驶</td><td>特点：可以实现电子差速，两个电动机转速可以独立调节控制，传动效率高、功率损失小、车辆控制灵活、制动效果好
典型代表：特斯拉“D 车型”</td></tr>
<tr><td colspan="2">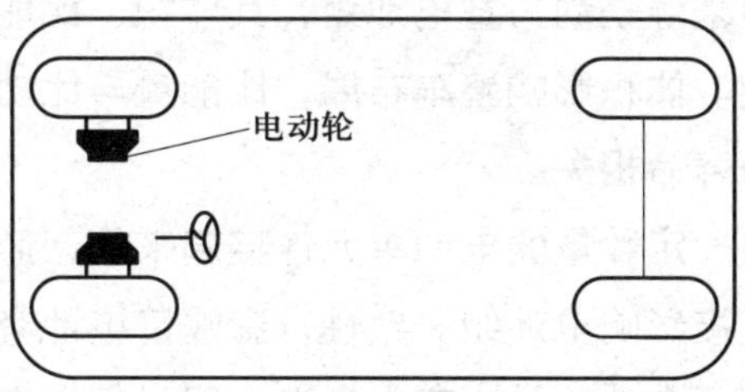
2. 轮毂电动轮驱动</td></tr>
<tr><td>结构：轮毂电动机驱动方式是将电动机和固定速比的行星齿轮减速器安装在车轮里，没有传动轴和差速器。行星齿轮减速器是一个薄型的行星齿轮组，它可以降低电动机转速，增大转矩</td><td>特点：不经过任何机械结构的传递，直接驱动车轮。安装在车轮里的行星齿轮组具有高减速比、输入输出轴纵向配置的优点，但是这种方式需要两个或四个电动机，其控制电路也比较复杂。具有结构简单、质量轻、成本低等优点，广泛应用在重型电动汽车上
典型代表：福特 F150–EV、沃克斯豪尔 Vivaro 货车</td></tr>
</table>

续表

<table>
<tr><td rowspan="2">电动轮驱动</td><td colspan="2">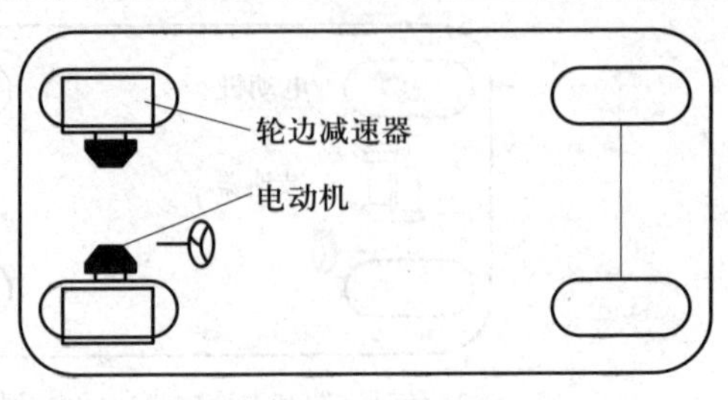
3. 带轮边减速器的轮毂电动轮驱动</td></tr>
<tr><td>结构：此种驱动系统利用独立控制的电动机分别驱动汽车的车轮。车轮之间没有机械传动环节。车轮带有轮边减速器，电动机转速控制等价于轮速控制，要求电动机在加速、启动时具有高转矩的特性。电动机与车轮之间可以是轴式连接，也可以将电动机嵌入车轮成为轮式电动机</td><td>特点：此种形式取消了传统汽车上的离合器、变速器、主减速器等传动部件，简化整车结构、提高传动效率，是未来纯电动汽车的重要发展方向。此种方式实现控制方式的电子化，无论汽车加速还是减速，电动机转矩响应迅速，容易获得准确值。从结构上看，机械传动系统的消失，使汽车很好地实现了轻量化目标，同时传动噪声低、振动小、传动效率高
典型代表：美国海军军用“悍马”</td></tr>
</table>

三、纯电动汽车主要部件的功能及特点

从电动汽车的结构看，车身技术和底盘技术是汽车的通用技术，而能源系统（其中的动力蓄电池组）、电机驱动系统、整车控制器是电动汽车的关键技术，也是制约电动汽车发展的关键因素。

1. 动力蓄电池组

纯电动汽车的能量来源是动力蓄电池组，其体积、比能量、比功率、充放电循环寿命直接影响整车的行驶性能。体积影响整车布局，比能量与比功率影响整车的续航里程，充放电循环寿命与整车的使用寿命相关。

动力蓄电池组是由一定数量的电池单元连接起来的，通常分为并联、串联两种方式。动力蓄电池组连接方式直接影响电池组一致性，影响蓄电池容量。动力蓄电池的类型包括铅酸电池、镍氢电池、锂离子电池等常规充电电池，同时超级电容器、飞轮电池也可在汽车中作为动力蓄电池提供充分的电能。

动力蓄电池系统主要由动力蓄电池模组、电池管理系统（BMS）、动力蓄电池箱及辅助元器件四部分组成，如图 5–2–2 所示。

（1）电池模组

1）电池模组是由多个电池模块或单体电池串联或并联组成的一个组合体。

2）电池模块：一组并联的电池单体的组合，该组合额定电压与电池单体的额定电压相等，是电池单体在物理结构和电路上连接起来的最小分组，可作为一个单元替换。

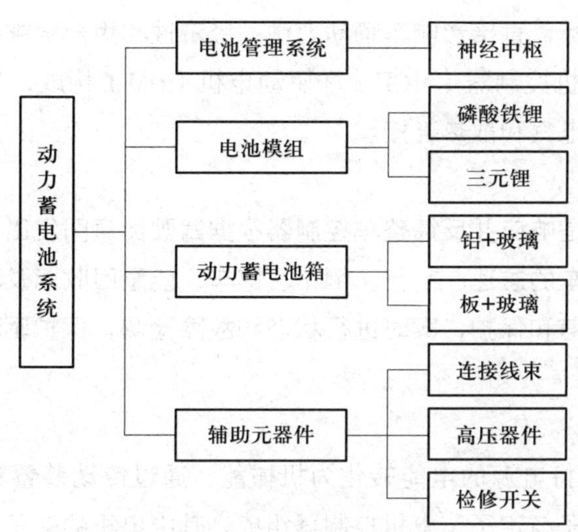

图 5-2-2　动力蓄电池系统

3）电池单体：构成动力蓄电池模块的最小单元。一般由正极、负极、电解质及外壳等构成，可实现电能与化学能之间的直接转换。

（2）电池管理系统（BMS）

如何根据汽车行驶状况对蓄电池进行有效的利用（充电、放电），实现经济高效运行，对于动力蓄电池的使用及整车运行至关重要，通常纯电动汽车需要电池管理系统（BMS）对其运行进行合理控制。

1）BMS 的作用和功能：电池保护和管理的核心部件。在动力蓄电池系统中，它的作用相当于人的大脑。它不仅要保证蓄电池安全可靠地使用，而且要充分发挥蓄电池的能力和延长使用寿命，作为蓄电池和整车控制器以及驾驶员沟通的桥梁，通过控制接触器控制动力蓄电池组的充放电，并向整车控制器上报动力蓄电池系统的基本参数及故障信息。通过电压、电流及温度检测等功能实现对动力蓄电池系统的过压、欠压、过流、过高温和过低温保护，继电器控制、SOC 估算、充放电管理、均衡控制、故障报警及处理，与其他控制器通信功能等；此外电池管理系统还具有高压回路绝缘检测功能，以及为动力蓄电池系统加热等功能。

2）BMS 的组成：按性质可分为硬件和软件；按功能可分为数据采集单元和控制单元两种。

① BMS 的硬件：主板、从板及高压盒，还包括采集电压、电流、温度等数据的电子器件。

② BMS 的软件：监测电池的电压、电流、SOC 值、绝缘电阻值、温度值，通过与整车控制器、充电机的通信，来控制动力蓄电池系统的充放电。

2. 电机驱动系统

电机驱动系统是纯电动汽车三大核心部件之一，是车辆行驶的主要执行机构，其特性决定了车辆的主要性能指标，直接影响车辆动力性、经济性和用户驾乘感受。

电机驱动系统由电机控制器（MCU）和驱动电机（DM）构成，通过高低压线束、冷却管路与整车其他系统做电气和散热连接。

（1）电机控制器

电机控制器的作用是响应并反馈整车控制器根据驾驶员意图发出各种指令，实时调整驱动电机输出，以实现整车的怠速、前行、倒车、停车、能量回收以及驻坡等功能。电机控制器另一个重要功能是通信和保护，实时进行状态和故障检测，保护驱动电机系统和整车安全可靠运行。

（2）驱动电机

驱动电机的作用是将电源的电能转化为机械能，通过传动装置直接驱动车轮和工作装置。内部结构主要由转子与定子、电机控制器组成，其中电机的转子与定子的作用是实现电能与机械能之间的转换。电机控制器的作用是高效、可控地对电机的转速、力矩进行控制，从而满足汽车各种工况的要求。

纯电动汽车的驱动电机主要有 4 种：直流电动机、交流电动机、永磁式电动机和开关磁阻电动机。

1）直流电动机：电动汽车采用的直流电动机是有刷直流电动机，其主要优点是控制简单、技术成熟，具有交流电动机不可比拟的优良控制特性。在早期开发的电动汽车上都采用直流电动机，即使到现在，还有一些电动汽车上仍使用直流电动机来驱动。但由于采用电刷和机械换向器，不但限制了电动机过载能力与速度的进一步提高，而且如果长时间运行，势必要经常维护和更换电刷和换向器。另外，由于损耗存在于转子上，使散热困难，限制了电动机转矩质量比的进一步提高。鉴于直流电动机存在以上缺陷，在新研制的电动汽车上已基本不采用直流电动机。

2）交流电动机：电动汽车采用的交流电动机是交流三相感应电动机，其定子和转子采用硅钢片叠压而定子之间没有相互接触的滑环、换向器等部件。其结构简单、运行可靠、经久耐用。交流感应电动机的功率覆盖面广，转速达 12 000 ~ 15 000 r/min。可采用空气冷却或液体冷却方式，冷却自由度高。对环境的适应性好，并能实现再生反馈制动。与相同功率的直流电动机相比，效率较高，质量减轻 50% 左右，价格便宜，维修方便。

3）永磁式电动机：电动汽车采用的永磁式电动机是一种高性能的永磁无刷直流电动机。它的最大特点是具有直流电动机的外特性而没有电刷组成的机械接触结构。加之，它采用永磁体转子，没有励磁损耗，发热的电枢绕组又装在外面的定子上，散热容易，因此永磁无刷直流电动机没有换向火花，没有无线电干扰，使用寿命长、运行可靠、维修简便。此外，它的转速不受机械换向的限制，如果采用空气轴承或磁悬浮轴承，可以以每分钟几十万的转速运行。永磁无刷直流电动机系统具有更高的能量密度和效率，在电动汽车中有很好的应用前景。

但是，由于受到永磁材料工艺的限制，永磁式电动机的功率范围较小，转子上的永磁材料在高温、振动和过流的条件下，会产生磁性衰退的现象，电动机需要采取水冷却方式来控制温度。目前，永磁材料价格相对较高，因此使整个电动机及其控制系统成本较高。

4）开关磁阻电动机：开关磁阻电动机是一种新型电动机，与其他类型的驱动电机相比，开关磁阻电动机的结构最为简单坚固，定子、转子均为普通硅钢片叠压而成的双凸极结构，转子上没有绕组，定子装有简单的集中绕组，质量轻、成本低、温升较低、速度调整可控性良好，在恶劣环境下运行高效可靠。开关磁阻电动机的控制参数多，通过适当的控制策略和系统设计可以满足电动汽车的四象限运行的要求。其他电机驱动系统难以与其媲美的是它在很宽的调速范围内仍可以保持高效率，在高速运行区域能保持优秀的制动性能。

当前，特斯拉汽车公司作为电动汽车制造方面的领先企业，使用的电动机是三相感应电动机，而其他电动汽车厂商大部分采用永磁无刷直流电动机，原因是特斯拉上使用的异步电动机技术取得了重大突破。

3. 整车控制器

整车控制器是纯电动汽车的核心控制部件，是汽车的指挥管理中心。它采集加速踏板信号、制动踏板信号及其他部件信号，做出相应判断，并根据判断结果控制下层的各部件控制器的动作，驱动汽车正常行驶（即实现了分布式分层控制）。因此，在纯电动汽车控制系统中使用了各种各样的传感器、电流检测器、测速编码器、显示装置、仪表、报警装置和自诊断装置等。整车控制器的优劣直接影响纯电动汽车整车性能的高低。其主要控制功能有：

（1）接收、处理驾驶员的操作指令，向各个部件控制器发送控制指令，按照驾驶员的意图行驶。

（2）与电动机、DC/DC 转换器、动力蓄电池组等进行可靠通信，通过 CAN 总线进行状态的采集输入及控制指令量的输出。

（3）接收处理各个零部件信息，结合能源管理系统提供当前的能源状况信息。例如，在纯电动汽车减速和下坡滑行时，整车控制器配合电池管理系统进行发电反馈，使动力蓄电池反向充电。整车控制器还对动力蓄电池充放电过程进行控制，将与汽车行驶状况有关的速度、功率、电压、电流等信息传输到车载信息显示系统进行相应的数字或模拟显示。纯电动汽车的能量传输通道如图 5-2-3 所示。

（4）系统故障的判断和存储。动态检测系统信息，记录、处理出现的故障。汽车运行中，任何部件的损坏及差错都危及车辆安全。整车控制器要能对汽车各种可能的故障进行分析处理，这是保证汽车行驶安全的必备条件。在检测出问题信息后，整车控制器在出错层做出相应的处理，在保证车辆足够安全的条件下，给各部件提供可使用的工作范围，以便尽可能地满足驾驶员的驾驶意图。

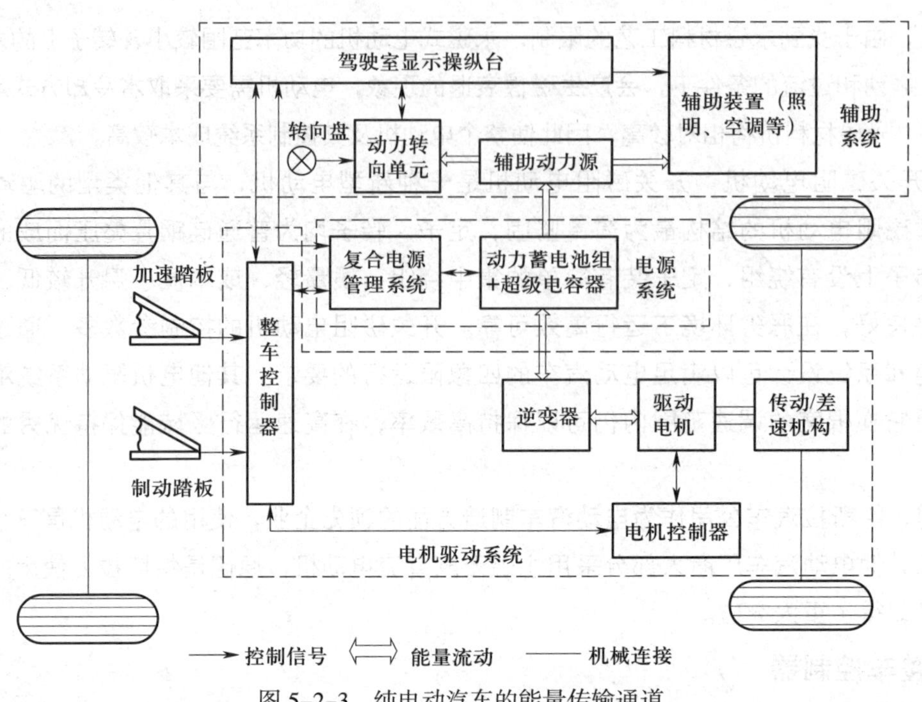

图 5-2-3 纯电动汽车的能量传输通道

（5）对整车实现保护功能，视故障类别对整车进行分级保护，紧急情况下可以关掉发电机及切断母线高压系统。

（6）协调管理车上其他电器设备。

小阅读

比亚迪 e6 电动汽车

比亚迪 e6 先行者电动汽车（图 5-2-4）是比亚迪汽车公司专门为电动汽车设计制造的整车，外观融合了 SUV 和 MPV 的特点。

图 5-2-4 比亚迪 e6 先行者电动汽车

e6动力蓄电池和启动电池均采用比亚迪自主研发生产的ET-POWER磷酸铁锂电池，不会对环境造成任何危害，其含有的所有化学物质均可在自然界中被环境以无害的方式分解吸收，能够很好地解决二次回收等环保问题，是绿色环保的蓄电池，铁锂电池经过高温、高压、撞击等试验测试。e6电动汽车可将全部动力蓄电池装在车辆底板上，提供最佳乘员空间，不会减少行李舱容积。e6先行者电动汽车还配置了一些高智能的功能，如keyless智能无钥匙系统、语音导航系统、数字电视、倒车影像、右前摄像头和“云系统”等，可实现汽车与互联网、通信网的全面连接。比亚迪ET-POWER磷酸铁锂电池组外面带有钢制保护壳体，避免蓄电池组直接受到撞击和剐蹭（图5-2-5）。

图5-2-5 比亚迪e6电动汽车的底部电池保护壳体

e6先行者电动汽车动力蓄电池（图5-2-6）的容量为200 Ah，能量为62 kW·h，电压为307 V，由96个单体蓄电池组成，单体蓄电池电压为3.2 V，蓄电池能量密度约为95 Wh/kg。蓄电池循环寿命为2 000次（由100%容量下降到80%）。e6先行者电动汽车在不开空调的情况下，用工况法测试的续航里程为300 km。

e6电动汽车的最高140 km/h的时速和0 ~ 100 km/h在10 s内的加速度，也决定了它超适合城市定位的本色。更难得的是在专业充电站快速充电15 min就可以充电80%；中速充电1.5 h充满，而慢速充电4 h充满，保证综合工况下续航里程达300 km，可以在城市内满足日常行驶需要。

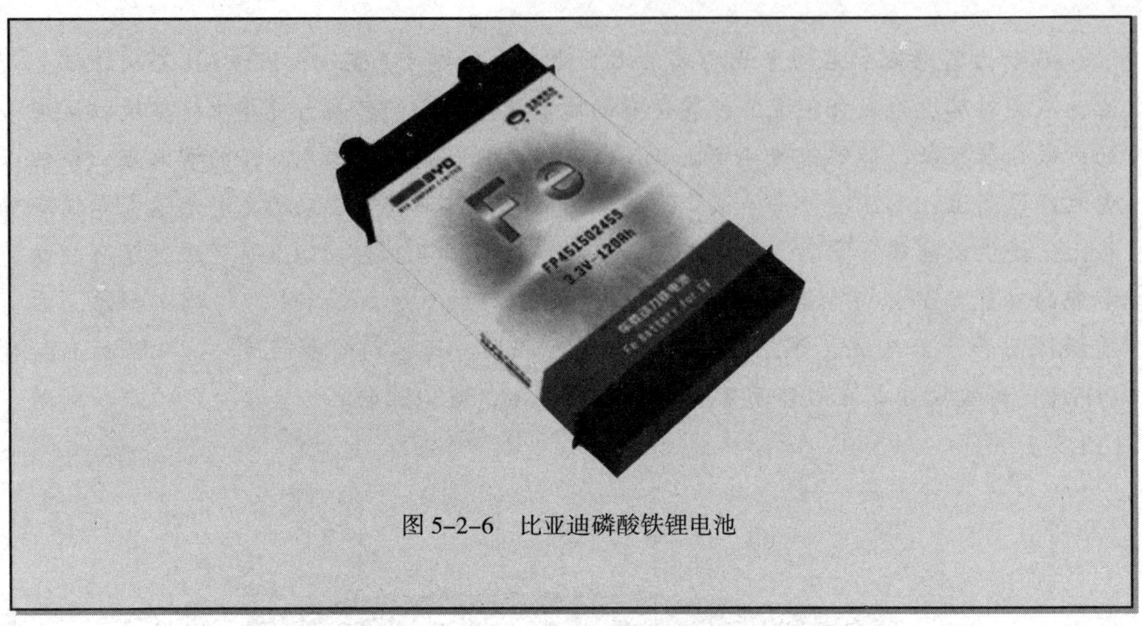

图 5-2-6　比亚迪磷酸铁锂电池

拓展学习

电动汽车充电基础设施

目前，我国电动汽车充电基础设施主要包括充电桩和充电站两大类，基本都集中在示范城市，主要由国家电网有限公司、中国南方电网有限责任公司和普天新能源有限责任公司承建。

1. 交流充电桩

交流充电桩是一种安装在电动汽车外，与交流电网连接，通过车载充电机给电动汽车蓄电池提供交流电源的充电装置。交流充电桩充电功率小，一般具有电费计量、多种充电方式自由选择（按金额充电、按时间充电、按电量充电、按时间预约定时充电和自动充电）、通信、异常保护等相关功能，一般分布在停车场、公共道路两旁、住宅及工作区域。

交流充电桩主要技术要求如下。

（1）环境条件要求

1）工作环境温度：（–20 ~ +50）℃。

2）相对湿度：5% ~ 95%。

3）海拔高度：≤ 1 000 m。

4）抗震能力：地面水平加速度为 0.3 g，地面垂直加速度为 0.15 g。

（2）结构要求

1）交流充电桩壳体应坚固。

2）结构上须防止手轻易触及漏电部分。

3）交流充电桩应选用厚度为 10 mm 以上的钢组合结构，表面采用浸塑处理，并充分考虑散热的要求；充电桩应有良好的防电磁干扰的屏蔽功能。

4）充电桩应有足够的支撑强度，应提供必要设施，以保证能够正确起吊、运输、存放和安装设备，且应提供地脚螺栓孔。

5）桩体外壳应采用抗冲击力强、防盗性能好、抗老化的材质。

（3）电源要求

1）输入电压为单相 220 V。

2）输出功率为单相 220 V/5 kW。

3）频率为（50 ± 2）Hz。

4）允许电压波动范围为单相 220 V（1 ± 15%）。

（4）电气要求

1）插头与插座正确连接确认成功后，带负载可分合电路方可闭合，实现对插座的供电。

2）漏电保护装置应安装在供电电缆进线侧。

3）在照明配电系统中，照明和插座回路不宜由同一回路供电。插座回路的电源侧应设置剩余电流动作保护装置，其额定动作电流为 30 mA。

2. 直流充电站

直流充电站主要由配电系统、充电系统、蓄电池调度系统和充电站监控系统组成。

（1）配电系统

配电系统为充电站的运行提供电源，它不仅提供充电所需的电能，还要满足照明、控制设备的需要，包括变配电所有设备、配电监控系统等。

（2）充电系统

充电系统是整个充电站的核心部分，根据电能补给方式的不同，分为地面单相充电和整车充电两种充电系统。通常情况下，充电站采用单相充电方式为更换下来的蓄电池进行充电。单相充电方式有利于提高蓄电池组的均衡性，延长蓄电池的使用寿命。

（3）蓄电池调度系统

蓄电池调度系统对所有蓄电池实时进行数量、质量和状态的监控和管理，具备蓄电池存储、蓄电池更换、蓄电池重新配组、蓄电池组均衡、蓄电池组实际容量测试、蓄电池故障的应急处理等功能。蓄电池更换是蓄电池调度系统的核心。

（4）充电站监控系统

充电站监控系统是电动汽车充电站高效安全运行的保证，它实现对整个充电站的监控、调度和管理。该系统包括充电机监控、报警监视、配电监控和视频监控等。

§5–3 混合动力电动汽车和燃料电池电动汽车

学习目标

1. 掌握混合动力电动汽车和燃料电池电动汽车的分类和特点。
2. 理解混合动力电动汽车和氢燃料电池电动汽车的构成和原理。
3. 了解混合动力电动汽车和氢燃料电池电动汽车的发展状况。

学习导入

新能源汽车的范围较广，除了纯电动汽车（EV）外，还包括混合动力电动汽车（HEV）和燃料电池电动汽车，其中燃料电池电动汽车有气体燃料汽车、生物燃料汽车和氢燃料汽车等。近年来各种类型的新能源汽车都得到了较快的发展，本节主要介绍混合动力电动汽车和氢燃料电池电动汽车。

相关知识

一、混合动力电动汽车

1. 混合动力电动汽车的特点

混合动力电动汽车是将发动机、电动机、能量存储装置（蓄电池）等组合在一起，它们之间的良好匹配和优化控制，可充分发挥内燃机汽车和电动汽车的优点，避免各自的缺点。混合动力电动汽车是当今最具实际开发意义的低排放和低油耗汽车。

与内燃机汽车相比，混合动力电动汽车具有以下优点：

（1）可使发动机在最佳的工况区域稳定运行，避免或减少了发动机变工况下的不良运行，使发动机的排污和油耗大为降低。

（2）在人口密集的商业区、居民区等区域可用纯电动方式驱动车辆，实现零排放。

（3）可通过电动机提供动力，因此可配备功率较小的发动机，并可通过电动机回收汽车减速和制动时的能量，进一步降低汽车的能量消耗和排污。

显然，混合动力电动汽车研究开发的主要目的是减少石油能源的消耗，减少汽车尾气中的有害气体量，降低大气污染。

与纯电动汽车相比，混合动力电动汽车具有以下优点：

（1）由于有发动机作为辅助动力，可减少蓄电池的数量和质量，因此可以减小汽车自身重量。

（2）汽车的续航里程和动力性可达到内燃机汽车的水平。

（3）借助发动机的动力，可带动空调、真空助力、转向助力及其他辅助电器，不用消耗电池组有限的电能，从而保证驾车和乘坐的舒适性。

2. 混合动力电动汽车的分类及结构

混合动力电动汽车有多种类型，如图 5-3-1 所示。

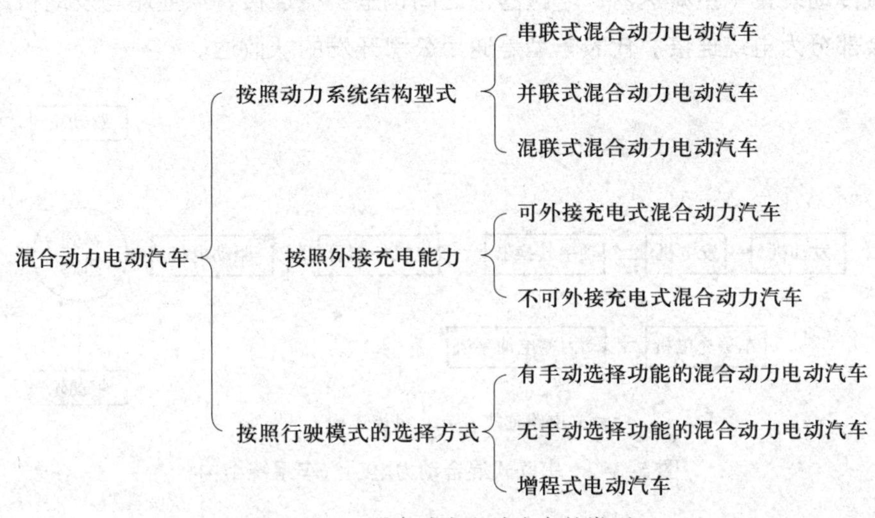

图 5-3-1 混合动力电动汽车的类型

按照动力系统结构型式分类，可以将其分为串联式混合动力电动汽车（SHEV，Series Hybrid Electric Vehicle）、并联式混合动力电动汽车（PHEV，Parallel Hybrid Electric Vehicle）和混联式混合动力电动汽车（CHEV，Combined Hybrid Electric Vehicle）。

按照外接充电能力分类，可以将其分为可外接充电式混合动力汽车（OVC-HEV，Off-vehicle-chargeable Hybrid Electric Vehicle）和不可外接充电式混合动力汽车（NOVC-HEV，Non Off-vehicle-chargeable Hybrid Electric Vehicle）。

按照行驶模式的选择方式分类，可以将其分为有手动选择功能的混合动力电动汽车（Hybrid Electric Vehicle With Selective Switch）、无手动选择功能的混合动力电动汽车（Hybrid Electric Vehicle Without Selective Switch）和增程式电动汽车（REEV，Range Extended Electric Vehicle）。增程式电动汽车是一种在纯电动模式下可以达到其所有的动力性能，而当车载可充电储能系统无法满足续航里程要求时，可以打开车载辅助供电装置为动力系统提供电能，以延长续航里程的电动汽车，且该车载辅助供电装置与驱动系统没有传动轴（带）等传动连接。

本节重点按照动力系统结构型式分类介绍混合动力电动汽车。

（1）串联式混合动力电动汽车

串联式混合动力电动汽车（SHEV）是指车辆行驶系统的驱动力只来源于电动机的混合动力电动汽车。其结构特点是发动机带动发电机发电，电能通过电机控制器输送给电动机，由电动机驱动车辆行驶。另外，动力蓄电池也可以单独向电动机提供电能驱动车辆行驶。

串联式混合动力电动汽车系统结构如图 5-3-2 所示，由发电机、发动机、功率转换器、动力蓄电池系统、电机控制器、驱动电机、机械传动装置等组成。如果蓄电池组可以外插电网充电，则属于插电式串联混合动力电动汽车。发动机和发电机之间是机械连接的，牵引电动机与机械传动装置（主减速器、差速器）之间也是机械连接，燃油箱与发动机之间为管路连接，其余部分为电缆连接。代表车型是通用公司开发的沃蓝达。

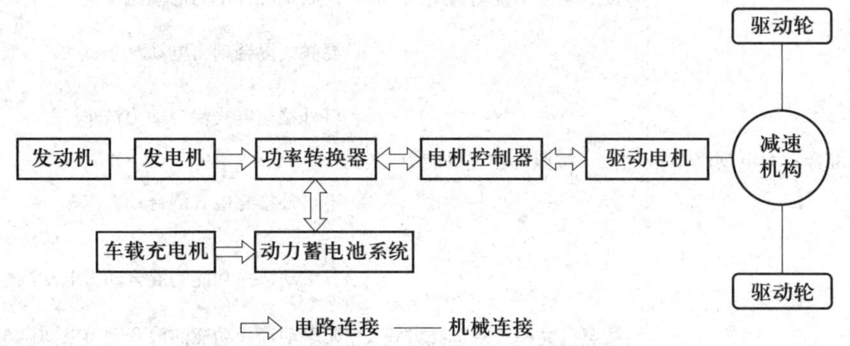

图 5-3-2　串联式混合动力电动汽车系统结构

（2）并联式混合动力电动汽车

并联式混合动力电动汽车（PHEV）是指车辆行驶系统的驱动力由电动机及发动机同时或单独供给的混合动力电动汽车。其结构特点是并联式驱动系统可以单独使用发动机或电动机作为动力源，也可以同时使用电动机和发动机作为动力源驱动汽车行驶。

并联式混合动力电动汽车系统结构如图 5-3-3 所示，主要由发动机、电动机 / 发电机和蓄电池等部件组成，有多种组合形式，可以根据使用需求选用。并联式混合动力系统采用发动机和电动机两套独立的驱动系统驱动车轮。发动机和电动机通常通过不同的离合器来驱动车轮，可以采用发动机单独驱动、电动机单独驱动或者发动机和电动机混合驱动三种工作模式。当发动机提供的功率大于车辆所需驱动功率时或者当车辆制动时，电动机工作处于发电机状态，给蓄电池充电。发动机和电动机的功率可以互相叠加，发动机功率和电动机 / 发电

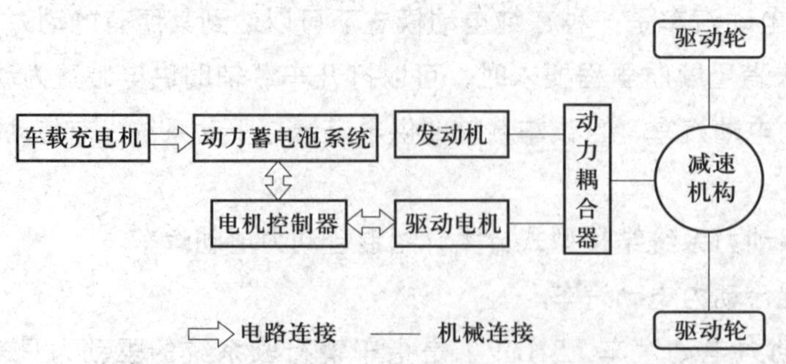

图 5-3-3　并联式混合动力电动汽车系统结构

机功率为电动汽车所需最大驱动功率的 0.5 ~ 1 倍，因此可以采用小功率的发动机和电动机 / 发电机，使整个动力系统的装配尺寸、质量都较小，造价更低廉，行程也可以比串联式混合动力电动汽车的长一些，其特点更加趋近于内燃机汽车。并联式混合动力驱动系统通常被应用在小型混合动力电动汽车上。代表车型有本田 CR–Z、别克君越 eAssist。

发动机和电动机通过某种变速装置同时与驱动桥直接连接。电动机可以用来平衡发动机所受到的载荷，使其能在高效率区域工作。因为发动机工作通常在满负荷（中等转速）下燃油经济性最好，当车辆在较小的路面载荷下工作时，内燃机车辆的发动机燃油经济性较差，而并联式混合动力电动汽车的发动机此时可以关闭而只用电动机来驱动汽车，或者增加发动机的负荷使电动机作为发电机，给蓄电池充电以备后用（即一边驱动汽车，一边充电）。由于并联式混合动力电动汽车在稳定的高速下发动机具有比较高的效率和相对较小的质量，所以它在高速公路上行驶具有比较好的燃油经济性。

并联式驱动系统有两条能量传输路线，可以同时使用电动机和发动机作为动力源来驱动汽车，这种设计方式可以使其以纯电动汽车或低排放汽车的状态运行，但是此时不能提供全部的动力能源。

（3）混联式混合动力电动汽车

混联式是串联式与并联式的综合，其系统结构如图 5–3–4 所示，主要由发动机、发电机、驱动电机、行星齿轮机构和动力蓄电池系统等部件组成。发动机发出的功率一部分通过机械传动输送给驱动桥，另一部分则驱动发电机发电。发电机发出的电能输送给驱动电机或蓄电池，驱动电机产生的驱动力矩通过动力耦合器传送给驱动桥。混联式驱动系统的控制策略是：当汽车低速行驶时，驱动系统主要以串联方式工作；当汽车高速稳定行驶时，则以并联方式为主。

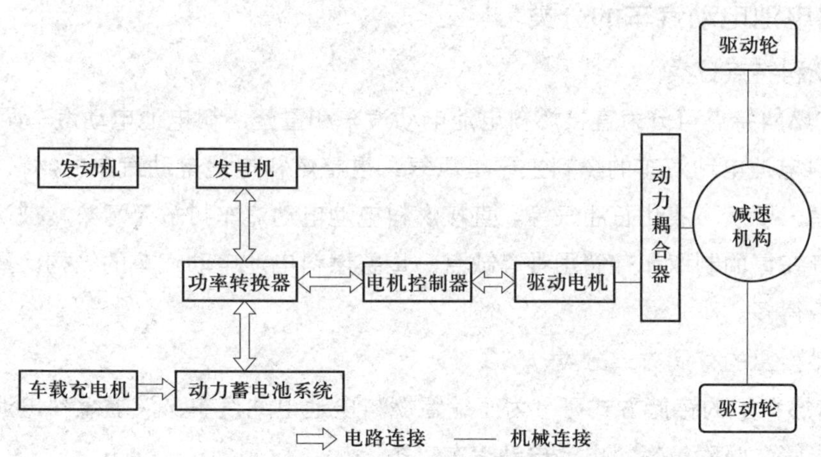

图 5–3–4　混联式混合动力电动汽车系统结构

目前，混联式混合动力系统结构一般采用行星齿轮机构作为动力分配装置，有一种最佳的混联式结构是将发动机、发电机和电动机通过一个行星齿轮装置连接起来，动力从发动机输出到与其相连的行星架，行星架将一部分转矩传送到发电机，另一部分传送到传动轴，同时发电机也可以驱动电动机来驱动传动轴。这种机构有两个自由度，可以自由地控制两个不同的速度。此时车辆并不是串联式或并联式，而是两种驱动形式同时存在，充分利用两种驱动形式的优点。

发动机和电动机通常通过不同的离合器来驱动车轮，工作模式主要有发动机单独驱动、电力单独驱动或者发动机和发电机混合驱动三种。在大负荷、高速、加速超车等需要大功率行驶时，采用联合驱动模式；在市区行驶时，采用电力单独驱动模式，这时 PHEV 变成了纯电动汽车，避免发动机排气污染；在中等负荷行驶时，采用发动机单独驱动模式，可以保证发动机工作在高效率区域和产生较少的排气污染。从概念上讲，它是电力辅助型的燃油车辆，目的是降低排放和燃油消耗。当发动机提供的功率大于驱动电动汽车所需的功率或者制动能量回收时，电动机工作处于发电机状态，将多余的能量充入蓄电池。与串联式混合动力电动汽车比较，并联式比串联式混合动力电动汽车的发动机和电动机的体积要小。即使在长途行驶时，发动机的功率可以达到最大而电动机的功率只需 50% 即可。代表车型有丰田普锐斯、雷克萨斯 CT200h、比亚迪 F3DM 等。

二、燃料电池电动汽车

采用燃料电池作为电源的电动汽车称为燃料电池电动汽车（FCEV，Fuel Cell Electric Vehicle）。FCEV 一般以质子交换膜燃料电池（PEMFC）作为车载能量源。其电池的能量是通过氢气和氧气的化学作用（而不是经过燃烧）直接变成电能的。燃料电池的化学反应过程不会产生有害产物，因此燃料电池电动汽车是无污染汽车。燃料电池的能量转换效率比内燃机要高 2 ~ 3 倍，因此从能源的利用和环境保护方面来看，燃料电池电动汽车是一种理想的车辆。

1. 燃料电池电动汽车的分类

（1）按燃料特点分类

FCEV 按燃料特点可分为直接燃料电池电动汽车和重整燃料电池电动汽车两类。

直接燃料电池电动汽车的燃料主要是氢气；重整燃料电池电动汽车的燃料主要有汽油、天然气、甲醇、甲烷、液化石油气等。直接燃料电池电动汽车排放无污染，被认为是最理想的汽车，但存在氢的制取和存储困难等缺点；重整燃料电池电动汽车的结构比氢燃料电池电动汽车要复杂得多。

（2）按燃料氢的存储方式分类

FCEV 按燃料氢的存储方式可分为压缩氢燃料电池电动汽车、液氢燃料电池电动汽车和合金（碳纳米管）吸附氢燃料电池电动汽车三类。

（3）按电源配置形式分类

FCEV 按“多电源”的配置不同，可分为纯燃料电池驱动（PFC）的 FCEV、燃料电池与辅助蓄电池联合驱动（FC+B）的 FCEV、燃料电池与超级电容器联合驱动（FC+C）的 FCEV，以及燃料电池与辅助蓄电池和超级电容器联合驱动（FC+B+C）的 FCEV 四类。

2. 燃料电池电动汽车动力系统的结构

（1）纯燃料电池驱动（PFC）的 FCEV

纯燃料电池驱动的电动汽车只有燃料电池一个动力源，汽车的所有功率负荷都由燃料电池承担。PFC 动力驱动系统结构如图 5–3–5 所示。

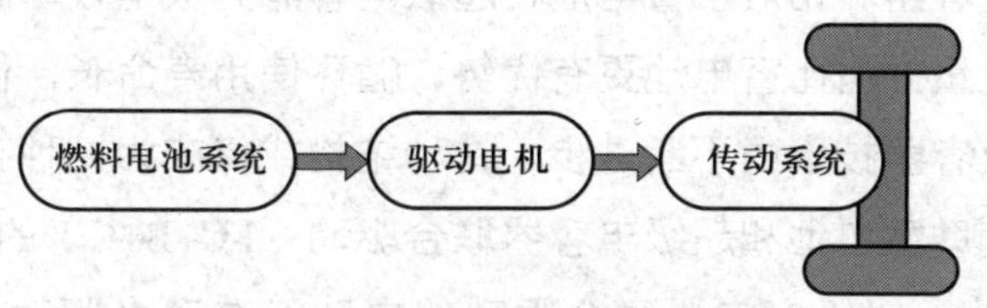

图 5–3–5　PFC 动力驱动系统结构

PFC 动力驱动系统将氢气与氧气反应产生的电能通过总线传输给驱动电机，驱动电机将电能转化为机械能再传给传动系，从而驱动汽车行驶。此系统结构简单，系统控制和整体布置容易；系统部件少，有利于整车的轻量化；整体的能量传递效率高，从而提高了整车的燃料经济性。但燃料电池功率大、成本高，对燃料电池系统的动态性能和可靠性提出了很高的要求，不能进行制动能量回收。

（2）燃料电池与辅助蓄电池联合驱动（FC+B）的 FCEV 或燃料电池与超级电容器联合驱动（FC+C）的 FCEV

图 5–3–6 所示是一个典型的串联式混合动力驱动系统结构。该动力驱动系统中，燃料电池和蓄电池一起为驱动电机提供能量，驱动电机将电能转化为机械能传递给传动系，从而驱动汽车行驶；在汽车制动时，驱动电机转变为发电机，蓄电池将储存回馈的能量。在燃料电池和蓄电池联合供能时，燃料电池的能量输出变化较为平缓，随时间变化波动较小，而能量需求变化的高频部分由蓄电池分担。

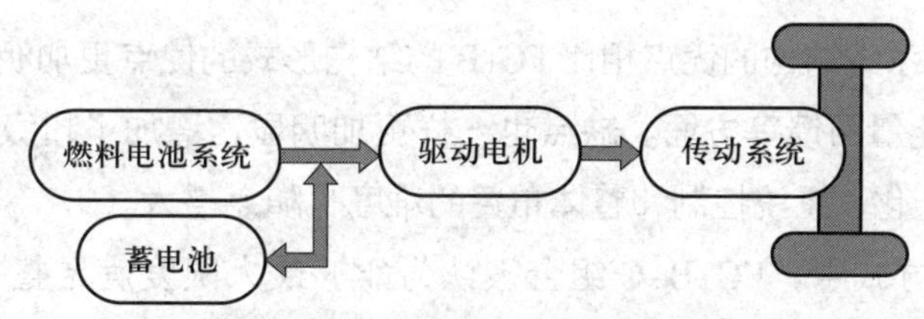

图 5–3–6　FC+B 动力驱动系统结构

从本质上来讲，FC+B 动力驱动系统结构的燃料电池电动汽车采用的是混合动力结构。它与传统意义上的混合动力电动汽车的差别仅在于发动机是燃料电池而不是内燃机。在燃料电池混合动力结构汽车中，燃料电池和辅助能量存储装置共同向驱动电机提供电能，通过变速机构来驱动汽车。

FC+B 动力驱动系统结构由于增加了比功率价格相对低廉得多的蓄电池组，系统对燃料电池的功率要求有很大的降低，可大幅降低整车成本。燃料电池可以在较理想的工作条件下工作，效率较高；系统对燃料电池的动态响应性能要求较低；汽车的冷启动性能较好；可以回收汽车制动时的部分动能，进一步节省了能量。但这种结构形式由于增加了蓄电池，增加了整车的质量，车辆动力性和经济性受到一定影响；系统复杂，系统控制和整体布置难度增加；蓄电池充放电过程中会有一些能量损耗。

燃料电池＋超级电容器（FC+C）的结构与燃料电池＋蓄电池（FC+B）的结构一样，只是把蓄电池换成超级电容器。相对于蓄电池，超级电容器充放电效率高、能量损失小、功率密度大，在回收制动能量方面比蓄电池更有优势，循环使用寿命长；但是超级电容器的能量密度较小。随着超级电容器技术的不断进步，这种结构或将成为一种新的重要研究方向。

（3）燃料电池与辅助蓄电池和超级电容器联合驱动（FC+B+C）的 FCEV

燃料电池＋蓄电池＋超级电容器联合驱动的电动汽车动力驱动系统如图 5-3-7 所示，该结构也为串联式混合动力结构。在该动力系统结构中，燃料电池、蓄电池和超级电容器一起为驱动电机提供能量，驱动电机将电能转化为机械能传递给传动系，从而驱动汽车行驶；在汽车制动时，驱动电机转变为发电机，蓄电池和超级电容器将储存回馈的能量。在燃料电池、蓄电池和超级电容器联合供能时，燃料电池的能量输出较为平缓，随时间变化波动较小，而能量需求变化的低频部分由蓄电池承担，能量需求变化的高频部分由超级电容器承担。在此种结构中，各动力源的分工更加细化，因此它们的优势得到了更好的发挥。

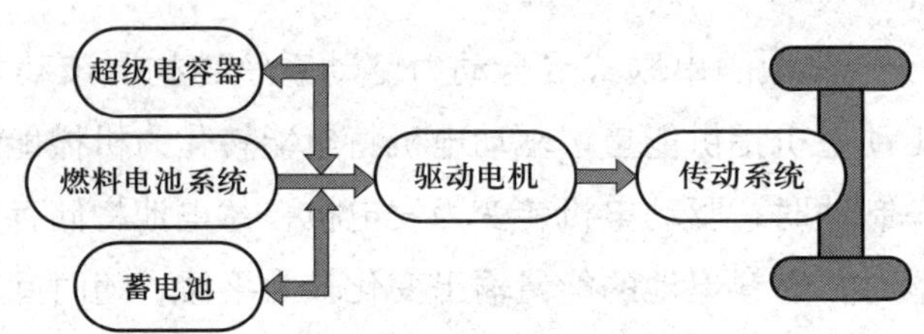

图 5-3-7　FC+B+C 动力驱动系统结构

FC+B+C 动力驱动系统结构的优点相比 FC+B 的结构形式的优点更加明显，尤其是在部件效率、动态特性、制动能量回馈等方面。缺点也一样更加明显，增加了超级电容器，整车质量可能增加，系统更加复杂化，系统控制和整体布置的难度也随之增大。

在三种混合驱动方式中，FC+B+C 组合被认为能够最大限度满足整车的启动、加速、制动的动力和效率需求；但其成本最高，结构和控制也最为复杂。

目前，燃料电池电动汽车动力驱动系统的一般结构是 FC+B 组合，这是因为它具有以下特点：

1）燃料电池单独或与动力蓄电池共同提供持续功率，且在车辆启动、爬坡和加速等峰值功率需求时，动力蓄电池提供峰值功率。

2）在车辆起步和功率需求量不大时，动力蓄电池可以单独输出能量。

3）动力蓄电池技术比较成熟，可以在一定程度上弥补燃料电池技术上的不足。

可用于电动汽车的蓄电池包括锂离子电池、锂聚合物电池、镍氢电池、铅酸电池、镍镉电池、锌空气电池和铝空气电池等。

3. 氢燃料电池电动汽车的结构原理

图 5-3-8 所示是以氢气为燃料的 FCEV 的总布置基本结构模型。

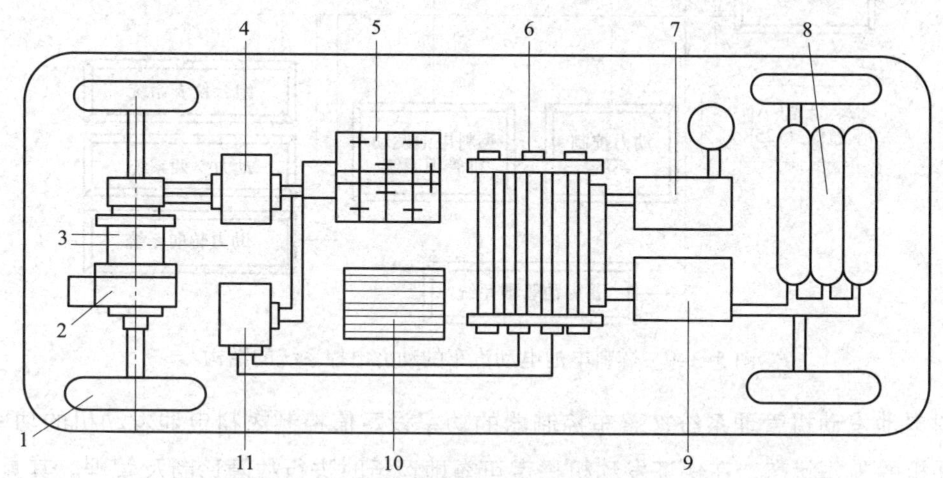

图 5-3-8　以氢气为燃料的 FCEV 的总布置基本结构模型

1—驱动轮　2—驱动系统　3—驱动电机　4—逆变器

5—辅助电源装置（动力蓄电池组 + 飞轮储能器或动力蓄电池组 + 超级电容器）

6—燃料电池发动机　7—空气压缩机及空气供应系统辅助装置　8—氢气储存罐

9—氢气供应系统辅助装置　10—中央控制器　11—DC/DC 变换器

如图 5-3-8 所示，在 FCEV 所采用的氢燃料电池发动机中，以燃料电池发动机为核心。氢气储存罐和氢气供应系统辅助装置属于氢气供给系统，为燃料电池发动机输送氢气。空气压缩机及空气供应系统辅助装置为燃料电池发动机供给氧气，燃料电池发动机产生电力输出到 DC/DC 变换器。在空气供应系统中还要对空气进行加湿处理，保证空气有一定的相对湿度。燃料电池发动机在反应过程中将产生水和热量，在水循环系统中用冷凝器、气水分离器和水泵等对反应生成的水和热量进行处理，其中一部分水可以用于空气的加湿。另外，还需要装置一套冷却系统，以保证燃料电池的正常运作。

燃料电池产生的是直流电，需要经过 DC/DC 变换器进行调压，在采用交流电动机的驱动系统中，还需要用逆变器将直流电转换为三相交流电。在 FCEV 上燃料电池发动机是主要电源，另外还配备有辅助动力源。根据 FCEV 的设计方案不同，其所采用的辅助动力源也有所不同，可以用蓄电池组、飞轮储能器或超级电容器等共同组成双电源系统。逆变器和辅助动力源共同驱动电动机。燃料电池电动汽车驱动电机主要有直流电动机、交流电动机、永磁电动机和开关磁阻电动机等，驱动电机通过驱动系统驱动车辆。

此外，车辆的整体控制由电控系统完成。燃料电池汽车的动力电控系统主要由燃料电池发动机管理系统（FCE-ECU）、蓄电池管理系统（BMS）、动力控制系统（PCU）及整车控制系统（VMS）组成，而原型车的变速器系统会简化很多，其系统结构如图 5-3-9 所示。

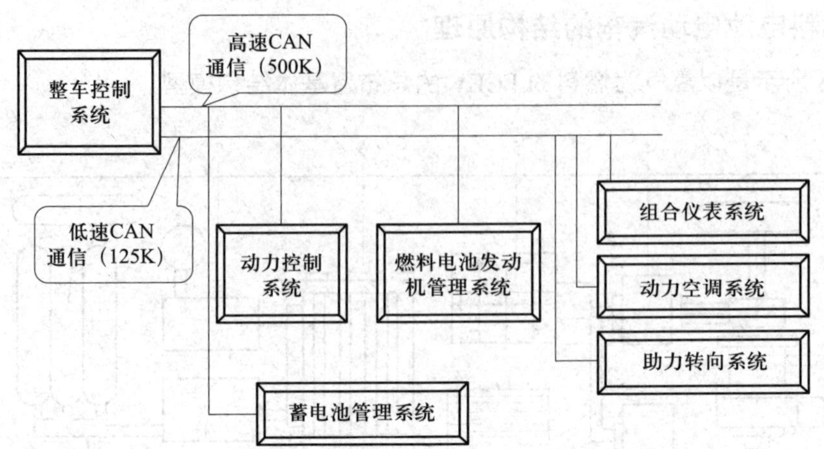

图 5-3-9 燃料电池电动汽车的动力电控系统的结构

燃料电池发动机管理系统按整车控制器的功率设定值控制燃料电池发动机的功率输出，监测发动机的工作状态，在保证发动机稳定可靠地运行时进行故障诊断及管理。其具体组成包括供氢系统、供氧系统、水循环及冷却系统。

蓄电池管理系统分上下两级，下级 LECU 负责蓄电池组电压、温度等物理参数的测量，进行过充过放保护及组内组间均衡；上级 CECU 负责动力蓄电池组的电流检测及 SOC 估算，以及相关的故障诊断，同时运行高压漏电保护功能。

动力控制系统包含 DC/DC 变换器、DC/AC 逆变器、DCL 和空调控制器及空调压缩机变频器，以及电动机冷却系统控制器。DC/DC 变换器和 DC/AC 逆变器的作用如前所述，DCL 负责将高压电源转换为系统零部件所需的 12 V/24 V 低压电源，电动机冷却系统控制器负责电动机及 PCU 的水冷却系统控制。

整车控制系统的核心是多能源控制策略（包括制动能量回馈功能），它一方面接收来自驾驶员的需求信息（如点火开关、加速踏板、制动踏板、变速信息）实现整车工况控制；另一方面基于反馈的实际工况（如车速、制动、电动机转速等）以及动力系统的状况（燃料电池及动力蓄电池的电压、电流等），根据预先匹配好的多能源控制策略进行能量分配调节控制。当然，整车的故障诊断及管理也由它负责。

上述各系统都通过高速 CAN 总线进行信息交换。在此基本动力系统架构基础上，可以根据混合度（燃料电池额定输出功率与驱动电机额定功率之比）的不同，把燃料电池混合动力汽车分为电量消耗型和电量维持型两类。前者的混合度较低，蓄电池是主要的能量源，燃料电池只作为里程延长器使用；后者的混合度较高，在行驶过程中蓄电池的荷电状态基本保持在一个合理的范围，是目前大部分国家都采用的方案。

4. 燃料电池电动汽车的特点

燃料电池电动汽车与内燃机汽车相比，具有以下优点：

（1）效率高

燃料电池的工作过程是化学能转化为电能的过程，不受卡诺循环的限制，能量转换效率较高，可以达到30%以上；而汽油机和柴油机汽车整车效率分别为16%～18%和22%～24%。

（2）绿色环保

燃料电池没有燃烧过程，以纯氢作为燃料，生成物只有水，属于零排放。

采用其他富氢有机化合物用车载重整器制氢作为燃料电池的重整燃料电池汽车，生成物除水之外还可能有少量的CO_2，但也接近零排放。

（3）低噪声

燃料电池属于静态能量转换装置，除了空气压缩机和冷却系统以外无其他运动部件，因此与内燃机汽车相比，运行过程中噪声和振动都较小。

（4）设计方便灵活

燃料电池电动汽车可以按照X-By-Wire（线控技术）的思路进行汽车设计，改变传统的汽车设计理念，可以在空间和重量等问题上进行灵活配置。

燃料电池电动汽车与纯电动汽车相比，具有以下优点：

（1）续航里程长

采用燃料电池系统作为能量源，弥补了纯电动汽车续航里程短的不足，其长途行驶能力及动力性已经接近燃油汽车。

（2）过载能力强

燃料电池除了在较宽的工作范围内具有较高的工作效率外，其短时过载能力可达额定功率的200%或更大，很适合车辆行驶的特点。

燃料电池电动汽车的主要缺点如下：

（1）燃料电池电动汽车的制造成本和使用成本过高

燃料电池发动机的制造成本居高不下，国内估计30 000元人民币/kW，国外成本约3 000美元/kW，与传统内燃机仅（200～350）美元/kW相比，差距巨大。

目前，由燃料电池发动机提供1 kW·h电能的成本远高于各种动力蓄电池，从经济性方面反映出燃料电池作为汽车动力源还有相当长的时间。

（2）辅助设备复杂，且质量和体积较大

在以甲醇或者汽油为燃料的FCEV中，经重整器出来的“粗氢气”含有使催化剂“中毒”失效的少量有害气体，必须采用相应的净化装置进行处理，增加了结构和工艺的复杂性，并使系统变得笨重，而目前普遍采用的氢气燃料的FCEV，因需要高压、低温和防护的特种储存罐，导致体积庞大，给FCEV带来了诸多不便。

（3）启动时间长，系统抗振能力有待进一步提高

采用氢气作为燃料的FCEV启动时间一般需要约3 min，而采用甲醇或者汽油重整技术的FCEV启动时间长达10 min，比起内燃机汽车的启动时间长得多，影响其机动性能。此外，在FCEV受到振动或者冲击时，为防止泄漏和降低效率，严防引发安全事故，各种管道的连接和密封的可靠性需要进一步提高。

小阅读

太阳能汽车

太阳能汽车是利用太阳能电池将太阳能转化为电能，并利用该电能作为驱动能源的车辆。

太阳能汽车使用太阳能电池把光能转化为电能，为蓄电池充电，并用来驱动汽车。太阳能汽车不用燃烧化石燃料，所以不会产生有害物质。如果由太阳能汽车取代燃油车辆，每辆汽车的二氧化碳排放量可减少 43% ~ 54%。

太阳能汽车的能量来自太阳能电池板，依据所用半导体材料不同，可分为硅电池、硫化镉电池、砷化镓电池等，其中最常用的是硅太阳能电池。在阳光照射下，太阳能光伏电池板产生电流，这种能量被蓄电池储存并为车辆提供动力，也可以通过动力控制器直接驱动车辆。

太阳能汽车耗能少，采用 3 ~ 4 m^2 的太阳能电池组件就可以使汽车行驶起来。燃油汽车在能量转换过程中要遵守卡诺循环规律来做功，热效率比较低，只有1/3 左右的能量用在推动车辆前进上，其余2/3 左右的能量损失在发动机和传动装置上。而太阳能汽车的能量转换不受卡诺循环规律的限制，能量利用率高，可达 90%。

太阳能在汽车上的应用技术主要有太阳能全动力汽车和太阳能混合动力汽车两种类型。

1. 太阳能全动力汽车

太阳能全动力汽车（图 5–3–10）完全用太阳能代替传统燃油，这种太阳能汽车与燃油汽车在外观和运行原理上都有很大的不同。太阳能汽车没有发动机、底盘、驱动系统、变速器等构件，而是由电池板、储电器和电动机组成。利用贴在车体外表上的太阳能电池板，将太阳能转换为电能，驱动车辆行驶。目前，此类太阳能汽车的车速最高能达到 100 km/h 以上，而无太阳光时的最大续航能力也在 100 km 左右。

图 5–3–10　太阳能全动力汽车

2. 太阳能混合动力汽车

太阳能辐射强度较弱，光伏电池板造价昂贵，加之蓄电池容量和天气的限制，使完全靠太阳能驱动的汽车的实用性受到极大的限制，不利于推广。太阳能混合动力汽车的外观与传统汽车相似，只是在车体表面加装了部分太阳能吸收装置，如车顶电池板，用于给蓄电池充电或直接作为动力源，如图 5-3-11 所示。这种汽车既有传统汽油机，又有电动机，汽油机驱动前轮，蓄电池给电动机供电驱动后轮。电动机用于低速行驶，当车速达到一定速度后，汽油机启动，电动机脱离驱动，汽车像传统汽车一样行驶。

太阳能汽车真正走进大众生活，还需要攻克很多难题，如太阳能的采集与转换问题和造价太高问题。以清华大学设计的“追日”号为例，太阳能转化率只能达到 14%，造价也高，每得到 1 W 的电量需要花费 100 元人民币。目前太阳能汽车还只能应用在高尔夫球场、野外观光、园林草坪修建服务等行业。相信在不久的将来，随着科技的发展，太阳能汽车会取得更快的发展。

图 5-3-11 太阳能混合动力汽车

拓展学习

我国氢燃料电池汽车发展状况

人们普遍认为，氢燃料电池汽车是零排放的最优选择，是新能源汽车的未来。氢燃料电池汽车在《中国制造 2025》《汽车产业中长期发展规划》等重要战略纲要中，均被确认要大力发展。我国从国家战略上早已开始了氢能源汽车领域的布局，氢燃料电池汽车是未来汽车产业技术竞争的另一个制高点。按照相关规划，我国到 2030 年要实现氢燃料电池汽车的保有量为 200 万辆。

2018 年 5 月 21 日，上海市科学技术委员会印发的《上海市燃料电池汽车推广应用财政补助方案》指出，燃料电池汽车按照中央财政补助 1 : 0.5 给予上海市财政补助。燃料电池系统达到额定功率不低于驱动电机额定功率的 50%，或不小于 60 kW 的，按照中央财政补助 1 : 1 给予上海市财政补助。此前新能源汽车推广应用财政补贴政策提出，燃料电池乘用车补贴上限为 20 万元，这意味着一款燃料电池乘用车最高可获得国家和地方补贴共计 40 万元。

早在 2004 年，国家级高新技术企业北京亿华通科技股份有限公司（简称亿华通）就已经开始参与国家氢燃料电池汽车的相关科研项目。2008 年，亿华通与福田汽车共同推出 3 辆氢燃料客车为北京奥运会的赛事做接待服务工作；2009 年，客车业的龙头企业宇通客车也研发出了第一代增程式燃料电池客车，之后国内其他客车企业也陆续推出了氢燃料电池样车。2016 年，福田欧辉氢燃料电池客车获得某运营企业 100 台订单，成为全球迄今为止最大的商业化订单。2018 年初，49 辆福田欧辉氢燃料电池客车、25 辆宇通氢燃料电池客车中标张家口公共交通项目，并于上半年投入运营，成为目前全球最大的氢燃料公共汽车订单。

据相关资料显示，目前国内具备燃料电池汽车生产资质的企业有宇通客车、福田、上汽集团、上汽大通、申龙客车、中植汽车、金龙客车、东风、飞驰客车、奥新、南京金龙、青年汽车、蜀都客车共 13 家。在 2018 年第一季度，国内已实现批量商业化运营燃料电池汽车，但基本都是以氢燃料电池客车、公共汽车、物流车等商业车辆为主，人们最关心的家用车领域还没有出现。造成这种现状的原因其实与阻碍纯电动汽车发展的因素非常相似，除了电池本身的技术限制外，基础设施建设和商业运营模式是另一个重要制约因素。我们知道，氢燃料电池汽车的工作原理非常简单，但因氢本身极不稳定，氢燃料在实际运用过程中困难重重，而且产氢地往往与用氢地相隔遥远，运输成本很高，加上加氢站的投入，成本便进一步飙升。所以对加氢站依赖度小、行驶路线和停放点相对固定的轻型货车、中大型客车等商用车成为氢燃料电池最先普及的领域。

燃料电池汽车产业要发展，加氢站建设是关键。据不完全统计，我国已建成和在建的加氢站共有 31 座，正在运营的仅有 12 座，分布在北京、上海、郑州、大连、中山、佛山、云浮、如皋、常州、十堰、成都等城市。氢燃料在国内发展速度较缓慢，究其原因，成本投入高、收益慢和技术瓶颈成为制约加氢站建设的三大因素。不过，在业内看来，在现有的汽油、柴油加油站的基础上增设加氢功能，能有效解决加氢站的规划布局和建设问题，特别是解决加氢站的用地问题。按照国家节能与新能源汽车技术路线图的规划，随着燃料电池汽车对氢气需求量的增加，我国的加氢站数量会逐步增加，2020 年可达到 100 座。

氢燃料电池汽车发展绕不开成本问题。氢气提纯、氢气压缩、氢气储存、氢气运输等过程都需要高昂的投入。而且，长期以来我国氢燃料电池关键零部件，如催化剂、膜电极等主要依靠进口，成本大大增加。目前，氢燃料电池与锂电池、燃油车辆相比，成本上还有较大差距。要降低成本，需要通过政策的推动来扩大生产规模，通过技术研发降低生产成本，以及通过提升核心零部件的国产化水平来降低综合成本。有专家预测，随着技术进步和市场规模化，预计氢燃料电池成本可以从目前 380 美元 /kW 逐渐下降至 40 ~ 50 美元 / kW，甚至更低，到 2030 年氢燃料电池汽车的成本有望接近燃油汽车，届时氢燃料电池汽车也许会走进寻常百姓家。

第六章　汽车辅助系统新技术

§6-1　自适应巡航控制系统

学习目标

1. 了解汽车自适应巡航控制系统的基本功能。
2. 理解汽车自适应巡航控制系统的组成及工作原理。
3. 熟悉汽车自适应巡航控制系统的应用。

学习导入

自适应巡航也称为主动巡航，是一种智能化的自动控制系统，主要包括雷达传感器、数字信号处理器和控制模块。驾驶员设定所希望的车速，该系统利用低功率雷达或红外线光束探测前方 200 m 左右的距离，得到前车的确切位置，如果发现前车减速或监测到新目标，系统就会发送执行信号给发动机或制动系统来降低车速，使车辆与前车保持一个安全的行驶距离。当探测到前方道路无车时又会加速恢复到设定的车速，雷达系统会自动监测下一个目标。

主动巡航控制系统代替驾驶员控制车速，避免了频繁地取消和设定巡航控制，使巡航系统适合于更多的路况，而驾驶员完全可以将脚从加速踏板上移开，只关注于转向盘即可，能大幅降低长途驾驶带来的疲劳，为驾驶员提供了一种更轻松的驾驶方式。

相关知识

一、汽车自适应巡航控制系统的组成

汽车自适应巡航控制（Adaptive Cruise Control，ACC）系统是在传统巡航控制系统基础上发展起来的新一代汽车驾驶员辅助驾驶系统。它将汽车巡航控制系统（Cruise Control System，CCS）和车辆前向撞击报警系统（Forward Collision Warning System，FCWS）有机结合起来，既有巡航控制系统的全部功能，又可以通过车载雷达等传感器监测汽车前方的道路交通环境，一旦发现当前行驶车道的前方有其他前行车辆，将根据本车和前车之间的相对距离及相对速度等信息，控制汽车的速度和制动，以对车辆进行纵向速度控制，使本车与前车保持安全车距行驶，避免或减少追尾事故，如图 6-1-1 所示。

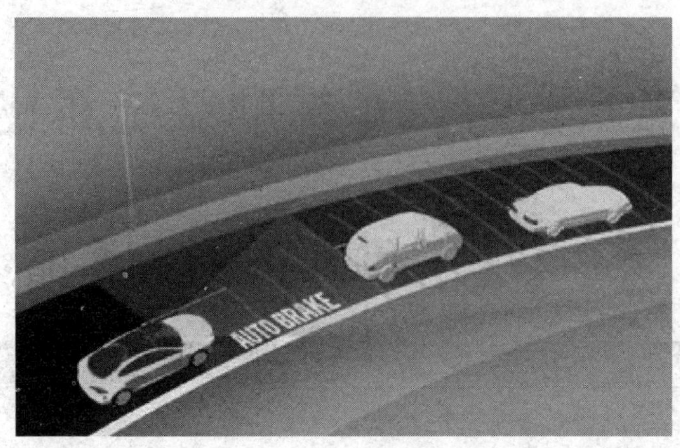

图 6-1-1　汽车自适应巡航控制系统

《智能运输系统自适应巡航控制系统性能要求与检测方法》(GB/ T 20608—2006)规定了自适应巡航控制系统的基本控制策略、最低的功能要求、基本的人机交互界面、故障诊断及处理的最低要求以及性能检验规程，适用于自适应巡航控制系统的性能检测。

汽车 ACC 系统的基本组成如图 6-1-2 所示，主要由信息感知单元、电子控制单元(ECU)、执行单元和人机交互界面构成。

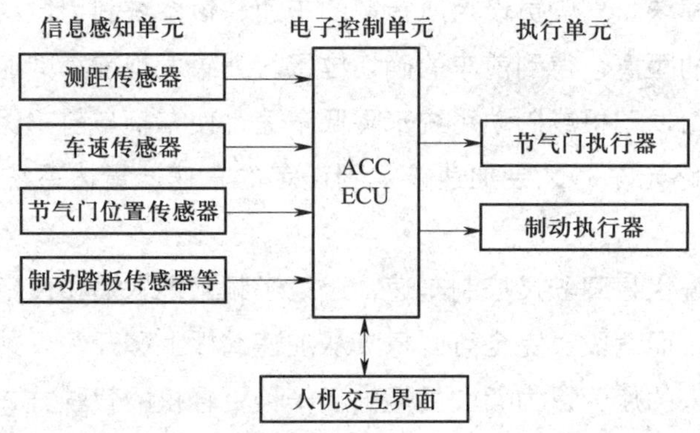

图 6-1-2　汽车 ACC 系统的基本组成

1. 信息感知单元

信息感知单元主要用于向电子控制单元(ECU)提供自适应巡航控制所需要的车辆行驶状况及驾驶员的操作信号，包括测距传感器、车速传感器、节气门位置传感器、制动踏板传感器等。

测距传感器安装在汽车前端，用来获取车间距离信号，其类型主要有雷达传感器、红外线传感器和视觉传感器等。其基本原理为：发射出去的雷达波束碰到物体表面后会被反射回来，以确定车距；通过多普勒效应可以探测与前车之间的距离；雷达信号呈叶片状向外扩散，根据反馈角度可确定前车位置。

测距雷达用于测量自车与前方车辆的车头间距、相对速度、相对加速度，是自适应巡航控制系统中的关键设备之一，也是决定该系统造价的主要元件。当前应用到 ACC 系统上的雷达主要有毫米波雷达、激光雷达以及红外探测雷达等。

应用雷达测距需要防止电磁波干扰，雷达彼此之间的电磁波和其他通信设施的电磁波对其测距性能都有影响，越来越多的车型采用摄像头作为传感器，感知周边环境。相比于雷达，摄像头分辨率更高，可以获取足够多的环境细节，根据数据库描绘物体的外观和形状、读取标志等，这些功能是其他传感器无法做到的。

摄像头按照镜头数分类，主要分为单目和双目摄像头两种。单目摄像头成本比双目摄像头低；双目摄像头基于三角测距原理，两个摄像头之间的距离不能发生任何变化，因此对制造工艺的要求极高，成本也比单目摄像头要高得多。因此，单目摄像头得到了更多汽车生产厂商的青睐。

车速传感器安装在变速器输出轴上，用于获取实时车速信号；节气门位置传感器安装在节气门轴上，用于获取节气门开度信号；制动踏板传感器安装在制动踏板下，用于获取制动踏板动作信号。

2. 电子控制单元

电子控制单元包括 ACC 系统本身的控制模块和车辆 ECU。完成对雷达信号的处理和自适应巡航控制流程后，通过 CAN 数据总线与车辆主控 ECU 相连，作用到执行器。ACC 系统的核心技术即在于此，虽然基本原理大致相同，但各生产厂商 ACC 系统控制的细节区别很大，有经典的 PID 控制，也有采用 LQ 最佳控制、LQG 最佳控制，还有模糊控制、神经网络控制等。

ECU 以微处理器为核心，包括时钟电路、复位电路、电源电路、传感器输入接口电路以及与监控主机进行数据交换的串行通信接口电路等，用于实现系统的控制功能。ECU 根据驾驶员所设定的安全车距及巡航行驶速度，结合测距传感器传送来的信息确定当前车辆的行驶状态。当两车间的距离小于设定的安全距离时，ECU 计算实际车距和安全车距之比及相对速度的大小，选择减速方式，同时通过报警器向驾驶员发出报警，提醒驾驶员采取相应的措施。

3. 执行单元

执行单元包括节气门执行器和制动执行器。节气门执行器用于调整节气门的开度，使车辆加速、减速及定速行驶；制动执行器用于紧急情况下的制动。

4. 人机交互界面

人机交互界面用于驾驶员设定系统参数及系统状态信息的显示等。

驾驶员可通过设置在仪表盘上的人机交互界面启动或清除 ACC 系统控制指令。启动 ACC 系统时，要设定当前车辆在巡航状态下的车速和与目标车辆间的安全距离，否则 ACC 系统将自动设置为默认值，但所设定的安全距离不可小于设定车速下交通法规所规定的安全距离。汽车 ACC 系统的主要功能是基于特定的信息控制车速与前方车辆运动状况相适应，这些信息包括与前车间的距离、本车的运动状态和驾驶员的操作指令等。基于这些信息，

ECU 发送控制指令给执行单元以执行纵向控制，同时将状态信息通过 ACC 信息显示界面提供给驾驶员，如图 6–1–3 所示。

图 6–1–3　ACC 信息显示界面

二、ACC 的工作原理

汽车 ACC 系统通过对车辆纵向运动进行自动控制，以减轻驾驶员的劳动强度，保障行车安全，并通过简便的方式为驾驶员提供辅助支持。汽车 ACC 系统工作模式如图 6–1–4 所示，一般有 4 种典型的工作模式，即巡航控制、减速控制、跟随控制和加速控制。

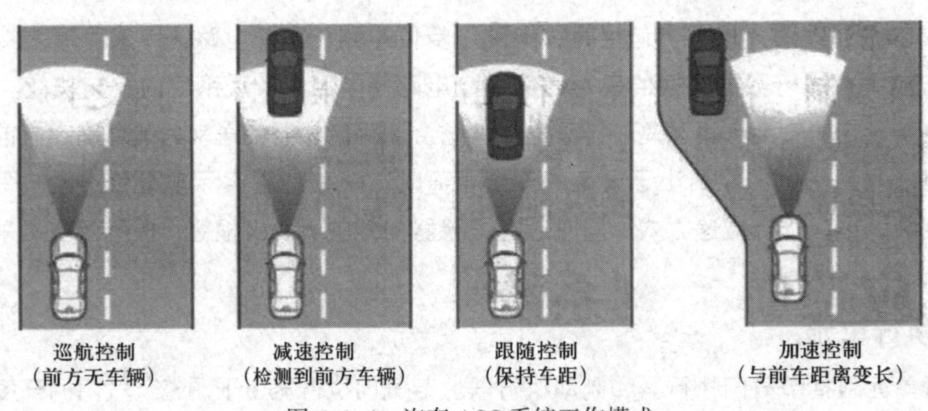

图 6–1–4　汽车 ACC 系统工作模式

雷达传感器探测主车前方的目标车辆，并向电控单元提供主车与目标车辆间的相对速度、相对距离、相对方位角度等信息。电控单元根据驾驶员所设定的安全车距及巡航行驶速度，结合雷达传感器传送来的信息确定主车的行驶状态。

1. 巡航控制

假设当前车辆设定车速为 100 km/h，目标车辆行驶速度为 80 km/h。当本车前方无行驶车辆时，ACC 系统按照设定的行驶车速对车辆进行巡航控制。

电控单元根据设定信息，可通过控制电子节气门（发出指令给驱动电动机，并由驱动电动机控制节气门的开度，以调整可燃混合气的流量）对整个车辆的动力输出实现自动控制功能，本车处于普通的巡航行驶状态。

2. 减速控制

当本车前方有目标车辆，且目标车辆的行驶速度小于设定速度时，ACC 电控单元计算实车距和安全车距之比及相对速度的大小，进行减速控制，同时通过报警器向驾驶员发出警报，提醒驾驶员采取相应的措施。

3. 跟随控制

当 ACC 系统将当前车辆减速至理想的目标值之后采用跟随控制，与目标车辆以相同的速度行驶。当与前车之间的距离过小时，ACC 电子控制单元可以通过与防抱死制动系统、发动机控制系统协调动作，使车轮适当制动，并使发动机的输出功率下降，以使车辆与前方车辆始终保持安全距离。电控单元还可以控制集成式电子真空助力器（EVB）系统，当驾驶员不制动时，EVB 开始工作，其中的电磁铁将代替驾驶员对真空助力器内部的真空阀和大气阀进行操作，进而达到调节制动压力的目的。

4. 加速控制

当前方的目标车辆发生移线，或当前车辆移线行驶使前方无车辆时，ACC 系统将对当前车辆进行加速控制，使当前车辆恢复到设定的车速。在恢复行驶速度后，ACC 系统又转入对当前车辆的巡航控制。当驾驶员参与车辆驾驶后，ACC 系统自动退出对车辆的控制。

三、汽车 ACC 系统的应用

装配有 ACC 系统的车辆，在驾驶员设定好车速后，系统通过安装在车头的雷达传感器进行车距确认，安装在前后轮毂上的轮速传感器可以检测出车辆的行驶速度，方向角传感器可以判断车辆行驶的方向，发动机控制器和扭矩控制器则探测和调整发动机的扭矩输出，以提高发动机的动力性，并适时调整车辆的行驶速度。各种控制器和传感器则由车内行车 ECU 进行控制，所以当前方车辆紧急减速或遇有行人时，装有 ACC 系统的车辆在设定好车速后能够自动进行减速，可以提前介入进行制动。

1. ACC 的作用

（1）通过车距传感器的反馈信号，ACC 电子控制单元可以根据靠近车辆物体的移动速度判断道路情况，并控制车辆的行驶状态；通过反馈式加速踏板感知到的驾驶员施加在踏板上的力，ACC 电子控制单元可以决定是否执行巡航控制，以减轻驾驶员的疲劳。

（2）ACC 系统一般在车速大于 25 km/h 时才会起作用，而当车速降低到 25 km/h 以下时，就需要驾驶员进行人工控制。通过系统软件的升级，ACC 系统可以实现“停车 / 起步”功能，以应对在城市中行驶时频繁的停车和起步情况。ACC 系统的这种扩展功能，可以使汽车在非常低的车速时也能与前车保持设定的距离。当前方车辆起步后，ACC 系统会提醒驾驶员，驾驶员通过踩加速踏板或按下按键发出信号，车辆就可以起步行驶。

（3）ACC 系统使车辆的编队行驶更加轻松。ACC 控制单元可以设定自动跟踪的车辆，当本车跟随前车行驶时，ACC 控制单元可以将车速调整为与前车相同，同时保持稳定的车距，而且该距离可以通过转向盘附近的控制杆上的设置按键进行选择。

2. ACC 系统的使用

ACC 系统的指令通过 ACC 操作面板上的控制开关由驾驶员设定，如图 6–1–5 所示。其中，模式选择主要有限速巡航和自适应巡航两种。车速有设定区间，如 30 ~ 150 km/h；在高速公路上行驶时，设定的速度不要超过高速公路规定的限速，一般为 80 ~ 120 km/h；车距一般由远及近有 5 个挡位供选择，选择多大的车距要根据车速和路况决定，比如在高速公路上行驶时，建议距离设定在较远的两个挡位。这些参数设定好后，ACC 系统就可以工作了。

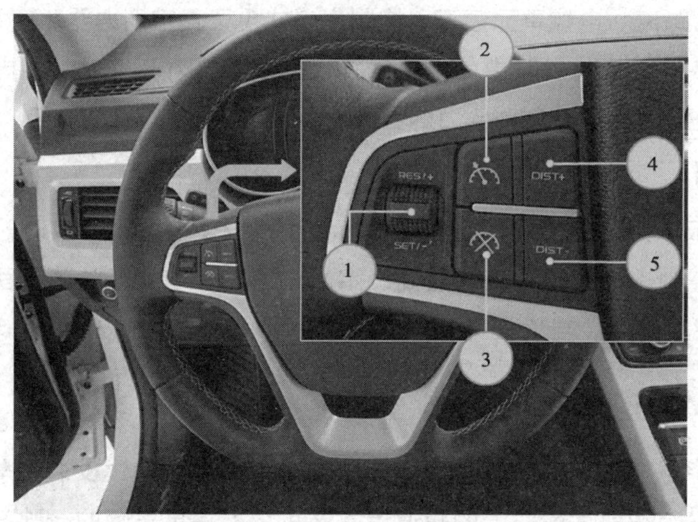

图 6–1–5　ACC 操作面板

①—车速调整及设定按钮　②—ACC 开关按键　③—ACC 取消按键

④—增大跟车距离按钮　⑤—减小跟车距离按钮

当汽车进入自适应巡航状态后，驾驶员的右脚无须一直踩着加速踏板，只要握好转向盘，控制行驶方向即可。如果当前的车速低于设定的车速，汽车会自动加速到设定的车速，并保持巡航。车头测距传感器持续工作，探测前方是否有车辆；如果前方有车辆在设定的距离之外，则汽车仍然保持设定的速度行驶；如果前方车辆速度较慢，当前车辆接近了预设的安全距离范围，ACC 系统就会立即做出反应，主动进行制动，让汽车保持在预定的安全距离。如果驾驶员不人为实施变道超车等动作，同时前方车辆保持之前的行驶状态，当前车辆会一直保持安全距离跟车行驶。如果前方车辆变道让行，ACC 系统会立即加速到预定的速度。如果驾驶员需变道超车，可直接深踩加速踏板变道超车即可。另外，如果驾驶员预见前方路况比较复杂，担心 ACC 系统不能正确处理，只需轻踩制动踏板即可解除 ACC 系统对车速的控制。

ACC 系统作为高级驾驶辅助系统（ADAS）的一种，是将来自动驾驶功能的过渡配置之一。但是，ACC 系统并不能保证在所有的道路情况下都有效，驾驶员仍然要负责保持合适的车距和车速，并在可能发生危险时进行干预。作为最终的使用者，首先要清楚 ACC 在哪些情况下会失效或性能下降，这样才能安全地享受到 ACC 功能带来的便利。

随着汽车技术的发展，出现了更多像 ACC 这样的辅助驾驶系统，比如主动制动、偏航预警等，这些新技术完善了 ACC 的功能，带有主动制动的车辆在 ACC 开启时其安全性更高，一旦 ACC 判断失误，还有第二道甚至第三道安全防护，以确保行车安全。

目前，我国装配 ACC 的车型并不多，装配车型也都以中高级车型为主，如大众 CC，奥迪 A6、A8，丰田皇冠，三菱等，相信随着时间的推移以及技术的成熟，ACC 能够成为更多车型的标配，而不是只有高端车型才能享受的奢侈品。

拓展学习

吉利博瑞自适应巡航控制系统（ACC）

吉利博瑞配置了自适应巡航控制系统，可以使车辆在 30 ~ 150 km/h 的范围内定速巡航，也可以设定车辆与前车的距离进行跟车巡航。根据前方有无车辆，系统还可以在定速巡航和跟车巡航之间自动切换。

ACC 自适应巡航控制按键位于转向盘左侧，如图 6-1-6 所示。

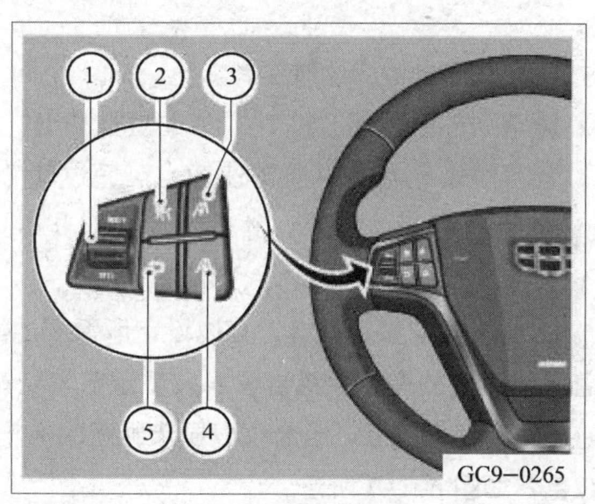

图 6-1-6　吉利博瑞自适应巡航控制系统控制面板

①—车速调整及设定按钮　②—ACC 开关按键　③—减少时距按键　④—增大时距按键　⑤—ACC 取消按键

1. ACC 控制面板各按键的功能

（1）按下 ACC 开关按键可以开启或关闭 ACC 自适应巡航控制系统。当出现故障时，组合仪表上的指示灯点亮。

按下 ACC 取消按键，车辆暂时取消自适应巡航控制。

（2）RES+（恢复 / 加速）：推动调整按键可恢复为上一次设定的巡航车速或加速。

（3）SET-（设定 / 减速）：拨动调整按键可设定巡航车速或减速。

每次 ACC 关闭后重新开启，系统无巡航车速记忆值，仅可以使用“SET-”进行激活，并将当前车速设置为巡航车速。

（4）减少时距按键：按下此按键，减少自身车辆与前方车辆之间的时距。

（5）增大时距按键：按下此按键，增加自身车辆与前方车辆之间的时距。

2. 激活 ACC 需满足的条件

（1）按下 ACC 开关按键开启自适应巡航控制系统。

（2）挡位在前进挡。

（3）发动机处于运转状态。

（4）驻车制动未开启。

（5）四车门、行李舱盖和发动机舱盖均处于关闭状态。

（6）制动踏板未踩下。

（7）车速不低于 30 km/h。

（8）未关闭 ESP 开关。

（9）车辆稳定行驶，ESP 系统未介入。

（10）未因为频繁制动而造成制动器温度过高。

（11）中距离雷达无温度过高、污损或故障等问题。

3. 设定车速

（1）按下 ACC 开关按键，开启自适应巡航控制。

（2）当车辆满足 ACC 激活条件时，朝“SET-”方向短按按键，可以将当前车速设定为巡航车速，并激活 ACC；若系统中已存有巡航车速，也可通过朝“RES+”方向短按按键，将系统储存的巡航车速设置为当前巡航车速，并激活 ACC。此时组合仪表上的指示灯点亮。

（3）朝“RES+”或“SET-”方向拨动按键，可以设定所需要的巡航车速。

在巡航过程中，随着车间距离的变化，组合仪表会显示前车到本车的距离的不同状态，以提醒驾驶员。如果与前车距离越来越近，组合仪表显示界面的前车图像将变大，颜色预警区将由绿色变为橙色或红色，如图 6-1-7 所示。

4. 设定车间时距

ACC 控制需要驾驶员设定一个安全的车距，系统可调节车速以使车辆与前方的车辆保持适当距离。可通过按下车距控制按键降低或增加本车与前方车辆之间的时距。可以从 3 项车间时距设置中选择任意一项，车间时距分为 1.0 s、1.5 s 和 1.9 s 三挡，每次打开启动开关时，默认的车间时距为 1.9 s。组合仪表通过界面右侧的箭头长短显示不同的车间时距，如图 6-1-8 所示。

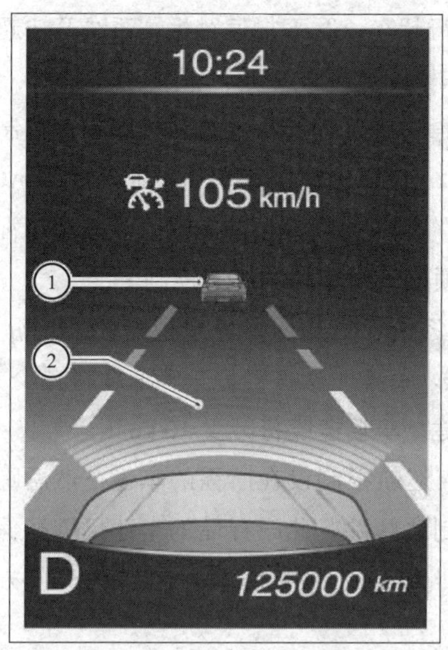

图 6-1-7　吉利博瑞组合仪表 ACC 显示界面
①—前车图像　②—颜色预警区

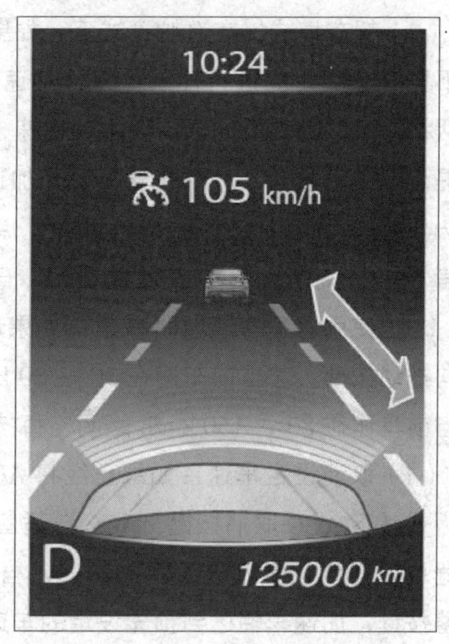

图 6-1-8　吉利博瑞组合仪表 ACC 显示车距

抬头显示器通过不同距离格数显示不同的车间距离，如图 6-1-9 所示。当 ACC 探测到前方车辆时，图示①区将显示车辆图案。图示②区方格数显示本车在跟随前车时的车间距离状态。

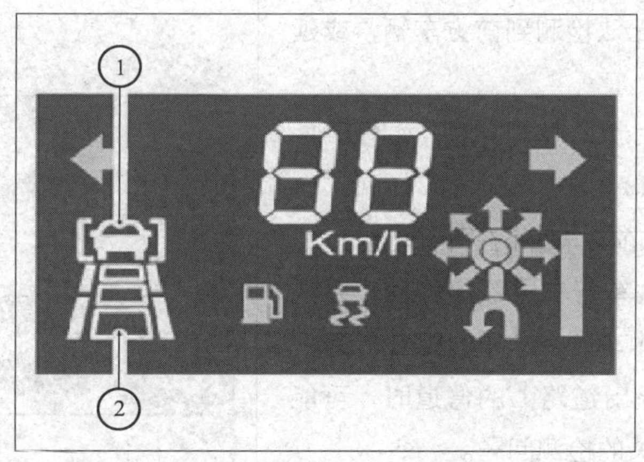

图 6-1-9　吉利博瑞抬头显示器可显示车距
①—车辆图案显示区　②—本车与前车的车间距离状态显示区

5. ACC 的使用方法

（1）使用自适应巡航时提速有两种方法：①踩下加速踏板可以提高车速。②如果巡航控制系统已经启用，若要稍许加速，朝“RES+”方向按动按键。若当前车速在 30 ~ 80 km/h 之间，每按动一次“RES+”，车辆速度将增加 5 km/h；若当前车速在 80 ~ 150 km/h 之间，每按动一次“RES+”，车辆速度将增加 10 km/h。

（2）超车模式：在巡航模式下，如果需要进行超车，踩下加速踏板，系统开启超车模式并不再对车间距离进行控制；松开加速踏板，车辆回到巡航车速。具体操作如下：在 ACC 激活状态下，驾驶员如果需要主动提速，则可以通过踩加速踏板的方法接管车速控制，仪表会提示“主动提速”；当驾驶员松开加速踏板后，ACC 自动接管车速控制。如果 ACC 系统无法与前车之间保持设定的车间时距，或以较高的相对速度接近前车时，仪表提示视觉和声音信号警告（请接管），在此情况下，驾驶员必须接管对车辆的纵向控制。

（3）使用自适应巡航时减速：如果巡航控制系统已经启用，若想稍许减速，朝“SET–”方向按动按键。若当前车速在 30 ~ 80 km/h 之间，每按一次按键，车辆速度将减少 5 km/h；若当前车速在 80 ~ 150 km/h 之间，每按一次按键，车辆速度将减少 10 km/h。

（4）取消设定车速：如果已经将 ACC 自适应巡航控制设在所需的车速，然后踩下制动踏板或按下 ACC 取消按键，ACC 自适应巡航控制会解除，此时存储的车速仍继续保留在存储器中。若要恢复预先设定的车速，当车速达到 30 km/h 或以上时，向“RES+”方向推动调整按键，加速车辆达到预先设定的车速。

（5）断开自适应巡航控制：轻踩一下制动踏板，可以退出自适应巡航控制；按下 ACC 取消按键，退出自适应巡航控制；按下 ACC 开关按键，彻底关闭自适应巡航控制系统。

6. 使用注意事项

（1）探测问题

中距离雷达的可探测范围有限，某些情况下，雷达传感器可能无法检测到前方车辆，或延时检测出前方车辆。

下列情况可能发生 ACC 探测问题，如图 6–1–10 所示。

1）本车行驶道路与前方车辆不在同一车道。

2）有车辆沿着本车行车道缓缓移动。系统仅可检测到完全驶入本车所在车道的相应车辆。

3）本车进入或退出道路上的弯道时，可能会发生与前方车辆相关的检测问题。

此外，当前方车辆为大型载货车时，检测出车辆的时间可能会延迟（图 6–1–10）。在这些情况下，驾驶员应保持警觉，必要时应采取紧急措施并暂时关闭 ACC 功能。

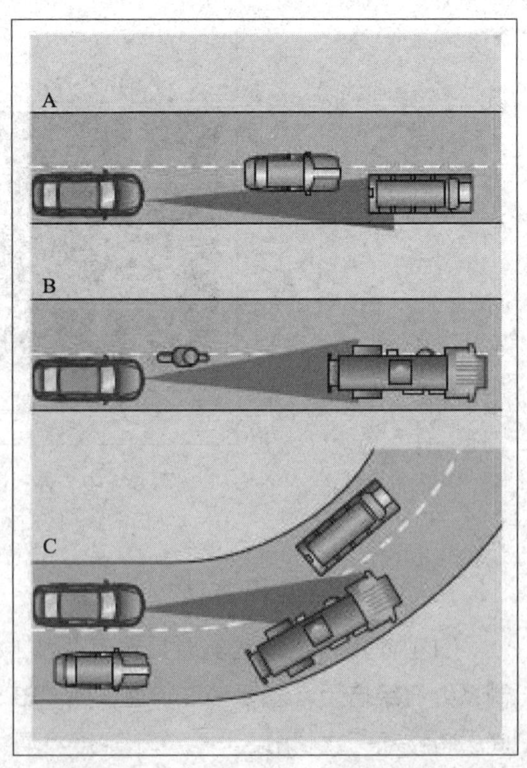

图 6–1–10　可能发生 ACC 探测问题的情况

发生以下情况请务必前往相关汽车服务站对雷达进行专业校准。

1）已拆卸和安装中距离雷达。

2）在进行四轮定位的过程中已调节前束和后桥车轮外倾。

3）车辆发生过磁撞后。

4）ACC 功能下降或异常。

（2）应该注意的问题

ACC 不是一个专业障碍物探测系统，也不是一个确保行车安全的系统或者碰撞报警系统，而是一个舒适性系统，驾驶员必须一直保持对车辆的控制并且对车辆安全负有全部责任。驾驶员需依据前方的车流量、当前天气状况（如雨雪）等，来调整跟车距离，对 ACC 系统进行合理设置。驾驶员需要始终保证车辆的安全行驶，与前车保持车距是驾驶员应有的责任。ACC 的功能可以辅助驾驶员工作，但是不能代替驾驶员进行驾驶。即使 ACC 处于激活状态下驾驶员也必须谨慎驾驶，并且需要服从限速规则。在 ACC 工作时，如果驾驶员踩踏加速踏板，车辆将被驾驶员接管，ACC 系统的车距控制功能将不会激活。

1）ACC 适合在高速公路和路况良好的道路上使用，而不适合在城市道路或者山路上使用。

2）ACC 系统对行人没有反应。

3）ACC 功能对静止的或缓慢移动的车辆 / 物体没有反应，对迎面而来的车辆也没有反应。

4）当进入和驶出弯道时，目标的选择有可能延迟或受到干扰。

5）在以下情况下 ACC 车辆将可能不按预期制动或制动过晚。

①在某些情况下（前车的相对速度过大，过快换道，或安全距离过小等），ACC 没有足够的时间来减小相对速度。在这种情况下驾驶员必须适当地做出反应。

②如果前车突然制动（紧急停车），就会有 ACC 无法做出反应或对前车反应过慢的问题，从而导致制动过晚的风险。在此情况下，驾驶员不会收到接管请求。

③在急转弯道路上，如蛇行道路上有可能出现前车由于中距离雷达视野限制在几秒钟内发生丢失，这可能会导致 ACC 车辆加速。

④如果 ACC 车辆与相邻车道距离过小（或者是相邻车道上的车辆太靠近 ACC 车辆的车道），有可能发生 ACC 对该车辆做出反应并制动。

⑤如果车辆切到 ACC 车辆的路径中，且在雷达的探测范围内，则将被识别成目标车辆，并且按照目标车辆进行反应，这有可能导致强力制动或较晚制动的发生。

⑥在某些环境中探测有可能受到影响或者发生延迟，如目标的雷达反射截面积过小（可能是自行车、四轮马车或者行人）时，系统将有无法确认与前车距离的风险，这会导致对该类车辆反应延迟或无法反应的情况。在此类情况下驾驶员需要进行车速控制。此外，探测还可能受到噪声或电磁干扰等影响，从而产生延迟或受到干扰。

⑦中距离雷达的视野不能被污染物遮挡。尤其当积雪完全覆盖时会导致 ACC 系统退出，并会通过人机界面向驾驶员传递系统退出的信息。

⑧中距离雷达的校准可能受到振动或者碰撞影响，使系统性能下降。在此情况下，中距离雷达需要重新检查、重新校准。

6）遇到下列情况时驾驶员必须特别警觉。

①前方目标车辆制动停车，则 ACC 也随之减速，但并不能使车辆停止，车速降低到 25 km/h 以下时 ACC 自动退出工作状态，需驾驶员及时接管车辆。

②左侧超车时如打开转向信号灯，ACC 自动使车辆加速，缩短与前车的距离。如本车驶入超车道，并且前方无车辆时，ACC 自动将车速提高到设定的巡航车速，并以巡航车速恒速行驶。

③ ACC 无法探测到其目标车辆上装载的突出其车身侧面、后端或车顶的物品或安装的附件。如前方车辆装有上述特殊装载物或特殊设备，超越此类车辆时务必关闭 ACC。驾驶员应视情况主动施加制动。

④路轨或筑路用金属板等金属物体均可能干扰中距离雷达，使 ACC 无法正常工作。

⑤牵引挂车行驶时会降低 ACC 工作的动态特性。

⑥在能见度差的情况下，或沿坡道及多弯路段，或在湿滑路面（如冰雪、潮湿或积水路段）上行驶时切勿使用 ACC。

⑦系统要求驾驶员接管车辆后，如本车继续移动，驾驶员则必须踩下制动踏板对车辆施加制动。

⑧如组合仪表显示屏提示驾驶员接管车辆，则驾驶员必须自己控制与前车的距离。

⑨驾驶员务必随时准备通过加速或制动自己控制车辆。

⑩中距离雷达安装在前保险杠下方，如中距离雷达被污物覆盖，则性能会降低，从而使 ACC 无法工作，仪表会提示清理中距离雷达表面污物。中距离雷达的前方及周围区域不得有其他物体（如牌照架）遮挡，否则 ACC 功能可能会恶化。

⑪结构性改装车辆，例如降低底盘高度或改变车辆前端号牌安装板均可能使 ACC 功能恶化。

§6–2 自动泊车辅助系统

学习目标

1. 熟悉汽车自动泊车辅助系统的基本功能。
2. 理解汽车自动泊车辅助系统的组成、结构及工作原理。
3. 了解汽车自动泊车辅助系统的工作过程及应用。

学习导入

相关数据显示，由于车后盲区所造成的交通事故约占全国交通事故的 30%。汽车尾部盲区的潜在危险往往会给人们带来生命财产的重大损失以及精神上的严重伤害。对于相当一部分驾驶员来说，倒车驾驶操作是一项比较难掌握的驾驶技术，甚至驾车多年的驾驶员仍然掌握不好。汽车倒车辅助装置可分为两类：一类是手动类（以传统倒车系统为代表），另一类是自动类（以智能倒车系统为代表）。传统倒车系统主要以倒车雷达和倒车可视为代表，通过发出警示声音或可视后部情况提醒驾驶员车后情况，使其主动闪避。此系统对于驾驶员而言，主动性较差，虽然能在很大程度上避免车辆对行人的伤害，却无法顺利有效地完成泊车，也不能很好地避免剐蹭或碰撞，因此智能倒车系统发展起来。

相关知识

自动泊车辅助系统（Park Assist，PA）是利用车载传感器探测有效泊车空间并辅助控制车辆完成泊车操作的一种汽车电子辅助系统。最初是用在斯柯达昊锐和途观等德国汽车上的 PLA（德语 Park Lenk Assistent 的缩写）技术。相比于传统的电子辅助功能，如倒车雷达、倒车影像显示等，自动泊车辅助系统智能化程度更高，减轻了驾驶员的操作负担，有效降低了泊车的事故发生率。

一、汽车自动泊车辅助系统的组成及原理

在倒车雷达成为汽车标配之后，自动泊车辅助系统渐渐成为另一种风行的汽车技术。

现在市面上可以见到的自动泊车系统主要有两种：一种是由系统自动控制转向盘，驾驶员控制加速及制动踏板，两者配合完成泊车动作的半自动泊车系统。此类系统应用相对普遍，如大众途安、途观、斯柯达昊锐及奥迪 S6 等车型配备的泊车入位系统。另一种是基于半自动泊车系统发展而来的全自主泊车系统，也称全自动代客泊车系统或遥控泊车系统。它可以代替驾驶员独立完成泊车动作，不需驾驶员坐在车上。拥有该系统的车辆，驾驶员在车辆到达停车场门口时即可下车，通过智能手表、手机或遥控钥匙给汽车发出信号，汽车即可自行驶入停车场，并熄火落锁。此类系统仅在少数豪华车上有所应用，主要依托车联网技术实现，如宝马 i3、奥迪 A7 等。

汽车自动泊车辅助系统主要由信息检测单元、电子控制单元和执行单元组成，如图 6-2-1 所示。

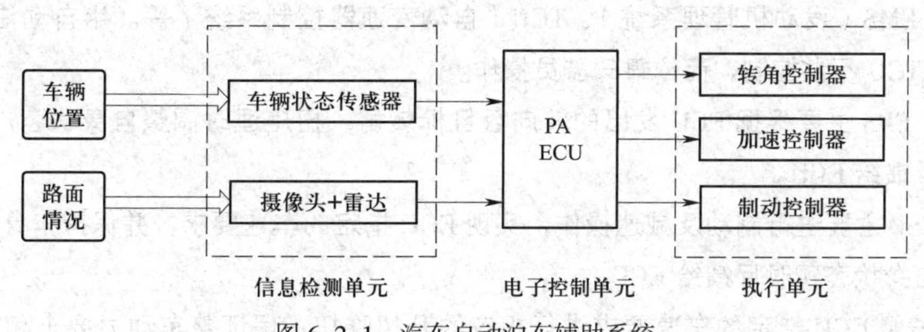

图 6-2-1　汽车自动泊车辅助系统

1. 信息检测单元

信息检测单元即环境感知模块，是自动泊车系统的“耳目”，利用摄像头或雷达传感器等对路面环境和车辆位置等环境信息进行检测。可采集图像数据及周围物体距车身的距离数据，并实时反馈车辆位置信息，通过数据线传输给电子控制单元。

轮速传感器用于检测车辆行驶情况，并传递行驶信息。

泊车雷达和转向辅助雷达利用超声波检测障碍物和距离。

摄像头辅助完成停车区域边界的白线识别。由于超声波传感器无法检测到白线，但自动泊车又必须考虑停车区域界线的识别，因此一般自动泊车系统会使用摄像头辅助进行白线识别，以保证车辆能够停在白线区域内。

超声波传感器和摄像头数量及布局取决于对周边物体的探测精度和完整度。超声波传感器一般有 8 ~ 16 个不等，摄像头有 1 ~ 3 个。不同的探测算法所要求的数量也会不同。

2. 电子控制单元

电子控制单元是自动泊车辅助系统的核心，主要用来处理从环境感知模块获得的环境实时信息，将信息检测单元上传的数据进行分析处理后，得出汽车的当前位置、目标位置以及周围的环境参数，依据这些参数做出自动泊车策略，向执行模块发出相应的操作指令。ECU 根据自带的各种算法获得正确的泊车策略和泊车路径，实时生成对各执行机构的操作指令。例如，是否进行制动减速、是否实施换挡、获取转向盘的实时角度及实时转矩、发动机是否进行加速操作等。接着，ECU 模块将指令转换成电信号传送给执行模块。其中，实时泊车空间探测、泊车路径和泊车策略是 ECU 的关键技术。另外，ECU 还要对系统进行实时诊断。

3. 执行单元

执行单元接收电子控制单元的指令，依据指令完成对汽车的驾驶操作，包括对角度、方向及动力支援等方面的操控，精确控制转向盘的转动、加速和制动运动，以使汽车能准确跟踪路径，按照决策路径控制车辆准确行驶到设定的泊车位置，并随时准备接收中断以紧急停车。

执行单元主要有 EPS（电子辅助转向系统）、电动助力转向、ABS/ESP（车辆稳定控制系统）、EMS（发动机管理系统）、TCU（自动变速器控制系统）等。半自动泊车系统对 ABS/ESP、TCU 不做控制，而依靠驾驶员操作。

其中，EPS 主要根据 ECU 发出的转向盘目标转角、扭矩适时调整自身状态，并将自身状态实时反馈给 ECU。

ABS/ESP 主要进行制动及减速操作，实现 ECU 指定的车速要求，并保持车身状态稳定。同时，将自身状态实时反馈给 ECU。

EMS 按照 ECU 指定的车速要求进行相应的升扭降扭，保证整车动力要求和排放要求，并将自身状态实时反馈给 ECU。

TCU主要按照ECU指定的挡位目标，实时调整挡位，并将自身状态实时反馈给ECU。

泊车辅助蜂鸣器在自动泊车过程中会发出提示音。

总的来说，自动泊车辅助系统会涉及汽车的以下部件：泊车辅助按键、前/后泊车辅助雷达、车身左/右泊车辅助转向雷达、摄像头、轮速传感器、电动助力转向、ESP控制单元、ECU、前/后泊车辅助蜂鸣器、转向灯拨杆和相关线束。

二、自动泊车辅助系统的工作过程

自动泊车的过程通常为当汽车进入停车区域后缓慢行驶，人工开启自动泊车辅助系统，或者根据车速自动启动自动泊车辅助系统，通过车载传感器扫描汽车周围环境，通过对环境区域的分析和建模，搜索有效泊车位；当确定目标车位后，系统提示驾驶员停车并自动启动自动泊车程序，根据所获取的车位大小、位置信息，由程序计算泊车路径，然后自动操纵汽车泊车入位。车辆自动泊车辅助系统正常工作需要一定的条件，大众CC对自动泊车系统的工作条件如下：

- 电子稳定程序必须打开。
- 车速为10 ~ 30 km/h。
- 拖车识别系统控制单元未识别到拖车（如果有）。
- 停车空位长度＞车身长度+1.4 m。
- 本车与其他车位的汽车横向距离在0.5 ~ 1.5 m。

使用自动泊车辅助系统倒入停车空位的过程分为四个阶段：

1. 激活自动泊车辅助系统

每次开始停车前，都必须重新激活自动泊车辅助系统，只有当车速低于30 km/h时，自动泊车辅助系统才能被激活。

2. 寻找合适的停车空位

自动泊车辅助系统寻找道路左右两侧的空车位，驾驶员信息系统显示找到一个足够大的空车位。

3. 借助自动泊车辅助系统泊车

汽车停止时挂上倒车挡后开始停车过程，自动泊车辅助系统把汽车转向空车位；对于半主动型自动泊车辅助系统，驾驶员必须负责制动和踩加速踏板。

4. 自动泊车过程完成

停车完成后，自动泊车辅助系统通过驾驶员信息系统显示泊车完毕，关闭自动泊车辅助功能并关闭停车辅助按键上的警报灯。

自动泊车技术逐渐由辅助泊车发展为替代驾驶者泊车，但各汽车生产厂商仍将其视为高科技魅力配置，仅标配中、高级车的旗舰车型或者提供选配。自动泊车技术应用的脚步显然落后于研发速度，这与该系统的技术成熟度、成本高低以及当前社会法律有关，也与消费者对该系统的评价和认知有关。

小阅读

超声波传感器

超声波传感器是汽车倒车雷达系统的核心部件。超声波传感器是将超声波信号转换成电信号的传感器。其作用是发出与接收超声波，检测车辆前后与障碍物之间的距离，将数据传输给倒车控制单元。控制单元通过计算处理，在显示器上显示出相应的图像或数据，或者由报警器发出警报。工作时，超声波发射器向汽车外面某一个方向发射出超声波信号，在发射超声波的同时开始进行计时，超声波通过空气进行传播，传播途中遇到障碍物就会立即反射传播回来，超声波接收器在收到反射波时立即停止计时。ECU 利用超声波在空气中的传播速度和计时器记录的传播时间，就可以测算出车辆到障碍物的距离，多个传感器同时工作并结合一定的算法就可以计算障碍物的位置。

车用超声波传感器的测量误差需控制在 1% 以内，否则会导致检测信息不准确，影响驾驶员判断。此外，车辆的使用环境比较复杂，需要超声波传感器可靠性高，防护等级高，防水且耐高温。

拓展学习

途观自动泊车辅助系统（PLA）介绍

1. 途观 PLA 的组成

途观自动泊车辅助系统主要由以下几部分组成（图 6–2–2）。

ESP：是指车身电子稳定系统，对各传感器传来的车辆行驶状态信息进行分析，帮助车辆维持动态平衡。

EPS：是指电子助力转向系统，根据转向传感装置和车速传感器传出的信号，确定转向助力的大小和方向，并驱动电动机辅助转向操作。

多功能仪表：提示停车位的信息和挡位切换信息。

PLA 开关：激活和关闭 PLA。

PLA 超声波传感器：测量停车位的长度。

PDC 系统传感器：探测周围障碍物。

2. PLA 传感器的探测范围

在后保险杠上配置有 4 个 PDC 系统传感器，中间 2 个的探测范围是 160 cm，侧边 2 个的探测范围是 60 cm，如图 6–2–3 所示。

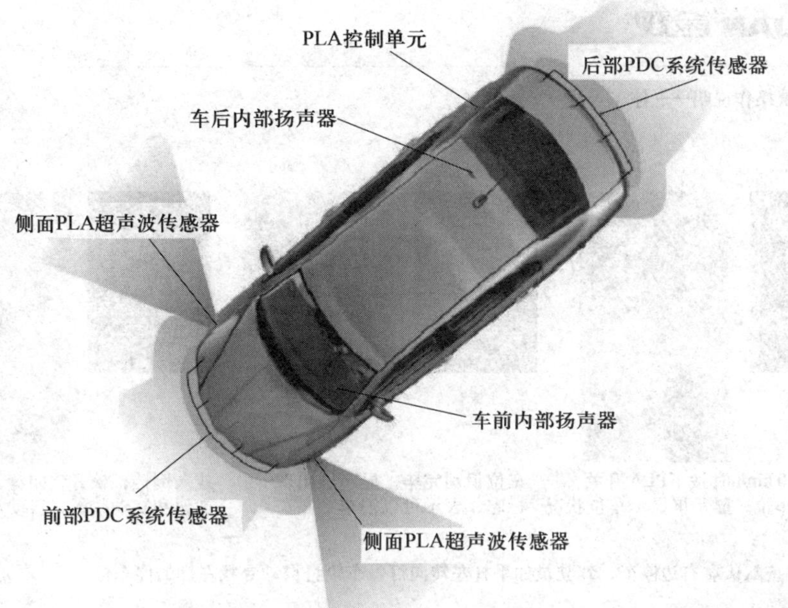

图 6–2–2　途观 PLA 系统的组成

前保险杠上配置有 4 个 PDC 系统传感器和 2 个 PLA 超声波传感器，前面 4 个是 PDC 系统传感器，探测范围是 120 cm；侧边 2 个是 PLA 超声波传感器，探测范围是 60 cm。前后 PDC 系统传感器的连续报警区都是 30 cm。

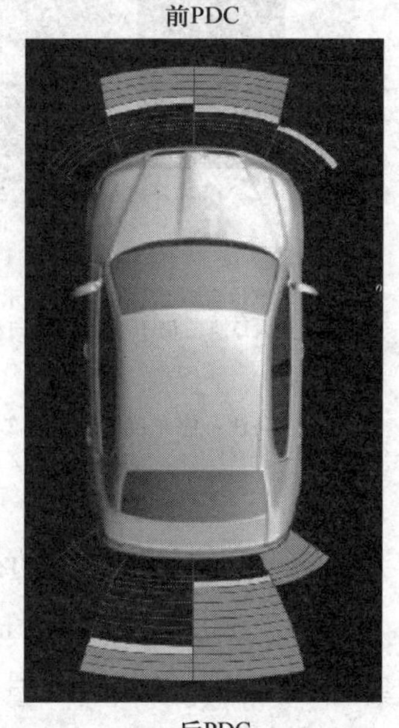

图 6–2–3　PLA 系统传感器的探测范围

3. PLA 系统技术参数

（1）系统版本：PLA1.5。

（2）系统特性：单步停车和多步停车。

（3）前进车速要求：≤ 30 km/h。

（4）前进时，与旁边车辆的距离要求：50 ~ 150 cm。

（5）倒车车速要求：≤ 7 km/h。

（6）倒车时间（挂入 R 挡后）要求：≤ 3 min。

（7）单步停车，停车位长度最小要求：≥整车长度 +140 cm。

（8）多步停车，停车位长度最小要求：≥整车长度 +80 cm。

4. 自动停车的操作步骤

以上海大众汽车途观车型为例，如图 6–2–4 所示。

5. PLA 系统注意事项

（1）车辆启动后，首次前进车速要求≥ 10 km/h，之后再按下 PLA 开关，才能激活 PLA 系统。

（2）ESP 处于打开状态，而且无故障报警。

TIGUAN 途观

PLA系统操作说明——停车入位

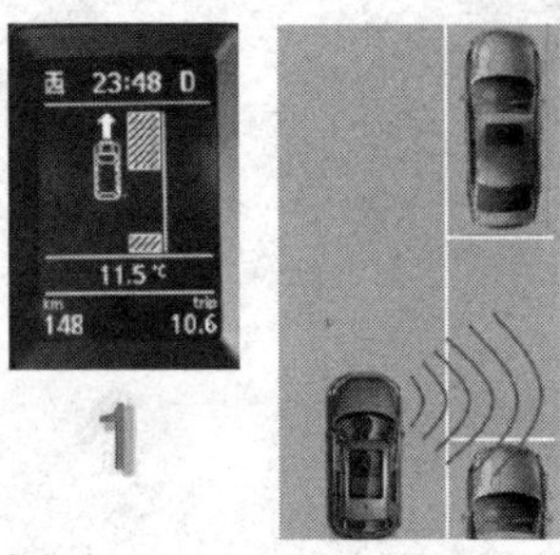

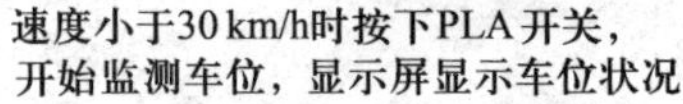

速度小于30 km/h时按下PLA开关，开始监测车位，显示屏显示车位状况

车位识别完毕，显示屏出现标志，表示可以泊车

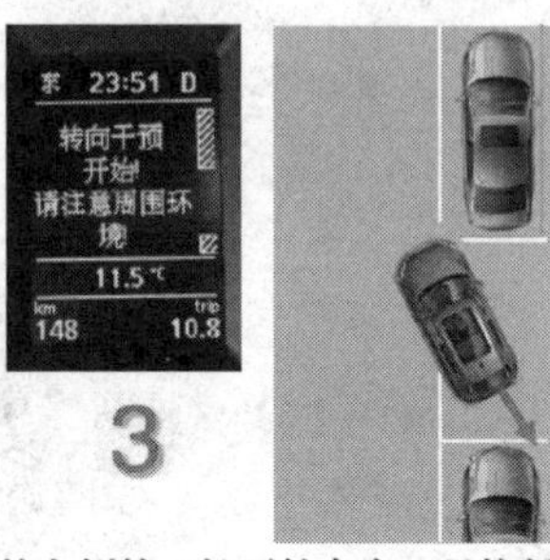

挂入倒挡，松开转向盘，只控制加速和制动踏板，自动泊车入位

备注：系统默认靠右边停车，驾驶员如果打左转向灯，车辆将自动寻找左侧的停车位

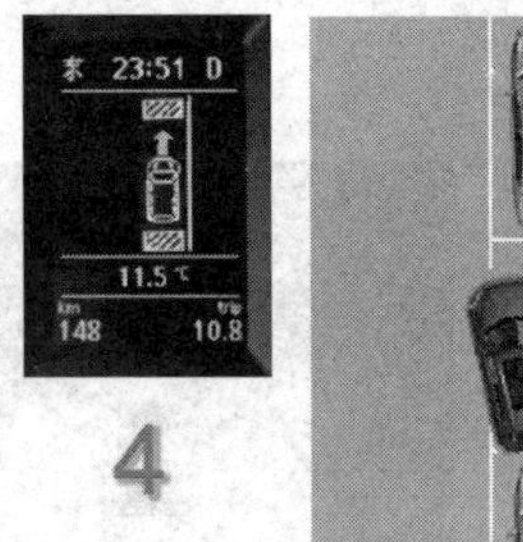

车辆位置靠后，显示屏提示前移，挂入D挡，仍不要触摸转向盘

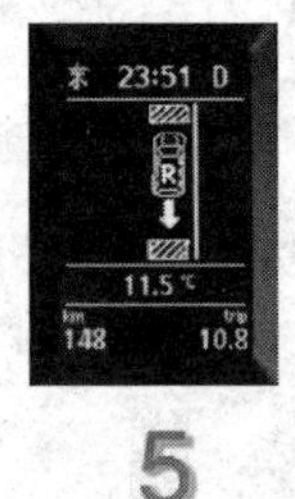

车辆位置靠前，显示屏提示后移，再次挂入倒挡，仍不要触摸转向盘，前后移动可能需要多次

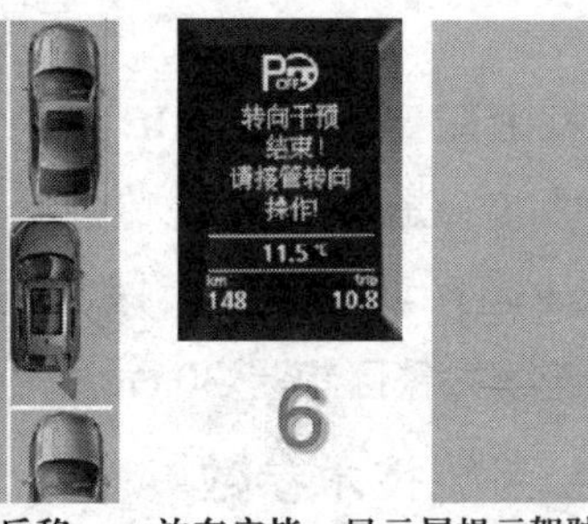

泊车完毕，显示屏提示驾驶员接管转向盘，此时车辆已经停好

备注：停车位长度超过车辆长度1.4 m时，无须第4、5步，可一次自动倒入车位

图 6-2-4　自动停车操作步骤示例

（3）关闭 EPB 和 AUTOHOLD 功能。

（4）前进车速≤ 30 km/h，系统才开始寻找停车位。车速超过 45 km/h，系统自动关闭。如果车速大于 30 km/h，且小于 40 km/h，按下 PLA 开关，则只有当车速小于 30 km/h 时，系统才会自动开启。

（5）系统默认向右寻找停车位。如果要向左停车，需要在按下 PLA 开关后，打开左转向灯，系统自动搜索左边的停车位置信息，同时仪表上会有相应的提示。

（6）当停泊车辆的车头部分快接近第一个障碍物（车辆）前，按下 PLA 开关，并且离开障碍物（车辆）的平行距离要求在 50 ～ 150 cm。

（7）在系统提示找到停车位时，车辆停止并保持至少 1 s，然后再挂入倒挡。

（8）在系统挂入倒挡后，系统要求在 3 min 内完成自动泊车过程。

（9）在自动泊车过程中，要求车速≤ 7 km/h。

（10）在自动泊车过程中，加速和制动踏板由驾驶员控制，转向盘的转动由 PLA 系统自动控制，驾驶员不能干预。

（11）在多步自动泊车过程中，根据仪表上的提示符号，切换前进挡和倒车挡，而且更换挡位后，待转向盘自动转向完成后，再松开制动踏板，进行前后移动。

（12）PLA 系统不能自动制动，所以听到连续报警声后，驾驶员应立即制动。

§6–3　夜视辅助系统

学习目标

1. 熟悉汽车夜视辅助系统的概念及作用。
2. 了解汽车夜视技术的类型及特点。
3. 理解汽车夜视辅助系统的结构及原理。

学习导入

有调查显示，60% 的交通事故都发生在夜间及天气不良的情况下，死亡性事故中有约 50% 是在夜间发生的。夜间及不良天气下驾车视线比较差，如果汽车速度较快就很容易发生事故。尤其是在夜间，汽车在没有路灯的道路上行驶，受车灯照射距离的限制，无法保证车辆的行驶安全。为了提高汽车夜间行驶的性能，一些汽车生产厂商首先在高档汽车上研究安装了夜视辅助设备，以保证夜间行车安全。

汽车夜视辅助系统是一个典型的由军事装备转化为民用产品的例子。夜视辅助系统的用途很广，因为造价昂贵，因此主要用于军事方面，如坦克、装甲运输车辆、侦查车辆等。把具有夜视能力的仪器设备安装在坦克上，可以使坦克在夜间能够看清目标，行动自如，提高了坦克等军事装备的夜间机动能力和作战能力。近年来，随着科技的进步，其造价越来越低，而汽车的性能要求越来越高，使一些高端汽车产品优先引入了夜视辅助系统。事实证明，配备有夜视仪的车辆夜间行驶安全性明显提高，是汽车工业技术进步及安全理念进一步提升的新体现。

相关知识

一、汽车夜视辅助系统的概念及作用

汽车夜视辅助系统（Night Vision Device，NVD）是一种利用微光技术或红外线技术辅助驾驶员在黑夜中看清道路、行人和障碍物，以减少事故发生，增强主动安全的系统。

在汽车夜视辅助系统的帮助下，驾驶员在夜间或弱光线的驾驶过程中会获得更广阔的视

野和更高的视觉效果，并能针对潜在危险向驾驶员提供更加全面准确的信息或发出早期警告，提升驾驶员的预见性，提高车辆行驶的安全性。

汽车夜视辅助系统不仅能够使驾驶员在黑夜（没有任何灯光照明的情况下）也能像白天那样清晰准确地观察到路面情况，而且还具有在两车交会时，能大大降低前方汽车灯强光对驾驶员视觉刺激及提高驾驶员在雾中行车的辨别能力。此外，为看清车后的情况，有些车辆还装备有自动防眩目后视镜，当后方来车的灯光照射在后视镜上时，自动感应装置可使液晶玻璃反光镜表面反光柔和，保护驾驶员眼睛不受后方车辆灯光的刺激。

汽车夜视辅助系统还能给驾驶员带来更大的安全感。它通过红外成像技术在黑暗中辨认物体，既可以看到前方道路上人眼难以观察到的危险，也可以看到前照灯照射不到的区域，而耗电量却只有汽车前照灯的 1/4。如果夜间汽车行驶前方有一个成年人，视力好的驾驶员用近光灯可以在距行人 80 ~ 90 m 处看到他，用远光灯可在 150 m 左右看清他；而用夜视辅助系统却可以在 450 m 外就能发现前方的行人，如图 6-3-1 所示。而且，即使打开汽车前照灯也不影响夜视辅助系统图像的显示，迎面驶来车辆的强烈灯光也不会使夜视辅助系统致盲。此外，夜视辅助系统是全天候的电子眼，在雾、雨、雪等不良天气条件下，可以非常清楚地观察到前方路面的情况，大大提高了汽车的行驶安全性。

图 6-3-1　装备有夜视辅助系统的车辆

汽车夜视辅助系统属于汽车主动安全防护设备，是高新科技在汽车产品上的具体应用，也诠释了汽车发展“以人为本”的理念。越来越多的汽车生产厂商开始开发和应用汽车夜视辅助系统，整体提高了车辆的性能。但由于价格因素的限制，当前各大汽车生产厂商只是在其豪华车型中使用了车载夜视辅助系统，如宝马 7 系、奔驰 S 级等。相信在不久的将来，随着科技的发展和生产成本的降低，汽车夜视辅助系统将会全面得到普及。

二、汽车夜视技术的类型

根据工作原理不同，汽车夜视技术可分为三大类：微光夜视技术（TTI）、被动红外线夜视技术（TIS）和主动红外线夜视技术（CCD）。

1. 微光夜视技术（TTI）

微光夜视技术是利用夜间目标反射的低亮度的月光、星光、大气辉光等自然光，将其亮度增强放大到几十万倍，从而达到能够适用于夜间车辆驾驶的目的。微光夜视技术的优点是：体积小、质量轻、耗能少。缺点是：作用距离和观察效果受天气、环境影响较大。TTI产品目前主流仍是应用在军事领域。

2. 被动红外夜视技术（TIS）

被动红外夜视技术也称远红外线（Far Infrared Ray，FIR）技术，是将物体发出的不可见红外光线转变为可见的热图像。

自然界存在着温度的变化，任何绝对零度以上的物体都会有热辐射，此情况下的物体都会向外发射一定波长的红外波束光谱，但不同温度的物体散发的热量是不同的。人类、动物和行驶的车辆与周围环境相比，散发的热量要更多。被动红外夜视系统可以收集这些信息，然后将其转变成可视的图像，把本来在夜间看不清的物体清楚地呈现在人们眼前。

被动红外夜视系统不依赖热源，而是利用红外探测器和光学成像物镜，接收被测目标的红外线辐射能量分布图形，从而获得红外热像图，这种热像图与物体表面的热分布场相对应。由于被动红外夜视系统利用热敏图像，其探测距离较远，不会受到逆向车道灯光的影响。但也有不足之处：其图像清晰度变化较大，完全取决于天气条件和不同的时间段；图像与实际景象不完全相符；道路标志很难看到或者看不到。由于物体所发射的红外光束的能量很弱，被动红外夜视系统需要利用昂贵的红外图像传感器来感知目标物，会使系统成本大幅提高。

3. 主动红外夜视技术（CCD）

主动红外夜视技术也称近红外（Near Infrared Ray，NIR）技术，采用自身携带的红外探照灯，发射一定强度肉眼看不见的红外波束，主动照射被探测的景物，利用红外热像管的接收模块感应从目标物体上反射回来的红外波束，并进行探测处理，将其转换成可见光图像，通过系统中的图像处理算法，可以提高清晰度，使道路标志清晰可见。

主动红外夜视技术的优点是：图像反差较大且清晰，与背景有较大反差；CCD的寿命很长，可达10 000 h，且价格较低，应用最广。缺点是：采用主动红外光源，耗能大。

三、汽车夜视辅助系统的结构及原理

1. 主动夜视辅助系统

主动夜视辅助系统通过增加驾驶员在夜间的视野范围来提高驾驶安全性，因此系统的探测区域比较大，适用性强，能在夜间的任何光照环境下工作，包括本车前照灯使用不当、迎面有强光或红外光照射、穿过无外界灯光的黑暗道路以及前方道路未知等情况。

汽车主动夜视辅助系统主要由红外发射单元、红外成像单元、电子控制单元、图像显示单元等组成，如图 6–3–2 所示。

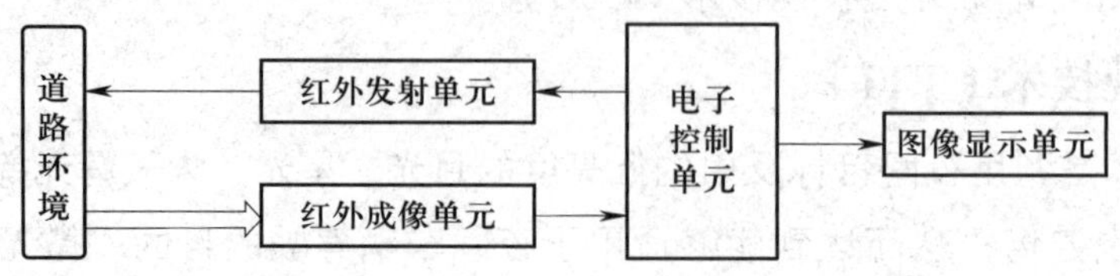

图 6–3–2 汽车主动夜视辅助系统的组成

红外发射单元位于两个前照灯内，当它被激活时，产生的红外线用于照射车辆前方区域，其形成的夜视图等同于在远光灯下驾驶员透过风窗玻璃所见到的情景。红外成像单元主要是指红外图像摄像头，采用动态范围高且对近红外敏感的 CMOS 图像传感器，记录车辆前方区域内的图像，并提供其探测范围内是否存在行人的信息，然后通过数字视频线将数据发送给 ECU。ECU 分析红外成像单元传来的数据，再通过集成化数据处理，将画面传输给图像显示单元，其中识别的行人和动物以高亮度显示。图像显示界面为基于车载 LCD 的中央仪表盘，当车辆白天行驶或夜间红外系统关闭时，以虚拟仪表盘方式显示车速信息；当启动夜视辅助系统时，则显示前方道路图像，车速以速度条的方式显示在图像的下方。这种设计可以缩短驾驶员眼睛离开道路的时间，以提高行驶安全性。

一般对于数字化的 CCD 摄像头，采集到信号后会进行必要的去噪声、信号增强等处理，然后再传送给图像显示单元。这样，驾驶员就可以清晰地看到前照灯照射范围之外的景物，避免出现意外。

2. 被动夜视辅助系统

汽车被动夜视辅助系统无红外发射单元，红外成像单元直接将探测到的物体和行人的热辐射作为影像数据的来源，而无须车辆提供额外的红外线光源。其他部分的组成和原理与主动夜视辅助系统相似，ECU 将这种热量信息转换为可视的影像并显示在车辆的图像显示单元上。同时在汽车被动夜视辅助系统中，采用远红外线技术，系统集中于最重要的信息，避免一些无关紧要的细节干扰。在图像显示单元上，热影像的图形化描述方法使信息大大精简，驾驶员探测行人和动物时信息处理速度更快。

在被动夜视辅助系统中，关键部件是红外摄像头，它与主动夜视辅助系统的红外摄像头原理相同，但接收对象存在差异，因此其软硬件设计也有所不同。主动夜视辅助系统红外摄像头主要接收物体对红外光源的反射光线，而被动夜视辅助系统红外摄像头主要接收物体本身发出的红外辐射。被动夜视辅助系统红外摄像头主要装配于车辆前保险杠上，一般安装在一个防撞击的盒子里，风窗玻璃清洗系统同时负责摄像头的清洁。当外界气温低于 5 ℃时，镜头盖被加热，拍摄距离为 300 m，部分车型红外摄像头也可以随着车速的增加，通过镜头焦距的改变使远距离的目标放大，从而使目标更清晰。

拓展学习

奥迪 A8L 夜视辅助系统

奥迪 A8L 夜视辅助系统的主要元件是电子控制单元和摄像头。电子控制单元是夜视辅助系统的核心，位于左前座椅前方的汽车底板内，装在一个塑料盒里，如图 6–3–3 所示。

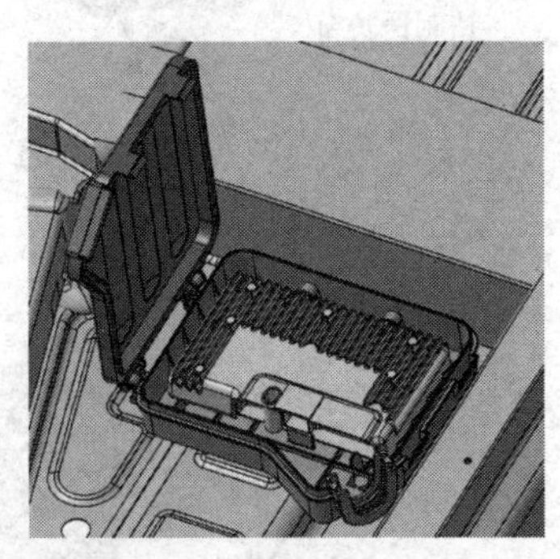

图 6–3–3　奥迪 A8L 夜视辅助系统电子控制单元

夜视辅助系统电子控制单元主要完成以下任务：处理夜视辅助系统摄像头的原始图像；识别热敏图像上的人或动物并将其做上标记；持续不断地对摄像头图像进行分析，并测算车辆与识别出的行人的碰撞可能性；在识别出有碰撞危险时发出警告；将已处理完的热敏图像传送给组合仪表；使用 CAN 扩展总线接收并处理夜视辅助系统功能所需要的数值和信息；为摄像头供电（通过蓄电池）；持续地对系统进行诊断，并将识别出的故障记录到故障存储器中；通过测量数据块、自适应和执行元件诊断来帮助查找夜视辅助系统故障；通过软件对售后和生产中的系统进行校准；在行车中的某些条件下进行动态校准；存储用户对夜视辅助系统所做的设置。

奥迪 A8L 夜视辅助系统的摄像头是一种红外热敏图像摄像头，如图 6–3–4 所示。为防止撞击，摄像头的镜头前有一个锗制成的保护窗；摄像头有加热元件，用于防止摄像头结冰，加热电流可根据温度来调节。

奥迪 A8L 夜视辅助系统的摄像头安装在车辆散热器隔栅的奥迪环中，如图 6–3–5 所示。该摄像头配有自己的运算器，除了记录原始图像并把图像传送给电子控制单元外，还要储存校准数据。这些校准数据并不是存储在电子控制单元内，而是存储在摄像头内，这样在更换损坏的夜视辅助系统电子控制单元后，就不必重新进行校准了。该摄像头的图像是黑白图像，其分辨率水平为 320 像素，垂直为 240 像素，每秒 20 帧照片。夜视辅助系统的探测范围约为 300 m，摄像头的水平探测张角约为 24°。

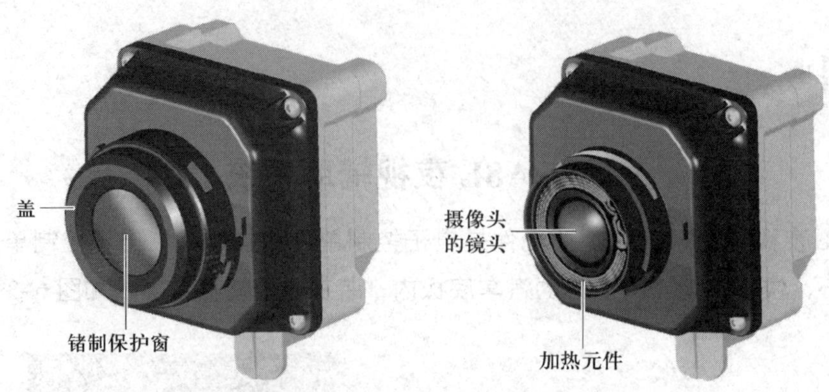

图 6-3-4　奥迪 A8L 夜视辅助系统的摄像头

图 6-3-5　奥迪 A8L 夜视辅助系统摄像头的安装位置

奥迪 A8L 夜视辅助系统除了可以让驾驶员看清近光灯照不到的黑暗中的交通标牌、弯道、车辆、障碍物等会造成危险的事物，正确判断前方道路的情况外，还可以通过远红外热成像摄像头捕捉到车辆前方 24° 范围、300 m 以内的热源（包括人和动物），让驾驶员提前做出反应，避免交通事故的发生。当热源（人或动物）出现在捕捉范围内时，系统会将拍摄到的热信号传送给 ECU 处理，处理后的图像就会在仪表盘的显示器中显示出来。当行人有横穿车辆前方的意图时，系统会迅速做出判断并以红色突出显示，同时发出声音警告，如图 6-3-6 所示。

图 6-3-6　奥迪 A8L 夜视辅助系统

§ 6-4　并线辅助系统

学习目标

1. 熟悉汽车并线辅助系统的基本组成与原理。
2. 理解汽车并线辅助系统的工作过程。
3. 了解汽车并线辅助系统的特点及相应技术。

学习导入

受车辆视野的限制，当驾驶员需驾驶车辆并线或超车时，车辆后方或两侧的视野范围会存在一定的盲区，以致驾驶员无法及时、准确地获知侧后方车辆的动向，极易造成交通事故，此类事故占比较大，因此有些车辆安装了并线辅助系统。

相关知识

一、汽车并线辅助系统的基本组成及原理

汽车并线辅助系统也称盲区监测系统，它能够通过安装的电子控制系统，在左右两个后视镜内提醒驾驶员后方安全范围内有无障碍物或来车，从而消除视线盲区（图 6-4-1），有利于提高车辆行驶的安全性，避免交通事故的发生。

汽车并线辅助系统因生产厂商不同而有不同的称谓，奥迪并线辅助称为侧向辅助系统（Audi Side Assist，ASA），沃尔沃称为盲点信息系统（Blind Spot Information System，BLIS），还有盲点辅助系统（Blind Spot Assist System，BSAS）、盲点警告系统（Blind Spot Warning System，BSWS）、盲区监测系统（Blind Spot Information，BSI）等名称。

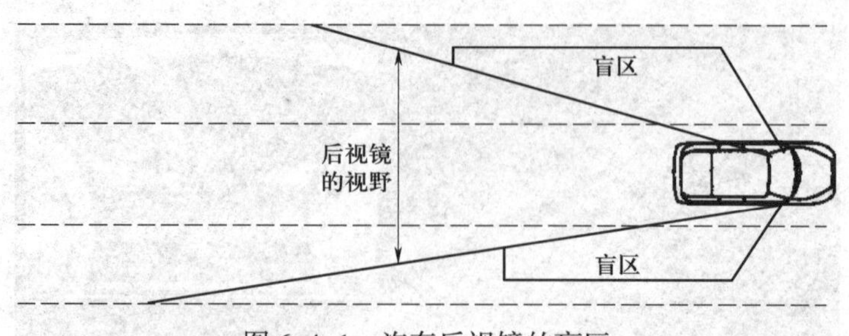

图 6-4-1 汽车后视镜的盲区

1. 汽车并线辅助系统的组成

汽车并线辅助系统一般由信息采集单元、电子控制单元和预警显示单元组成，如图 6-4-2 所示。

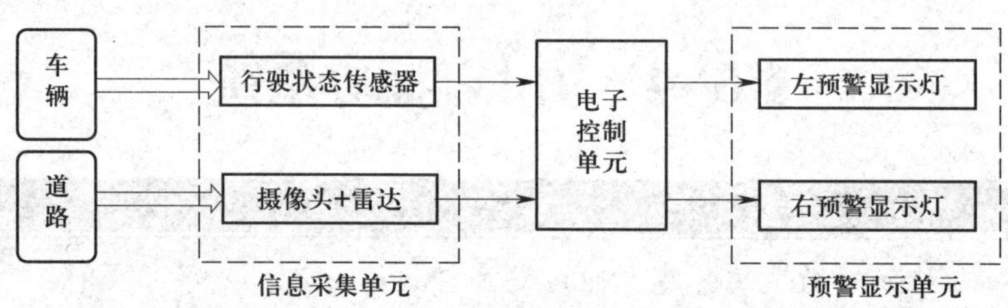

图 6-4-2 汽车并线辅助系统的组成

（1）信息采集单元

信息采集单元利用红外夜视摄像头或探测雷达等传感器检测汽车盲区内是否有行人或其他行驶车辆，并把采集到的有效信息传输给电子控制单元。目前，并线辅助系统的主要技术大致上分为影像和雷达两种，而后者又可分为 24 GHz 及 77 GHz 两种短波雷达频谱技术。还有部分车型采用“影像 + 雷达”技术，在车两侧后视镜上安装摄像头和雷达，以影像方式监控车辆侧后方来车。

汽车并线辅助系统的信息采集装置如图 6-4-3 所示，目前大部分车型采用雷达技术，将雷达感测器安装于车侧或后保险杠，可发出微波侦测车侧或车尾来车。雷达传感器包括一个高性能计算单元，它可以根据探测到的目标粗略计算出目标对象，从而为向驾驶员报警提供基础信息。

雷达传感器

“摄像头+雷达”传感器

图 6-4-3 汽车并线辅助系统的信息采集装置

（2）电子控制单元

电子控制单元是并线辅助系统的核心装置，能够进行分析判断，如果有危险，则向预警显示单元发出指令，通过预警显示单元发出预警显示。

奥迪 Q7 的并线辅助系统具有两个电子控制单元（图 6-4-4）：并线辅助系统控制单元 J769（主控制单元）和并线辅助系统控制单元 J770（从控制单元）。主控制单元与右侧雷达传感器组成一个单元，从控制单元与左侧雷达传感器组成一个单元。主控制单元和从控制单元在结构上完全相同。两个电子控制单元均安装在后保险杠处的端板上，如图 6-4-5 所示。主控制单元和从控制单元通过一个专用的高速 CAN 总线交换数据。主控制单元是扩展 CAN 上的用户，这样可以通过数据总线诊断接口（J533）与其他总线用户交换数据。主控制单元负责读取换道辅助系统按钮（E530）的数据。从控制单元控制车外后视镜内的两个警告灯（K233 和 K234）。

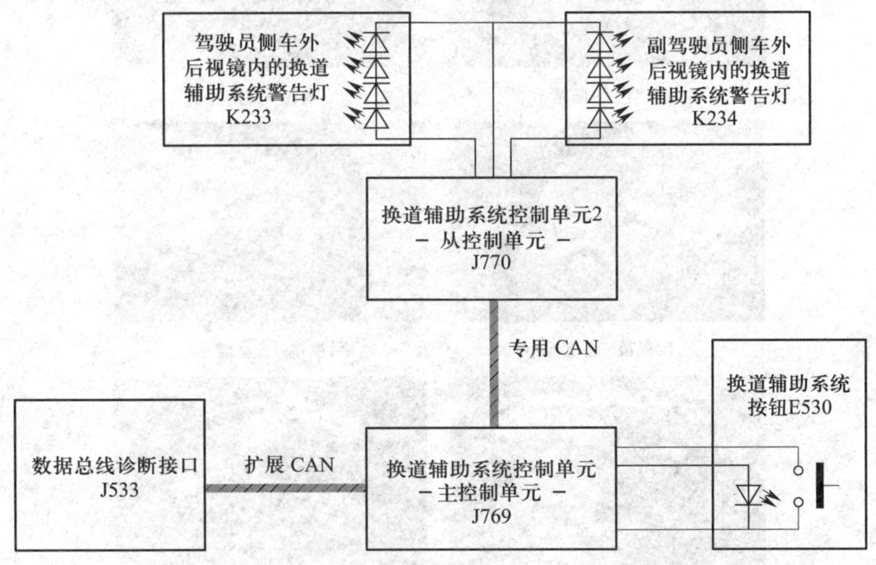

图 6-4-4　奥迪 Q7 并线辅助系统的电子控制单元

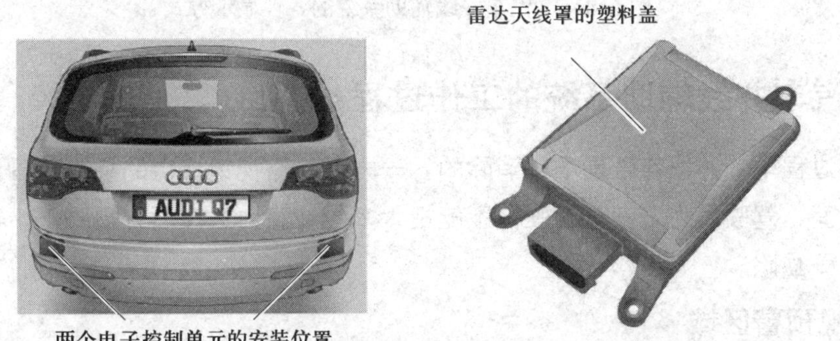

图 6-4-5　奥迪 Q7 并线辅助系统电子控制单元的安装位置

（3）预警显示装置

预警显示装置一般是安装在车外后视镜上的可见警示灯，该装置通常被放置在左右两个后视镜内或主副驾驶三角窗内侧区域，提醒驾驶员后方有来车。驾驶员要注意后视镜中的图像，因为通常在后视镜中可以看到道路上的其他车辆。而与报警声相比，这样的提示不容易引起副驾驶员的注意。警示灯设计成只有从驾驶员的位置才能看见。可根据周围环境光线情况调节警示灯的亮度，可以确保在任何条件下警示灯都能清晰可见。

不同的车型其警示灯的显示方式也不同，警示灯显示方式主要有后视镜显示、三角板显示和耳朵显示。例如：奔驰 C 级车是在后视镜中显示，奥迪 A4L 是在耳朵显示，日产奇骏是在三角板中显示。应用最广泛的是后视镜显示，在后视镜显示的形式又有不同，分为图标显示、原点显示、三角显示、五星显示等，如图 6–4–6 所示。

图 6–4–6　汽车并线辅助系统的各种显示方式

二、汽车并线辅助系统的工作过程

在行车过程中，并线盲区是难以消除的。一方面，后视镜提供的视野范围受限于车身设计；另一方面，驾驶员为了安全驾驶，不能把太多的注意力放在后方视野上，而并线辅助系统弥补了这一缺陷。

1. 监视预警区域

汽车并线辅助系统利用雷达传感器监控车辆后方和两侧的环境，并在驾驶员变换行车道时提供帮助。被监控的区域一定包括车辆的“视野盲区”。系统同时还对驾驶员侧和副驾驶员侧的车辆两侧进行监控，如图 6–4–7 所示。

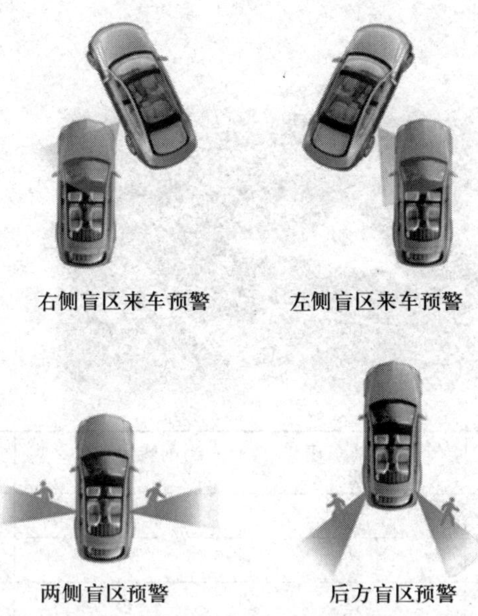

图 6-4-7　汽车并线辅助系统监视预警区域

装备有奥迪并线辅助系统（SWA）的车辆在后保险杠每侧都配有一个雷达传感器，当系统识别到变换行车道可能会造成事故风险时，系统将提示或警告驾驶员。此时相应车外后视镜旁的警告灯亮起或快速闪烁，以提示或警告驾驶员潜在的风险。车辆每一侧的监控区域都由一个后部区域和一个侧面区域组成。后部监控区域从车辆后边缘开始向后延伸约 50 m，宽度约为 3.6 m，如图 6-4-8 所示。

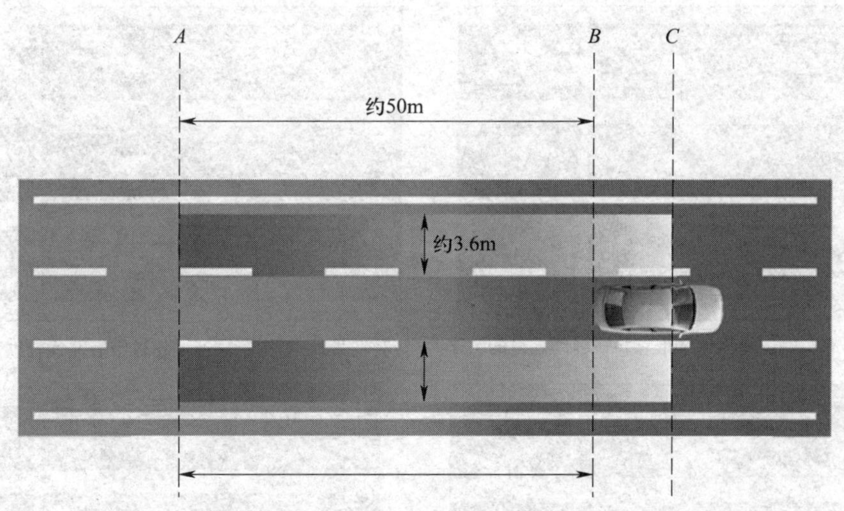

图 6-4-8　奥迪并线辅助系统后部监控区域

2. 汽车并线辅助系统的激活条件

并线辅助系统接通时有两种状态，即激活或停用。激活系统需要满足两个条件：车速最低必须超过 30 km/h，且当前道路的曲率半径不得低于 170 m。一旦不再满足两个条件中的任何一个，并线辅助系统就切换到停用状态，如图 6-4-9 所示。

并线辅助系统按键 E530	当前车速 >60km/h	当前转弯半径 >170m	并线辅助系统的状态
已关闭	—	—	已关闭
已接通	否	否	已接通且不工作
已接通	是	否	已接通且不工作
已接通	否	是	已接通且不工作
已接通	是	是	已接通且工作

图 6-4-9 奥迪并线辅助系统工作状态

3. 汽车并线辅助系统的工作过程

奥迪 Q7 并线辅助系统各行驶场景的工作模式如图 6-4-10 所示。

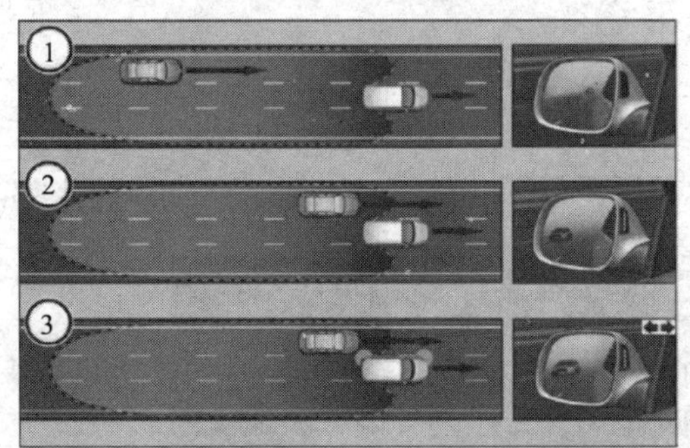

行驶场景1：有车辆缓慢地超过带有并线辅助系统的汽车

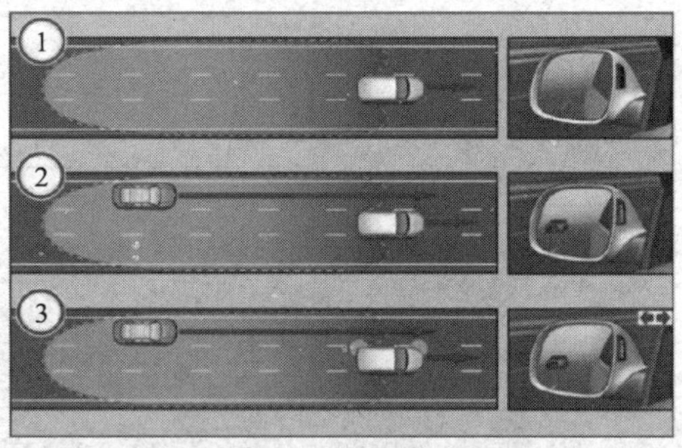

行驶场景2：有车辆快速地超过带有并线辅助系统的汽车

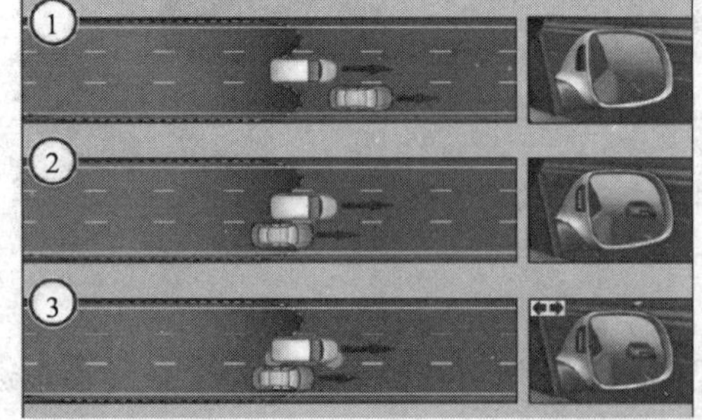

行驶场景3：带有并线辅助系统的汽车缓慢地超越其他车辆

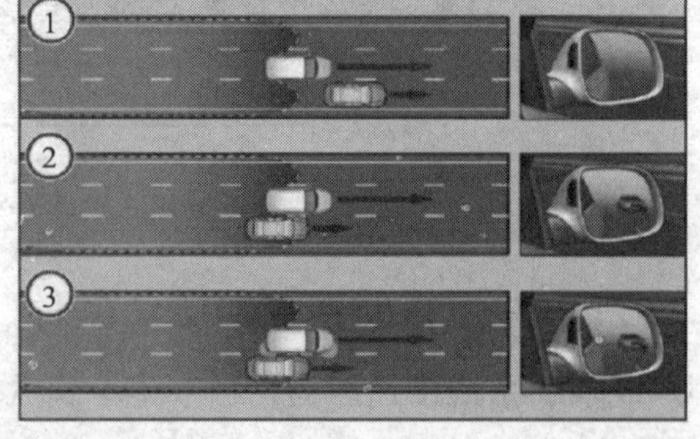

行驶场景4：带有并线辅助系统的汽车正常超越其他车辆

图 6-4-10 奥迪 Q7 并线辅助系统各种场景的工作模式

（1）行驶场景 1：有车辆缓慢地超过带有并线辅助系统的汽车，其他超车车辆靠近本车到达危险区域时，系统报警。

（2）行驶场景 2：有车辆快速地超过带有并线辅助系统的汽车，其他车辆进入警告区，系统报警。

（3）行驶场景 3：带有并线辅助系统的汽车缓慢地超越其他车辆，本车靠近被超越车辆时，系统发出警报。

（4）行驶场景 4：带有并线辅助系统的汽车正常超越其他车辆，系统不报警。

4. 汽车并线辅助系统报警显示

奥迪 Q7 并线辅助系统安装在后视镜耳朵上，如图 6-4-11 所示。在发现车辆时黄色发光二极管常亮，表示这时并线很危险；如果这时驾驶员操纵了转向灯，那么黄色发光二极管短时闪烁。该系统由驾驶员接通或关闭。发光二极管的亮度可由驾驶员在奥迪多媒体交互系统（MMI）上进行设定。在挂车模式时，并线辅助系统被关闭，系统提示和故障信息可在驾驶员信息系统（FIS）显示屏上显示。

图 6-4-11　奥迪 Q7 并线辅助系统的报警灯

拓展学习

沃尔沃汽车盲点信息系统

沃尔沃并线辅助系统称为盲点信息系统，简称 BLIS。BLIS 从 2005 年起率先在 XC70、V70 和 S60 等车型上应用，此后沃尔沃的全系车型都相继采用了该系统。

沃尔沃搭载的增强版盲点信息系统如图 6–4–12 所示。该系统运用雷达技术提醒驾驶员在盲点中有靠近的车辆和行人，尤其在拥堵的城市交通环境中，该系统可以帮助驾驶员“眼观六路、耳听八方”，确保车辆安全行驶。

图 6–4–12　沃尔沃汽车盲点信息系统

沃尔沃并线提醒装置在左右两个后视镜下面内置有两个摄像头，将后方的盲区影像反馈到行车 ECU 的显示屏幕上，并在后视镜的支柱上有并线提醒灯提醒驾驶员注意，以此消除盲区，如图 6–4–13 所示。

图 6–4–13　沃尔沃汽车盲点信息系统监视区域

位于外后视镜根部的摄像头会对距离 3 m 宽、9.5 m 长的一个扇形盲区进行 25 帧 / 秒的图像监控，如果遇有车速大于 10 km/h，且与车辆本身速度差在 20 ~ 70 km/h 之间的移动物体（车辆或者行人）进入该盲区，系统对比每帧图像，当系统认为目标进一步接近时，A 柱上的警示灯就会亮起，警示驾驶员防止发生事故。

雨天驾驶时后视镜完全被雨水模糊。盲区监测系统的黄灯成了并线的极佳指引工具，若整个后视镜都模糊不清，依靠盲区警示系统的黄灯依然能清晰地判断后方路况。有车辆快速超车时，黄灯闪烁；后方有车辆时，黄灯亮起，其盲点监测系统基本可以代替大部分后视镜功能，如图 6-4-14 所示。

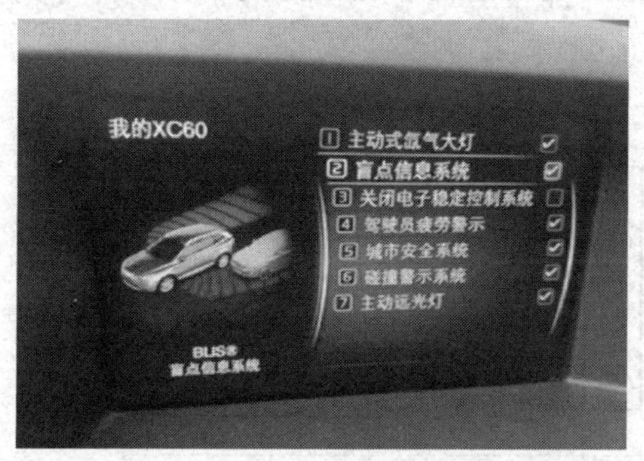

图 6-4-14　沃尔沃 XC60 盲点信息系统在雨天的应用效果

§ 6-5　车道偏离预警系统

学习目标

1. 掌握车道偏离预警系统的组成。
2. 掌握车道偏离预警系统的工作原理。
3. 了解车道偏离预警系统的技术要求。

学习导入

据交通和运输部统计，约有 50% 的道路交通事故是因为汽车偏离正常的行驶车道引起的，究其原因主要是驾驶员心神烦乱、注意力不集中或驾驶疲劳。23% 的汽车驾驶员一个月内至少在转向盘上睡着过一次；66% 的载货车驾驶员在驾驶过程中打瞌睡；28% 的载货车驾驶员在一个月内有在转向盘上睡着的经历。驾驶员因素是导致道路交通事故的主要因素，主要包括驾驶员超速行驶、未保持在当前车道行驶、操作不当等不良行为，造成严重人员伤亡和财产损失。针对这种情况，近年来发展出一种车道偏离预警系统。车道偏离预警系统提供智能的车道偏离预警，在驾驶员无意识（驾驶员未打转向灯）偏离原车道时，能在偏离车道 0.5 s 之前发出警报，或转向盘开始振动以提醒驾驶员目前车辆偏离的状况，为驾驶员提供更多的反应时间，大大减少了因偏离车道引发的交通事故。

相关知识

车道偏离预警系统（Lane Departure Warning System，LDWS）是一种通过报警的方式辅助驾驶员减少汽车因车道偏离而发生交通事故的系统。

一、车道偏离预警系统（LDWS）的组成

车道偏离预警系统主要由图像采集单元、车辆状态传感器、电子控制单元及人机交互单元等组成，如图 6-5-1 所示。

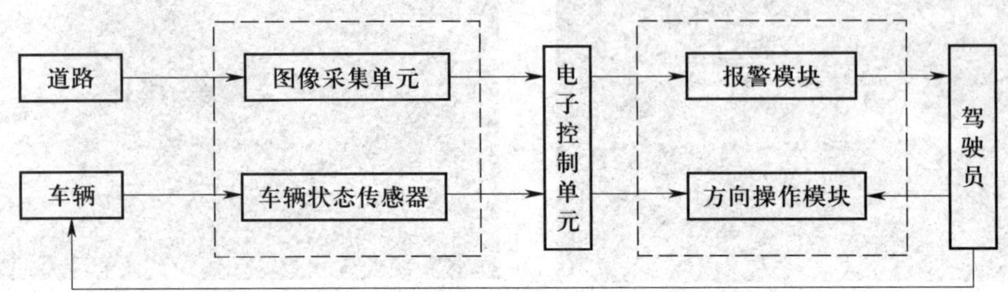

图 6-5-1 车道偏离预警系统的组成

1. 图像采集单元

为了感知车辆前方道路图像及环境信息，基于视觉的车道偏离预警系统需要图像采集单元实时获取视频信号，并且将模拟视频信号转换为处理器能分析处理的数字视频图像，其主要包括工业照相机、镜头和图像采集卡等。

（1）工业照相机

根据照相机图像感光芯片的不同，常用的工业照相机主要有两种类型：CCD（Charge Coupled Device）照相机和 CMOS（Complementary Metal Oxide Semiconductor）照相机。

CCD 即电荷耦合器件，是一种新型全固体自扫描摄像器件。其功能是把光学图像转变成电图像，然后以一定的顺序逐个按像素读出电图像，使之转变为电视信号。典型的 CCD 照相机由光学镜头、时序及同步信号发生器、垂直驱动器、模拟 / 数字信号处理电路组成。

CMOS 图像传感器是近年来发展起来的新型传感器。CMOS 图像传感器将光敏元阵列、图像信号放大器、信号读取电路、模数转换电路、图像信号处理器及控制器集成在一块芯片上。相比于 CCD 等固体传感器，其具有体积小、质量轻、集成度高、功耗低、成本低、编程方便、局部像素的编程随机访问、易于控制及捕捉速度高等优点。近年来，随着亚微米和深亚微米工艺技术的发展和器件结构的不断改进，CMOS 图像传感器的图像质量已接近或达到 CCD 图像传感器的图像质量。

（2）镜头

镜头是视觉系统中的关键设备，其质量优劣直接影响照相机的整机指标。它的作用是当图像变得不清楚时，可以调整摄像头的后焦点，改变 CD 芯片与镜头基准面的距离，可以将模糊的图像变得清晰。

（3）图像采集卡

图像采集卡是图像采集部分和图像处理部分的接口，是一种可以获取数字化视频图像信息，并将其存储和播放出来的硬件设备。图像采集卡的任务是将 CCD 照相机输出的模拟信

号转化为计算方便使用的数字信号。图像采集卡上的 D/A 转换电路自动将图像实时显示在图像监视器上。

2. 车辆状态传感器

车辆状态传感器采集车速、车辆转向状态等车辆运动参数。

3. 电子控制单元

电子控制单元可以完成数字图像处理、车辆状态分析以及决策控制等功能。为了获取车道参数，需要对采集的图像进行分析。为了降低噪声，需要事先对采集的图像进行预处理、阈值分割和边缘增强，然后提取车道标线并进行识别，获取道路中左右车道标线参数。

总体来说，车道偏离预警系统要具备两大功能，即检测边缘和目标跟踪。前者用来确定行车道的标线，后者使车辆沿着正常的车道行驶。由于图像传感器受环境因素的影响，如气象条件、环境温度、车辆运动以及电磁干扰都会在图像采集过程中引入噪声，使图像变得模糊，因此要对输入视频流进行滤波和平滑。视频流是按规定速率变化的真实图像序列，图像滤波器的工作速度应足够快，保证能跟上输入图像的连续接收速度。

车道信息来自一辆汽车内多种可能的信息源，这些信息源与测得的相关参数（如速度、加速度等）相结合有助于车道跟踪。根据测量结果，车道系统进行智能判断，即是否发生无意间的车行路线偏离。在更高级的系统中，如时间、路况和驾驶员警觉度等参数也可以模型化。同时，电子控制单元分析来自车辆状态传感器发送的信号，如车辆转向灯是否开启的信号、本车当前位置 GPS 信号或者转向盘转角信息。当电子控制单元分析车辆将要偏离左侧或者右侧车道线并且没有开启转向灯信号时，判断将要发生车道偏离风险，输出报警信号。

4. 人机交互单元

人机交互单元通过显示界面向驾驶员提示系统当前的状态，当存在危险情况时，报警装置可以发出声、光提示，也有座椅或转向盘振动等报警形式。

二、车道偏离预警系统的工作原理

车道偏离预警系统的工作原理如图 6–5–2 所示。当车道偏离预警系统开启时，系统利用安装在汽车上的图像采集单元获取车辆前方的道路图像，电子控制单元对图像进行分析处理，从而获得汽车在当前车道中的位置参数，车辆状态传感器会及时收集车速、车辆转向状态等车辆运动参数，电子控制单元的决策算法判定车辆是否发生车道偏离。当检测到汽车距离当前车道线过近有可能偏入临近车道或驶离本车道而且驾驶员并没有打开转向灯时，人机交互单元就会发出警告信息，提醒驾驶员注意纠正这种无意识的车道偏离，及时回到当前行驶车道上，为驾驶员提供更多的反应时间，从而尽可能地减少车道偏离事故的发生。如果驾驶员打开转向灯，正常进行变线行驶，则车道偏离预警系统不会做出任何提示。

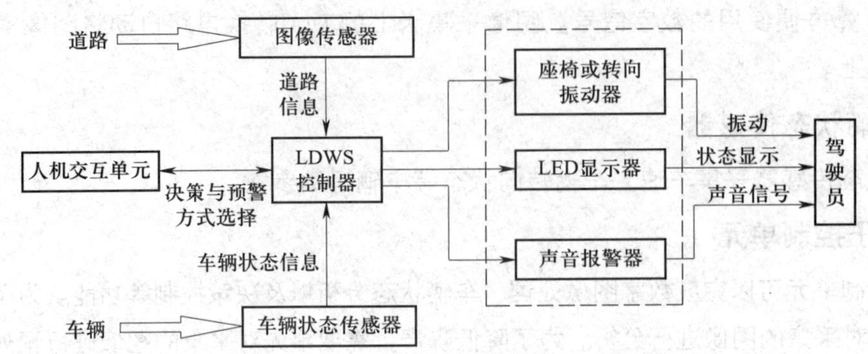

图 6-5-2　车辆偏离预警系统的工作原理

LDWS 的具体实现可以分为两部分：车道线检测与跟踪、建立车道偏离预警模型。

1. 基于视觉的车道线检测与跟踪

通过对摄像头采集图像的分析，提取出车道标线，并且实现对车道标线的持续动态跟踪，如图 6-5-3 所示。

图 6-5-3　LDWS 提取出车道标线

车道偏离检测的对象一般是结构化道路，比如高速公路、城市干道等，其道路边缘比较规则，有明显的车道标线及其他人工标记。

结构化道路（如高速公路）上的车道线可近似地作为直线模型来处理。因此，车道标线识别问题就可以转化为在图像中具有一定特征的直线检测问题，通过获取一系列的特征点来拟合直线，从而获取直线方程参数。如果将图像分成远、近两个视场，需要获得各自模型的参数。

提取出车道标线后，在特定区域内持续地进行车道标线跟踪，其本质就是进行车道标线识别。

2. 建立车道偏离预警模型

根据车道标线信息以及车辆本身的运动状态等信息，进行相应的车道偏离预警环境感知，依据制定的决策模型发出安全预警，如图 6-5-4 所示。

图 6-5-4　LDWS 发出安全预警

完善的车道偏离预警算法应该全面考虑各种情况，并经过长期的对大量数据的优化分析和实车试验验证。为了实现这个目的，国内外的研究人员在视觉感知算法和车道偏离预警算法方面都做了大量的工作。大多通过预测汽车的未来运动轨迹来估算发生车道偏离剩余的时间，并由此选择恰当的预警时间。

目前，国内外的各种车道偏离预警系统，以及国内各大高校、研究机构所进行的对 LDWS 的研究中，采用的预警决策算法有很多种。总的说来，基本上都是以时间、速度或者距离作为评价指标。

现今车道偏离预警系统模型采用的算法大体上有以下几种：基于车辆将到达车道边界时间的预警算法、基于预测轨迹曲线偏离量不同的预警算法、基于平面图像道路标线夹角的预警算法、基于瞬时侧向位移的预警算法等。基于车辆即将跨越车道边界的时间（Time to Lane Crossing，TLC）模型是车道偏离预警系统中最常用的模型，TLC 计算中所需的车辆行驶速度、转向盘转角等参数需要读取车身的行驶数据。

在车道偏离预警系统的开发上，仍然存在很多难题。例如，光照变化和阴影遮挡情况下进行有效的道路边界及车道标线的识别；市内交通环境中，会遇到车道标线模糊的情况，还有行人、非机动车等众多弱势交通参与者使城市道路环境更加复杂；恶劣天气环境中（雨、雪天气）道路边界及车道标线的识别；乡村、山区道路等非结构化道路的识别。

3. 车道保持功能

尽管车道偏离预警系统能帮助驾驶员意识到危险的来临，但若驾驶员一时紧张、反应迟钝，结果依然无济于事。为此，不少汽车生产厂商在配备车道偏离预警系统的同时还搭载了车道保持系统，当系统发现车辆已经偏离车道中心时会自动修正、微调转向盘，使汽车保持在自己的车道内行驶。

车道保持系统往往并不是一项独立存在的配置，它经常会与其他主动安全系统配合使用，目前比较常见的是它与自适应巡航、主动制动等功能结合从而完成不同等级的自动驾驶功能。如果汽车进入错误车道，同时系统探测到对面车辆处于碰撞路线上，汽车就会自动转向，回到原车道中的安全位置，如增加自动转向规避碰撞功能，比车道偏离系统更为先进。此系统利用摄像头和雷达监测汽车本身与对面来车的位置，有助于防止由于驾驶员疏忽造成的正面碰撞。

国外著名的LDWS的主要代表有AWS系统、Auto Vue系统、LDW系统、STAR系统等。在我国，对车道偏离预警系统的研究与国外相比落后许多，但是近几年一些大学和科研院所在车道偏离预警系统的研究上已经取得了一些进展。

小阅读

基于TLC的预警决策算法

TLC（Time to Lane Crossing）方法是国际上各类车道偏离预警系统中非常流行的一种决策算法，是当今大部分研究车道偏离预警的机构和高校所采用的方法。TLC是指汽车从当前位置开始到汽车与车道线开始接触为止所需的运动时间，也称汽车从当前的时刻开始到汽车偏离本车道之前所剩余的时间。该方法一般是对未来特定时间内的车辆动力学模型进行有效假设，根据建立的车辆运动模型和对前方道路模型的正确识别，最后计算出汽车即将跨越道路边界的时间，达到尽可能迅速地识别出未来可能发生的车辆轨迹偏离现象。

拓展学习

车道偏离报警系统的技术要求

《智能运输系统 车道偏离报警系统性能要求与检测方法》（GB/T 26773—2011）规定了车道偏离报警系统（也叫车道偏离预警系统）应该具备的功能，包括禁止请求、车速测量、驾驶员优先选择及其他附加功能。

1. 基本要求

车道偏离预警系统至少应具有下列功能：

（1）监测系统状态，包括系统故障、系统失效、系统的开 / 关状态（如果有开关）。

（2）向驾驶员提示系统当前的状态。

（3）探测车辆相对于车道边界的横向位置。

（4）判断是否满足报警条件。

（5）发出警告。

2. 操作要求

（1）当满足报警条件时，系统应自动发出报警提醒驾驶员。

（2）乘用车最迟报警线位于车道边界外侧0.3 m处，商用车最迟报警线位于车道边界外侧 1 m 处。

（3）最早报警线在车道内的位置如图 6-5-5 所示，具体尺寸为：$0 < v \leqslant 0.5$ m/s 时，D=0.75 m；0.5 m/s $< v \leqslant 1.0$ m/s 时，D=1.5 s × v^n；$v > 1.0$ m/s 时，D=1.5 m。

D——车道边界内的最大距离（m）；

v——偏离速度（m/s）。

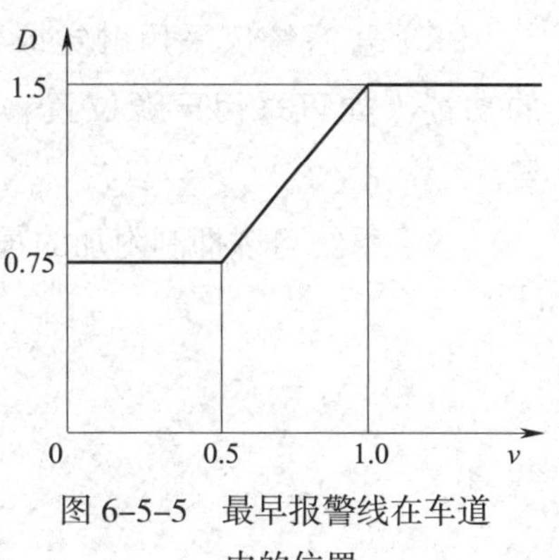

图 6-5-5　最早报警线在车道内的位置

（4）当车辆处于报警临界点附近时，系统应持续报警。

（5）尽可能减少虚报警的发生。

（6）Ⅰ型系统应在车速大于或等于 20 m/s 时正常运行，Ⅱ型系统应在车速大于或等于 17 m/s 时正常运行，系统也可以在更低车速下工作。

3. 人机交互要求

（1）报警形式。系统将提供一种易被感知的触觉报警或听觉报警。

（2）与其他报警系统的冲突。如车辆同时配备了其他报警系统，如车辆前方碰撞警告系统（FVCWS），则车道偏离报警系统应通过触觉、听觉、视觉或组合方式为驾驶员提供清晰可辨的报警。

（3）系统状态提示。应通过容易理解的方式为驾驶员提示系统的状态信息。如果系统在启动阶段或运行过程中出现故障，或在工作过程中检测系统失效，应及时通知驾驶员。若用符号对驾驶员进行信息提示，应采用标准符号。例如，若使用符号通知驾驶员系统失效，该符号应是专门用于表达此类信息的标准符号。

（4）在系统用户使用手册中应说明系统正常工作所要求的最低车速以及系统失效的条件与状态。

4. 可选功能

（1）车道偏离预警系统应配备开 / 关控制装置，以便驾驶员随时进行操作。

（2）系统可以检测抑制请求信号以尽可能减少不必要的报警。例如，当驾驶员正在转向或制动时，或正在进行避撞操作等其他优先级更高的操作时，系统抑制请求生效。

（3）当报警被抑制后，系统可通知驾驶员。

（4）系统可对本车速度进行测量以便为其他功能提供支持，如当本车速度低于一定车速时抑制报警。

（5）当仅在车道的其中一侧存在可见标线时，系统可以利用默认车道宽度在车道的另一侧建立虚拟标线进行报警，或者直接提醒驾驶员系统失效。

（6）报警临界线的位置可在报警临界线设置区域内调整。

（7）在弯道行驶过程中，考虑到弯道切入操作行为，系统会将报警临界线位置外移，但绝不可越过最迟报警线。

（8）若系统仅采用触觉或听觉报警方式，则报警可被设计为具有车道偏离方向提示的功能（如可采用声源位置、运动方向等手段）。否则，就需要利用视觉信息以辅助报警。

（9）系统可以抑制附加的报警，以避免因报警信息过多而影响驾驶员行车安全。